U0044672

# 先驗哲學研究

黃學昇 著

# ▋推薦序

車慧文

　　山明水秀的德國南方巴伐利亞邦，有一座特別受旅遊者青睞的古堡，名叫：新天鵝堡。它四週山巒起伏，被廣闊碧綠樹林包圍，環繞著不遠處閃閃發光的森林小湖。無論是春風料峭或冬熙映雪時節，常會看到有位華人青年沈思漫步其間，享受大自然的賞賜，不懈地探求宇宙人生真理與存在的奧秘。他就是本書作者，勤於反思與對比的歐華作家，自學成才的哲學研究者，黃學昇。

　　筆者有幸在歐洲華人作家協會華沙年會上和學昇弟比鄰而坐，談話甚歡。得以認識他安靜木訥外表之下，熱愛生活和追求真理，鑽研哲理的另一面。學昇弟自謙詡為：遊牧民寫手；這同時也說明他身為中華遊子，客居他鄉異域自由自在的生涯與寫作。

　　年會圓滿結束，與會者各奔東西。一日我正閒坐北德家中，驚喜收到「聚寶樓」（學昇弟的書房）寄來小包一個，內藏「宇宙心論」與「老莊道無哲學探釋」大作各一。我雖屬德國大學「哲學社會學院」博士畢業生，但多年來教學工作限於文學，語言翻譯方面，對哲學論著接觸不多；雖讀過少許尼采和叔本華的著作，總有瞎子摸象之感，不知西哲所云何物。如今手捧學昇弟心血結晶，不免深怕辜負作者的美意與哲思。然而，初讀寶書後很快發現，書中用詞淺白，比喻說明採用時代事物恰到好處；他不厭其煩反覆說明和不同角度的例證，居然「誨人不倦」使我這「門外姊」深受吸引，而且做到讀完全

書，並在相當程度上讀透，可以算是讀明白了。

下面將取數例來與讀者分享個人暢讀本書的經驗：

其一，作者非常敬佩歐洲18世紀一位哲學大師—把形而上學起死回生的康德（lmmanuel Kant,1724-1804）。認為康德最大成就在於他的「先驗論」，就是「我們的認知如何成為可能的？」人的心性在和外在事務接觸，產生作用（經驗）以致生成知識之前，必然天生有「主觀認識能力」才會起相互作用。這種人類天成的認識能力被康德以科學方法證明了。（頁212）

其二，康德名著之一，對「純粹理性的批判」並非是擴張「知識」，而是要校正理性思考下產生的偏頗「認識」；因為由「感性直覺」提供的認識，經「知性信息綜合」再上升到「理性認知」（道德知識和決策來源），最後形成觀念（信仰，教條等等……），導致吾人原有天成的反思能力，判斷能力均無法自主，成為「目的論」的思辨方式，思維圍著預設目的打轉，單向思維漩渦內越陷越深，最終造成極端教條和恐怖主義。人為暴力橫行世界再也無法遏止，這就是理性的侷限和危機。

其三，作者旅居德國的「人間天堂」巴伐利亞三十多年，潛心研究「天人分際」。在韋伯的「寬容哲學」（Max Weber,1864-1920）和哈巴慕斯的「溝通哲學」（Jürgen Habermas, 1929-）被證明無法解決利益衝突的爭戰，民主理想與專制主義已走入水火不容地步的今天，全世界烽煙四起，國與國內外彼此殘殺慘烈至極，早已為地球人類逃難大遷徙拉開序幕。生性善真的作者學昇弟感觸良多埋首苦讀，悟出「獨與天地精神往來」方為達到「天地之大美」的正途！在讚賞康德思考歐洲哲學的現實之餘，也提出了他個人的創新「無驗哲學」——徹底的無經驗哲學，無半點的存在論。（宇宙心論，獨立作家，2014台北）

後世的哲學研究者總結「先驗認識論」內容，認為康德說出了獲得「認知」的規律與法則。學昇弟認為康德哲學最具深義重點成就為：（1）形而上學作為科學是如何成為可能的？（2）「先驗論」的綜合判斷是怎樣構成的？而第二點正是現代電腦人工技能成為可能的理論基礎。這裡作者以電腦輸入「軟體」作為人類心性「本知」的比照，十分貼切（頁34，98等）。經由不同角度和不同哲理比較和互動，學昇弟洞察到「先驗道德律令」不能解決人生功德圓滿，達到至極的問題。最終他從康德回到老莊，回到釋迦摩尼，並發現康德理論有「自然哲學—道德哲學」的分野，實際也是莫須有的。

　　於是作者如是說：吾人只需關閉「認識」的方程式，也就是不啟動「認識」的方程式，進入老子「玄覽」的境界，就能跳出是非道德的價值迴旋，進入「審美」的感性大門。（頁82）至於莊子思想以直覺，自發性和自然界和諧共處的特色，通過神秘和詩意的寓言隱喻，來敦促吾人擺脫概念與固有觀點的束縛，「反其道，復其性」，「各復歸其根」以迎向不斷變化中的存在世界。這裏作者曾在他的「宇宙心論」里強調莊子的「無無」境界，不需要意識來辯證的心性探源。（見前，頁138以下）

　　老莊之學尋求「中道」，以「無為，空，寂」狀態下的美德與「道」和萬物永續保持和諧。這樣沒有是非利害關係，沒由價值取向的心性狀態，即為達到探索成熟人生最高點的審美觀。走筆至此，反思作者如此這般地解答了存在於自然界與人間世的奧秘，我們難道不該踏著學昇弟開啟的捷徑，靜心反思你我曾經走過的歲月，趁著日正當中和夕陽無限好時節，調整我們的視野和方向，一同來走完這趟愉快的生命之旅?!

車慧文寫於北德東海之濱

車慧文，德國柏林自由大學哲學社會學博士，學者，作家，翻譯家。

# 目次 contents

推薦序／車慧文　　　　　　　　　　　　　　　　　003

一、導言　　　　　　　　　　　　　　　　　　　009

二、探討意識的來源　　　　　　　　　　　　　　020

三、康德先驗哲學給我們的啟示　　　　　　　　　023

四、什麼是先驗哲學（der Transzendental-Philosophie）　031

五、先驗哲學的歷史　　　　　　　　　　　　　　039

六、先驗哲學是如何成為可能的？　　　　　　　　042

七、康德的先驗時間、空間觀　　　　　　　　　　050

八、康德的先驗知性論　　　　　　　　　　　　　057

九、純粹知性概念的比較分析　　　　　　　　　　098

十、純粹知性能力的比較分析　　　　　　　　　　109

十一、人類心性認識方程式的證明　　　　　　　　119

十二、認識方程式的構造　　　　　　　　　　　　130

十三、宇宙心的證明　　　　　　　　　　　　　　142

十四、對認識方程式的檢視　　　　　　　　　　　157

十五、理性為什麼會出現錯誤？　　　　　　　　　166

十六、意識意向性的分析　　　　　　　　　178

十七、純粹理性理念探析　　　　　　　　　186

十八、無驗哲學的提出及其建構　　　　　　208

十九、探討心靈自由之路　　　　　　　　　217

二十、老莊哲學的「玄牝之門」　　　　　　220

二十一、亞當與夏娃能否重返伊甸園？　　　232

二十二、老莊道無的「各復歸其根」　　　　240

二十三、老莊道無的幾點說明　　　　　　　247


參考書目　　　　　　　　　　　　　　　　254


跋　　　　　　　　　　　　　　　　　　　257

# ■ 一、導言

　　自蘇格拉底以降，辯證哲學開始風行希臘的雅典。人們以思辨為能事，相信真理會越辯越明。後經柏拉圖創立的理想國，哲學與思辨的形而上學就很難分開了。所謂的哲學思辨，其實就是形而上學的思辨。到了亞里士多德創立的邏輯學，就為哲學的思維奠定了模式。哲學家們從探索世界的本源開始，追尋人類存在的根源。於是便產生思索。但思索不可能是盲目性的，它必須有一套思維的方式。這樣，邏輯學就產生了。

　　自亞里士多德規劃出第一哲學的認識範疇開始，哲學家們就熱衷於主客體兩分法的「邏各斯」（roges）。從認識論到觀念論，都遺傳著蘇格拉底辯證法的基因。唯物論與唯心論的紛爭，也是建立在辯證法理論基礎之上的。因為宇宙世界的無限性，就是說，空間、時間的無限性以及物自體的不可知，哲學，這個形而上學，它關於世界觀最一般的學問，也就必然是形而上學的辯證。

　　有人說，唯物論是實在論，它是形而下的，並沒有上升到形而上，根本談不上什麼辯證。其實，唯物論表面上是就物質而論，看起來很實在，但其要追究物質的起源及根由，它必然要運用邏輯的三段論來推出一個結果。這個假設的命題歸根到底是形而上的，與唯心論推出最高的善的邏輯方式沒有什麼兩樣。即用一種想像意識去包羅前意識，這中間搭建一個邏輯橋樑來保證結果（目的）的正

確性。

　　如我們講的因果律：有果必有因，有張三存在這個世界上，必然有生他的父母，張三不可能是石頭爆出來的。那麼我們根據這個因果律一直追問下去，問題就出來了：先有雞還是先有蛋的悖論就產生了。達爾文的進化論把人類的祖先推論到猿猴。可是我們再追問下去，猿猴是哪裡來的呢？推到一切都是物質演變而來的。我們再追問下去：那物質又是哪裡來的呢？最後的答案就是客觀存在。但是，如果我們再回頭來看因果律，這種絕對的無條件者，是不能給人一個確實、滿意的答復的。原來是每發生一件事情，都會有原因和條件，推論到最後，居然沒有原因和條件了。物質被推論到那個境地——「客觀存在」，可說它已無唯物的實在可言，說它是形而上學的辯證就很合邏輯了。

　　到了十八世紀，人們已經厭倦了這種哲學的玩把。康德（Immanuel Kant, 1724_1804）將形而上學戲稱為「Hecuba」（海古拔——自艾自怨的老婦人）。可以說，到了康德那個時代，哲學這門學科已走向衰老，行動不便。她已無法應變日新月異的科學發展，也無法對應神學信仰的存在。人們只有在懷疑論和獨斷論兩方面行走，漫無邊際地玄談。哲學走到那個地步，似乎已病入膏肓了。這個自艾自怨的老婦人——海古拔，還能怨誰呢？今天我們回過頭來看，完全是她作繭自縛。因為天是無限的高，她往上升呀升，升到形而上，則她就無所依託了，然後不免重重地墜落下來。哲學，這個曾被譽為人類最高智慧的學問，它用主、客體分立的兩分法進行辯證，不是主體決定客體，就是客體決定主體，而這種主客體在空間、時間的形式運作下，就很容易產生懷疑論和獨斷論。在兩分法的辯證作用下，一旦思維上升到觀念論，別無選擇，他要為達到目的而不惜浴血奮戰，其必然是懷疑一切或是獨斷一切。當初亞里士多德設計

第一哲學這門學問時，其思維架構多指向世界是什麼這個問題，也就是人們常說的「哲學是關於世界觀的學問」。人們對哲學的思考，就不免落入「人與自然的關係」這個思維框架之中。這種主客體分立的哲學沉思，開啟了人類理性思維的發展，助長了各類科學的進步。各類自然科學靠理性經驗，毫無障礙、穩步地向前發展。可是哲學上昇到形而上學後，它就出現理性的二律背馳（康德的理性四大二律背馳即是）。哲學成為「海古拔」，完全是她咎由自取。她落入主客體分立的思考方式窠臼，走向衰老被人遺棄是毫無奇怪的。幸得德國出現一個康德，這位偉大的哲學家，有著驚人的反思能力，用孟子的話說，叫「反身而誠」[1]他竟將哲學這個「海古拔」煥發了青春。他打破了以往哲學慣常的思維，來個思維的革命（Revolution），得出個「先驗哲學」。如果我們以康德在其《純粹理性批判》第二版序言中說他的哲學是哥白尼式的革命來看他哲學的話，康德的哲學，實際上就是形而下的哲學。為區別《易經》所說的「形而下之為器」的說法，我稱康德的哲學為「形而下之下」。即人形體之下的心性學說。康德是退回到經驗發生之前（a priori），特究中國人所說的那個「心性」，即「先驗論」。無怪乎他能將「海古拔」煥發青春容貌了。自蘇格拉底以降，哲學的邏輯思維一直往上昇，昇到形而上，它再也拿不出什麼憑據作為依靠，使自己不從空中掉下來。康德的睿智，就是知道前面已無路可走，不如退下來。而康德這個退，不是退回到以前的哲學老路，甚麼唯物論、唯心論的老路，而是退到尚無人開發的新領域，即我們形體之下那個腦袋深藏的東西－心性能力。那個心是如何思維的？我們拿今天電腦技術的偉大成就來看康德的哲學，說康德的哲

---

[1]　《孟子》，台灣智揚出版社，民國83年版，350頁。

學是一場偉大的哲學變革就不為過。他的「我們的知識是如何成為可能的？」的論說，其實就是電腦如何可能的理論基礎。那個先驗論闡述出來的「純粹知性能力」，就是電腦之所以可能的原理。電腦能夠為我們提供知識，就是它在驗前（沒有啟動電腦工作之前）其本身必須具備一套純粹的知性能力（電腦是人裝進去的程式，人是先天就有的），保證我們輸入的東西成為知識的可能。這就是康德的「先驗論」。康德已在經驗之前，探求到人的那個純粹知性、純粹理性的概念，他已把人認識的那個「Form」（方式）和「Kategorien」（認識範疇）闡述出來，證成了一套「先驗論」。也許有人會說，康德有什麼了不起，不就說出人會思維而已，是個唯心論者。實則問題不是那麼簡單，康德已探索到形而下之下的那個心性本能。也就是我們形體之下那個心性能力。哲學到了康德那裡，似乎就完結了：再形而上，康德已指出不可能（宇宙無限和物自體的不可知），理性只能憑著幻相邏輯進行綜合統一，認識不可能有絕對；形而下，康德已探尋到人類心靈深處那個認識的「Form」（方式）和純粹理性的侷限性。用我們古人惠施的話說「至大無外，謂之大一；至小無內，謂之小一。」[2]，我們還能走出康德的哲學範疇嗎？康德哲學的革命，讓哲學闖出一條新路，可是他又提出一個「物自體不可知」的命題，這一難題擺在哲學的路上，似乎又堵死了哲學的通道？康德「物自體不可知」的哲學命題，實在令人驚嘆，「海古拔」剛煥發青春，又急促變得衰老了。

自康德後，費希特、黑格爾重新拾起辯證法，用邏輯的形式檢點現象內容，即康德所說的「幻相邏輯」來思辯，企圖突破康德純粹理性批判的圍牆。費希特從「自我」與「非我」開始論證，進

---

[2] 《莊子正宗》華夏出版社，2005年1月第一版591頁。

行否定之否定，達到自我與非我的統一；到了黑格爾那裡，則擴大為一個總的歷史框架，他也進行一番否定之否定，把一切都包羅裝進這個歷史總框架，以回歸上帝為目的，這樣他的綜合統一就可以圓滿了。但我們將物自體攤開來說，將那時間、空間、宇宙無限攤開來說，那不可知就擺在那裡，你又如何說得通呢？辯證法，只不過是一門自欺欺人的學說。他用抽象邏輯的形式，去裝點心中的那個意的內容，實則是以意來包意達致所謂的對立統一把戲。與黑格爾同時代的叔本華，自稱已破解了康德的物自體，他說意志就是物自體。然而，我認為是有些勉其所難的。正如哲學大師牟宗三先生所指出的：康德不承認有智的直覺（不單是康德，整個西方的基督教世界都不承認人有智的直覺，人是不能超越上帝的）。沒有智的直覺，你撈彎抹角（邏輯的三段論）地證明，所得的結論都是間接的。雖然有實踐理性來為其做保票，但有點強人所難了，其實踐理性的靜觀，也是心性的意中之意，我稱此意中之意為「意識決定意識」的東西。即康德所說的「幻相邏輯」推論出來的東西，用邏輯形式引入內容來作辯證的那些東西。這種綜合統一，其實就是意識的意識統一。也就是亞里士多德的「思想的思想」，並無多大的實在意義。也沒有康德提出的：形而上學，作為科學，是怎樣成為可能的（wie ist Metaphysik als Wissenschaft möglich?）[3]只是一種幻相邏輯玄談，沒有科學論述依據。

再後來，胡塞爾他們的現象學，也只不過是意識意向性的探索，雖然胡氏探索過純粹概念以及純粹邏輯的心性認識，知道人心性在現象底下有純粹的概念與純粹邏輯在運作。但其對此知識多是與心理學結合而論，僅就現象而現象來論述。所以他就沒有看到純

---

[3]　《Kritik der reinen Vernunft》Felix meiner Verlag Hamburg，p75。

粹知性、純粹理性的整體性。海德格、薩特他們大談存在，也是游離意識與現象之間，那個物自體似乎已被所有的哲學大師們所遺忘而擱置一邊了。然而，我們不對物自體刨根問底，不探究出個因由來，哲學能通達嗎？哲學，這個愛智慧的學問，竟被一個「物自體」概念所難倒了：我們不能否認它的存在，但不知道它是什麼？弔詭又弔詭。馮友蘭先生曾說過「哲學，特別是形而上學，是一門這樣的知識，在其發展中，最終成為「不可知之知」[4]而康德這個「物自體」，嚴格來說，是形而下之下的，用形而上學的方法，說不可知之知，能使問題得到澈底的解決嗎？

康德的批判哲學，已證明形而上學此路不通。他的純粹理性批判，說明理性已病入膏肓，不可救藥。當今人類社會恐怖主義橫行，自然生態環境的大破壞，就是理性主義帶來的惡果。我這不是危言從聽，一個人由知性上升到理性，形成觀念後，他的反思判斷力就圍繞這個目的論轉了。中東那些炸彈自殺者那麼勇敢，不惜以自己的生命來為那個觀念獻身，看起來似乎是很不理性的，實際上正是理性生導出來的惡果。知性決定理性。他從小就接受那種知性教育，那種回教原教旨的思想教育，一旦知性上升到理性形成觀念（信仰）後，它就變成行動的指南了。恐怖分子臨死前，他是感到無限的光榮的，他相信他是為他的神而獻身的，不然他就沒有勇氣拉開那炸彈的開關了。類似此種理性腫瘤的現象，在無神論的中國也屢見不鮮：只要你批評一下中國的人權狀況不好，立刻就有人出來指出你背後隱藏著不可告人的陰謀論。這種思維、行為方式，正是理性觀念的目的論在作怪。人，各個具體的人，他的聰明程度不同，他所受的教育程度不同，他所接觸的宗教、生活

---

[4]　馮友蘭：《中國哲學簡史》北京大學出版社1985年2月第一版387頁。

習俗、知性認知都不同，那個指導行為準則的理性觀念當然就因不同的環境、宗教、生活習俗、民族、國家地區而異。理性觀念是與經驗知識息息相關的。理性如何理性呢？德國社會學家韋伯（Max Weber 1864_1920）提出寬容哲學，所謂的寬容，不就是包容各持所見嗎？可是那些極端主義者（獨斷論者），對你的寬容會有所聆聽嗎？具有諷刺意味的是，韋伯講寬容哲學的時代，正是共產主義獨裁專制形成興起的時代。後來的哈伯馬斯（Juergen Habermas 1929）認為單講寬容不行，還要講溝通，他的溝通哲學於是就誕生了。歐盟現在講溝通外交，或許就是對哈伯瑪斯哲學的運用。我用理性、很理性的道理與你溝通，講清楚，說明白，你總該聽聽吧？可是我們看到恐怖主義更加猖狂，自殺炸彈者更加激烈；民主社會與專制社會關係更是水火不相容。自康德宣布理性的侷限性以來，形而上學走上「海古拔」的命運已不可避免。韋伯、哈伯瑪斯他們用理性來療傷理性的手法，也只能是短暫的鎮痛劑，不可能根治理性的病源，原因是那病入膏肓的理性腫瘤已深入人心，不可能連根拔除。深根蒂固的理性觀念，加上叔本華生存意志的渴望，這就是人類不可救藥的災難。指望人類自身以理性自救，可說是飲鴆止渴。理性的動力在於講存在與發展。一個民族、國家要講他們的存在與發展，一個人也要講他的存在與發展。我人要擁有什麼：名譽、金錢、財富、地位？國與國，人與人，集體與個人，都要相爭。而讓人類血拼爭鬥的根源，正是人類理性本身。基督教的《聖經。創世記》早就說明了這個理性的惡源：亞當與夏娃偷吃智慧之果後，人類有了知，就開始出現罪惡了。

原來人的知，是罪惡的根源。那麼，我們人類要解決這個問題，為什麼不好好去研究「人是如何知的呢」？康德說的「我們的認識是如何成為可能的」？就為我們打開一條哲學通道。因為這個人類的心

性，有一套認識的方程式，這套方程式迫使我們的認識不得不如此。很多罪惡、爭鬥、信仰認同皆因認識方程式的運用而起。

我們已找到人類擔心受怕的病因，一個問題就提出來了：假如我們能夠證明出沒有理性，不要知性和理性，人類還有他生存的價值，而且比價值理性主義者得到更高的價值。那人類不就有重返伊甸園的希望了嗎？

我在研讀康德的先驗論中看到：康德說那些驗前的東西，正是我們何以有這個世界的東西。這是世界的發祥地，是人類何以有此世界的根源。這，就是我們的心性。他隱藏著一套認識的方程式與審美愉快的圓道慾望。我從康德提出的「我們的認識是如何可能的？」看到他的「方式、範疇、先驗邏輯」中包涵一套認識的方程式，從而展開了我的哲學論述。這是一項先驗哲學的新說，不敢說對人類有什麼價值意義，但揭開人類神祕的面紗，回答康德「人是什麼？」這一問題是完全可以勝任的。意志自由、靈魂不死以及上帝存在都將一一浮出水面，就連物自體不可知的問題都將得到解決，人是什麼將太白於天下。

這是一項艱苦卓絕的工作。然而康德的哲學已為我們創造出良好的開端。他卓越精妙的先驗論，已把知識如何可能以及如何形成觀念論說清楚了。剩下的工作就是我們如何證明心性認識程式的存有，以及證明知識的無用和如何剷除理性觀念的毒瘤了。

余客居德國三十幾載，潛心研析天人之分際，體悟人生之道，竟禪悟出老莊之道的「玄牝之門」來。莊子說「獨與天地精神往來，不傲睨於萬物，不譴是非，於與世俗處。」[5]

莊子已把人生這個最大的價值意義說出來了。「獨與天地精

---

[5]  《莊子正宗》華夏出版社2005年第一版。589頁。

神往來」，這是何等的人生境界？而且他不是孤芳自賞、獨傲於世人之上。他與萬物、萬事和諧相處，生活在人類的世俗之中。這等人生的意義，是多麼輝煌與璀璨，他已看到「天地之大美」（《莊子。天下篇》）。可以說已做到人中之極：「內聖外王」（《莊子天下篇》）了。

中國古人的哲學觀，用的是直接說出真理的方法。他沒有邏輯分析論，也沒有綜合的歸納法。用哲學家熊十力先生創造的「性智」（熊十力先生在其《新唯識論》說有「量智」、「性智」兩個詞，「量智」，它是可以尺度出來的，相當於西方哲學講的理性；而「性智」，則是不能用尺度來衡量的。）兩字來說，我稱之為「性智論」。他把你一生所要想的，所要追求的，所要得到的，那個心靈深處最玄妙的東西，一下揭示出來了。它沒有原因，沒有因而如何如何？他是頓悟而成就的，這就為我們論述老莊的道無哲學遇到困難。而老莊的道，又在形而上之上，用辯證法，不可能求得。老子說「人法地，地法天，天法道，道法自然」[6]我們看到，在老子這四個層次之中，「地法天」這個層次可能還有點人的意識辯證，也可說是形而上學的辯證：觀察萬物之性來體驗天的性質。即《易經》的古者包犧氏「仰則觀象於天，俯則觀法於地，觀鳥獸之文與地之宜，近取諸身，遠取諸物。」[7]的方法論而已。並沒有上到「天法道」的層次。

「天法道」那個層次，是天與道的關係，已沒有人為的意識，辯證法不可能在起作用了。辯證法家硬說天道如何如何？那肯定是意識的構造，是否那就是老子說的「道」？那只有天知道。所以，「天法道，道法自然」的悟覺，只能用熊十力先生的「性智」來

---

[6] 《道德經》安徽人民出版社2001年10月第一版268頁。
[7] 《周易正宗》華夏出版社2005年1月第一版，648頁。

解決。

　　這是一項哲學的艱難工作。老莊雖然把人生的真諦說出來了，但如何證明則是一個難題。我在研讀康德的先驗哲學時發現，康德的先驗哲學，已具備解釋老莊道無的理論基礎。康德的先驗邏輯論，已為老莊的道路鋪就一條通達的橋樑。康德「反身而誠」（孟子語。見前注）的哲學，已見證人類心靈底下那個Form（方式）的東西。我們從康德這個「方式」再對其「認識範疇」進一步的探討，對心性形而下之下考察。我發現，康德先驗哲學的淤塞，在於其只看到我們人類心性有一個認識的Form（方式），並沒有看到人類心性有一個認識的Formel（方程式）。因此他的範疇演繹、先驗邏輯，都沒有得到很好的解釋與歸納。我將康德的Form，提高到Formel來考察，一步步的探源，最後「各復歸其根」[8]，將老莊的道無闡發出來。

　　康德在他的《純粹理性批判》曾說「我們的一切知識都從經驗開始，這是不能置疑的。」[9]但他的先驗哲學，說的是沒有開始經驗之前的知識。即人類心性認識能力的知識。當年康德這個證明，我們今天來看都有些不可思議，不是說一切知識都從經驗開始嗎？那你要說的是沒有經驗的知識，這是什麼知識呢？我稱之為「知識背後的知識」。康德在知識後面看到另一種知識，即驗前（先驗）的知識。我們能否從康德這個驗前的知識悟覺到老莊的道呢？用康德的話說，這是「不能立即輕率答复的問題」（見注9）。我的證明，是形而上之上的無，已沒有康德經驗知識的參照系比較。它不是胡塞爾（Edmund Husserl，1859_1938）現象學意識意向性的朔源；也不是薩特（Jean Paul Sartre1905-1980）自為存在的良知證明。

---

[8]　《道德經》安徽人民出版社2001年10月第一版266頁。
[9]　康德《純粹理性批判》，韋卓民譯，華中師範出版社2002年7月第二版35頁。

老莊這個道，它不是分析的，也不是綜合的。它必然要用到哲學家牟宗三先生說的「智的直覺」[10]才可以征達。這項工作，是有些晦澀和費解的。但是，讀者只要能有耐心地體悟我的探源，開啟「性智」的大門，就不難歸根到底，達到莊子「朝徹」[11]的境界。這種哲學的澈底性，並不是我異想天開，而是它根植於人類本性的。這就是老子「道法自然」、佛家「鳳凰涅槃」的根本所在。

---

[10] 《牟宗三集》群言出版社，1993年12月第一版。438頁。
[11] 《莊子正宗》華夏出版社2005年1月第一版113頁。

# ▌二、探討意識的來源

　　我們現在就來探討意識的來源。意識是如何產生的？我們人是如何認識事物的？如何對事物進行概念從而得到知識的？

　　關於意識的產生，唯物論者認為是客觀對象給予我們知識。是外界的物質對象，反映到我們的感性神經系統，被我們的大腦所感知，然後才形成概念，從而使我們得到知識。我看到一條狗，我才有狗的概念，我認識了狗，我就有了狗的知識。我從沒有看到過或聽過狗的有關情況，我內心當然就沒有形成狗的概念，因此我不可能有狗的知識。假如外界一片空無，沒有客體反應到我的心性，我當然就一無所知。以唯物論者來說，是客體（物質）對象決定我們人的意識。沒有對象，你拿什麼來做概念？思想無內容則空。可以說沒有客觀對象的出現，我們人不可能有知識。知識的來源，一定要有對象，而對象的出現，是外在於我們內心的東西，即不屬於我們本身的東西。它是從外面進入我們內心而起作用，從而使我們產生知識。這就是唯物論者說物質決定意識的一個有力論據。然，唯心論者則反其道而說之，你客觀對象雖然重要，沒有對象進入我的內心感應，我當然沒有知識，但我心若沒有將對象形成概念的功能，即我沒有知的判斷功能，我何來知識？你客觀對象出現再多，我們人的意識對它不起作用，即不對它做概念，我們也沒有知識。世界上有很多動物、植物，或許他們有感知，但它們沒有形成概念

的能力。只有人，才能生出知識。所以說，知識是我們人的心性產生出來的，沒有思維，就沒有知識。這就是唯心主義者有力的證據。因此，從認識論上來說，客觀對象與意識是一個矛盾兩個方面的關係，兩者是相互辯證的，是相互依存的關係。誰都離不開誰，失去一方，另一方就不能成立。這就是康德說的：「我們的一切知識，都從經驗開始，這是不能置疑的」[12]的論斷。所謂的經驗，就是有東西經過我們的心性，使它發生作用，從而得出經驗性的概念。然而，以唯物與唯心來探討意識的起源，在我看來已沒有甚麼出路，唯物與唯心爭論到最後，不是獨斷論就是懷疑論。因為宇宙是無限的，物自體是不可知的，而人用來做意識方式條件的空間、時間也是無限的，這就使人的認識得不到澈底的解決。它上到形而上時，沒有經驗做基礎，就成了猜測和空想的推論。先有雞還是先有蛋的問題就出來了。這個世界是從何而來的？我們人類何以會有這個宇宙世界？永遠探不到源頭，永遠有未知的東西在等待我們認知。當初亞當與夏娃偷吃上帝智慧之果時，不知道會有這麼麻煩：要知，知不盡；有不知，又不甘心情願，心性要迫使我做出概念，兩頭都不到岸。我們人類如何打破砂鍋問到底呢？那個靈魂不死，意志自由，上帝存在等等問題，都在爭相向我們內心發問，使我們的情志不得安寧。

　　唯物論與唯心論不能澈底解決人類認識的問題，我認為就是他們都採取驗後的兩分法，即在經驗性的意識上進行邏輯分析。一個事物不是A，就是非A。這種兩分法的絕對論，在時空無限，宇宙無限，「物自體不可知」的情況下，不可能有一個徹底的、明晰性的結果。記得在臉書有一個人發一個打賭，說任何事物都有矛盾的

---

[12] 康德《純粹理性批判》，華中師範大學出版社，韋卓民譯，2002年7月第二版，35頁。

對立面，如果有人指出有一事物沒有對立面，他就獎給一百萬元。我在他的臉書留言：一個圓球，任何一點都是中，它是沒有矛盾對立面的。這人也不見對答，大概就此不了了之。有人還拿出中國古人的《易經》來吹牛，說《易》的「陰陽」學說就是黑格爾的「矛盾論」，是最辯證的科學。其實，中國古人所謂的得道，是沒有任何矛盾的對立面的。這就是說，得道之人，必須是在陰陽之上，或是在陰陽之中間（中庸）。他不能有陰陽矛盾對立面的影響，他才是自由自在的，才是達到絕對的自由的。這個絕對自由之人，那還有甚麼「陰陽」之道呢？陰陽，只有在人道上進行辯證。也就是說，是邏輯分析辯證之道，並沒有達到哲學的澈底性和明晰性。所以我們要尋找哲學的出路，靠經驗性的邏輯分析，是行不通了。康德在形而上學成為「Hecuba」（海古拔）後而開創出一門新的哲學：先驗哲學。我們來看看康德的先驗哲學能否解決這個人類智慧的問題？康德提出：「我們的認識是如何成為可能的？」這句話太有哲學意義了，因為有了人，才有這個意識的出現。就是說，只有人，才具備有智慧的存在。「我們的認識是如何成為可能的」？也就是說，我們的心性是如何去認識事物的？康德把客體抽掉，專顯心性的先驗知識。這種哲學，我認為不是唯物，也不是唯心，而是一種先驗的認識論。

　　我們探索人類的認識時，知道世界上只有人，才有此思維，就是說，只有人才有此理性。雖然說思想無內容則空，沒有客體對象，我們不可能獲得知識。但我們可不可以想想，拋開客體，拋開經驗性的東西，單就心性有什麼東西，能使我們認識事物，做一個純粹的先驗探索呢？即探索心性純粹的東西。康德的先驗認識論，就是如此開道的。

# ▋三、康德先驗哲學給我們的啟示

　　為了更好地理解康德的先驗哲學，我們來看看康德所說的這個「先驗論」。康德在他的《純粹理性批判》導言中就明確指出，他的「先驗哲學觀念」（Idee der Transzendental-philosophie），說的是「驗前的知識」，這種知識是純粹的（reinen），是沒有摻雜任何經驗性知識的。康德的哲學有「純粹感性」、「純粹知性」、「純粹理性」之說，這個「純粹的」（reinen）東西，就是將經驗性的知識排除在外，在經驗之前我們的心性，有甚麼東西能使我們驗後的知識成為可能？這個我們心性固有的東西，就是純粹的。也就是說，它是我們天生就有的東西。其實，康德說這個驗前知識，就是我們人的心性能力，即在我們的身心裡面裝有甚麼東西，能使我們與對象發生關係，從而獲得知識。所以，康德說「純粹的」，就是排除經驗性的東西，即排除客觀外界的東西，單就我們心性有什麼東西做闡述。這個純粹的知識，是沒有客體摻雜其中的。即我們不能拿經驗性的知識來說事，它與經驗性知識是不同的。它是我們人類腦袋自有的純粹認識能力。康德這個先驗認識論，就是對我們形體之下的心性探究。這個知識，說的就是我們形體之下看不見、摸不著的思維能力，即心性能力。康德稱之為「認識的方式」、「認識範疇」、「先驗邏輯」的東西，就是心性固有的東西。這個知識不可能是形而上的，（意識還沒有出現，那來思辯？）只能將它納

入形而下之下來考察。西方哲學的形而上學（Metaphysik），說的是形體之上的意識，即抽象的抽象，也就是意識的意識的東西（亞里士多德：思想的思想）。康德沒有把他的哲學擴出形而上學的範疇也是說得過去的，因為康德的先驗論也是講抽象的東西，講心性那些看不見摸不著的純粹知識。而以我們中文「形而上」與「形而下」之解，說康德的哲學是形而上的，那就產生很多誤解，以為康德還是在講思辯哲學的那一套，還是講普通形式邏輯抽象思維的那一套東西，這就很難悟覺出康德先驗哲學的真諦來。有人認為康德的哲學是說思維的規律、思維的法則。這話看似不錯，實則沒有點到先驗論最精妙的核心部位：這個「純粹概念」與「先驗邏輯」的問題，即什麼是純粹感性、純粹知性、純粹理性的東西？康德說：「我們在這裡所需要的是藉以正確辨別純粹知識與經驗性知識的標誌，經驗告訴我們的事物是『如此如此』，而不是事物的『不能不如此』。」[13]（舉個例子：我看到一條狗，經驗告訴我的是一條有四條腿的動物，為什麼我們不可以概念它是豬牛羊？「不能不如此」地概念它是狗）。康德進行一番論述後，接著說：「因此，由於這個實體概念用來迫使我們承認它的這個必然性，我們就毫無選擇，只得承認這個概念是處在我們驗前知識的能力裡的。」[14]這個「處在我們驗前知識的能力裡的」概念，不是在我們腦袋裏早就存有了嗎？這個概念沒有與客體現象發生關係之前，它是純粹的。也就是說，在我還沒有與現象狗發生經驗之前，狗的概念早就在我的心性裡存有。就如人臉識別電腦技術，它預先就裝有你的臉像圖碼，你一出現，它就對上了。不會認錯是張三李四，這就是你，

---

[13] 康德《純粹理性批判》韋卓民譯。華中師範出版社，2002年7月第二版36頁。

[14] 康德，《純粹理性批判》，華中師範出版社出版，韋卓民譯，2002年7月第二版，第36頁。

「不能不如此」。但這個純粹概念，如果沒有經驗，我們也不知道有沒有。它是看不見，摸不著地存在於心性裡的。是現象的出現，我們去認識，才使得這個純粹概念顯露出來。

康德的先驗哲學，說得再清楚不過了。他要說的，是人有一種驗前或超驗的知性、理性能力，這種知識，不和對象有關，而和人們知道對象的方式有關。這個和知道對象的方式有關的學問，就是康德要論述的先驗哲學。

康德對先驗知識有一個明確的限定，他說：「即並不是任何一種驗前知識都應該稱為先驗的。而只有我們藉以知道某些表像（直觀或概念），只能在驗前使用或者只是在驗前成為可能，而且又知道何以是這樣的，這種驗前知識才稱為先驗的知識。這就是說『先驗的』這詞是指『關於知識的驗前可能性』或『知識的驗前使用』這樣的一種知識。」[15]。

康德把他的「驗前」（a priori）知識規定得很嚴格，他說：「我們把所謂驗前知識理解為不是不依賴某一次經驗的知識，而是絕對不依賴任何經驗的知識。」[16]

這種沒有經驗性的知識，就是純粹的心性知識。康德把他的書名取為《純粹理性批判》，就表明不是一般的理性批判，而是純粹的理性批判。這個「純粹的」（reinen）定語，是非常重要的，是理解康德先驗哲學的一個關鍵詞。有人讀康德的《純粹理性批判》，不能來個思維反轉，以為康德說的是理性批判，把經驗後的知識進行一番理性批判，完全把康德說的「純粹理性」搞錯了，這個「純粹理性」，是沒有經驗性知識的理性，人類心性固有的理

---

[15] 康德，《純粹理性批判》，華中師範出版社出版，韋卓民譯，2002年7月第二版，第95頁。

[16] 康德，《純粹理性批判》，華中師範出版社出版，韋卓民譯，2002年7月第二版，第36頁。

性。這個純粹理性，就是由先驗邏輯（胡塞爾稱為純粹邏輯）建構的認識方程式所決定的。

　　康德這個先驗哲學，給我們有如下啟示：

1、我們人能認識這樣那樣的事物，肯定在我們的腦袋裝有一套認識的東西，否則我們不可能認識事物。這套東西是什麼？康德稱為「認識的方式」（Form），以及認識範疇（Kategorien）規律、法則裡有一套先驗邏輯的運作。即我們在沒有認識事物之前，我們的頭腦必須有一套認識事物的方式和能力，它決定著認識出來的事物「不能不如此」，具有必然、普遍的意義。這就迫使我們追問一個問題：a,認識方式裡有什麼東西？b,為什麼範疇能夠有規律、有法則地運作？認識不是機械的發展，而是以十進位甚至十二進位的發展，發展出理性的幻象邏輯？我們以此「反身求誠」，是否可以探索出認識的根源以及認識的範圍和侷限性？心性包含甚麼東西和具備甚麼樣的能力，我們才能認識甚麼樣的事物。心性沒有這個方式，沒有這個認識範疇，沒有這個邏輯能力，不可能認識出什麼東西來。而即使認識出來，也不是「不能不如此」的必然性、普遍性的意義。康德在這個先驗哲學上，已做了很多工作。他的批判，已把先驗哲學的架構揭示出來了。但我在研讀他的哲學中，發現從康德的方式、範疇以及先驗邏輯的演繹，可以構成一套認識的方程式。從認識的方程式去發掘、探求心靈這個東西，就發現一些康德沒有看清的東西，他的批判也是有缺陷的。我把Form「方式」提升為Formel「方程式」來考察，相信能把康德提出的「我們的認識是如何可能的」說得更清楚，更具體化。這對我們破

解、明瞭「先驗哲學」會有很好的作用。

2、如果我們以認識方程式來看人類這個心性的東西，康德所
證明出來的「概念、連結、想像力、綜合、統一」等認識
能力就是能動的、活躍的，有機可循的。並不僅僅是一種
方式（Form），一個原理那麼簡單。他是有一套先驗邏
輯在活動的。這就是通常人們所說的思維能動性。如果我
們只從認識的方式去理解這個認識的方程式，我們就只能
得出認識範疇的規律與法則，看不到其方程式裡的內容。
我把康德的Form（方式）提升為Formel（方程式）來探
討，就把先驗哲學向前推進一步，明瞭了其中認識方程式
的一些內容以及運作方式，看清純粹概念與先驗邏輯的法則
和規律。認識是有一條清晰的路徑的，它有一套運作系統。

3、康德這個先驗論，說的是驗前的知識，即先驗的知識。在
我們還沒有與客觀世界現象發生關係之前，我們的頭腦早
就存有這樣的知識。這樣，康德的先驗哲學就給我們提出
這樣一個問題：我們的頭腦，是否已涵宇宙世界的一
切？宇宙世界運轉的規律、法則是否已裝置在我們的腦海
中？中國宋代哲學家陸象山（陸九淵，1193-1193）提出
的「宇宙便是吾心，吾心即是宇宙」[17]的原理是否可以成
立？人是否有一不求而存在的東西在我們的心性裡面？而
且我們從康德的先驗論知道，你再怎麼求知也沒有用，宇
宙世界不可能被你認識完畢，宇宙是無限的，物自體是不
可知的，而空間、時間也是無限的，這一切都使人無法有
絕對的認識。既然這樣，我們的求知在我們的人生來說就

---

[17] 《陸象山全集、陽明傳習錄》世界書局出版，《雜著·卷二十二》173頁。

是不全的和不完美的，認識是片面的、相對的，是有欠缺的。也可以說求知是個無底洞，永遠達不到彼岸。求知是有限的。正因為這個先天認識條件的有限性，導致純粹理性的二律背馳。我們檢討康德這個在我們心性先天就有的方式後，我們再進行反思：我們是否可以放棄求知，不要知識，回歸心性的純潔？心性損去經驗性知識，他不就回歸原來純粹的心性形式了嗎？這就是老子「各復歸其根」的全而美的心性圓滿。康德這個「先驗論」，是否可以為我們打開上帝緊閉的伊甸園之門找到一條鑰匙，回到亞當與夏娃無憂無慮的伊甸園生活？即進入老子的道無境界，抵達釋迦牟尼鳳凰涅槃的人生最高境界？

4、我們從康德的先驗判斷知道，美是沒有概念，沒有利害關係，沒有目的性，但符合目的性的心性愉悅。我們從康德這個判斷力的批判中，是否可以悟覺到最高的審美價值觀來？即悟覺出老莊道無的「玄牝之門」來？莊子為什麼可以「獨與天地精神往來」、看到「天地之大美」？這個道是什麼？真的值得人們去追求嗎？真的比求知更賦有價值嗎？這個人類追求的最高境界，就是要使心性純潔。而心性純潔，只有損去認識的知識（經驗性知識），讓心回歸「純粹的」，不摻雜任何經驗性的東西。這就是老子「為道日損，損之又損，直至無為」[18]的悟覺所得。

5、通過我們對康德Form（方式）提升為Formel（方程式）的研究，是否可以解決上帝存在、靈魂不死、意志自由以及物自體不可知等問題，為哲學開闢出一片新天地？

---

[18] 老子，《道德經》，安徽人民出版社出版，陳國慶、張養年注譯，2001年10月第一版，第二七一頁。

我們從康德這個先驗哲學看到，當今製造的電腦，所使用的原理，都與康德的先驗哲學理論有關。也可以說，電腦編寫的每一套方程式，必須用到康德的先驗論，沒有一套「先驗的綜合判斷是怎樣成為可能的」運作程式，我們無論向它輸入甚麼，它是不可能顯示出我們想要的知識的。電腦能給我們這樣那樣的知識，是它先前裝有一套獲得那種知識的方程式。而這個方程式，已不是我們過往的機械性運作（《易經》的兩儀生四像，四像生八卦），它是以十進位的超驗形式推進的。既然電腦的理論基礎是從康德的先驗論而來的，我們從電腦的方程式來反觀我們這個人類的心性能力，就可以探索出人的意識來源，以及明瞭人的認識能力和他的侷限性。我們用電腦的方程式去進行分析，看看康德所說的認識方式裡面包涵什麼東西，能使我們認識出來的知識具有普遍性、必然性。這個看不見，摸不著的心性認識方程式，就值得我們反轉去探究了。我們從康德這個認識的方式及認識的範疇，再證明出陸象山先生的「宇宙便是吾心，吾心即是宇宙」的悟覺，為「吾心」本就存有宇宙世界的一切，無需再向外所求奠定理論基礎。這樣，就為我們回歸心性本體打下理論基礎，為我們悟道找到了一條通達道界的橋樑。

為甚麼老子說為道要「損無」？我們知道，康德對認識論的探索，探到最後的「純粹理性理念」時，就出現二律背馳。他為甚麼認為我們認識的都是現象，而「物自體不可知」？康德將哲學分為自然的形而上學和道德的形而上學兩部分，他是將理性的二律背馳交由道德的形而上學來解決的。他的《實踐理性批判》就由此而提出解決方法。但我認為是有點勉其所難的，是有點淤塞不順通的。他將這一切歸於一個道德律令來解決，也是意中之意，亦可以給人留下詰難。何以人先天就有這個道德律令，而使人遵守呢？康德這個先驗的道德律令，也不能解決人生功德圓滿而達到至極的問題。

而康德將哲學分為自然的形而上學和道德的形而上學，很明顯就將認識論與道德倫理論脫節了，他把認識不可知的「物自體、上帝、意志自由、靈魂不死」等，都交由道德的形而上學來解決。康德知道他的先驗認識論，是不可能達到澈底的自明性和絕對的自由的。以他的先驗認識而論，「物自體」是不可知的，上帝的存在，靈魂不死，意志自由等是不可以實證的。因此，他就要設置一個道德的形而上學來解決人類這個靈魂安放問題。他的道德形而上學是高於自然的形而上學的。他的名言：「我因此就得揚

　　棄知識，以便替信念（信仰）留有餘地。」（Ich musste also das Wissen aufheben, um zum Glauben Platz zu bekommen.[19]

　　這就是他認為道德哲學比自然哲學更重要原因。我們從康德的先驗哲學，看看能否打通一條哲學通道：從認識論，直接回歸心性論，即不要知識，也不要信念，讓心性空無。這樣，就沒有康德的純粹理性的二律背馳，也沒有黑格爾否定之否定對立統一的辯證巫術。他是老子「各復歸其根」的自然本性。這種回歸，是自自然然的，沒有半點認識論的悖論，也沒有道德倫理論的來回折騰。他是暢通無阻，直通宇宙心的。即俗話說的「一了百了」的功德圓滿。

---

[19] 康德，《純粹理性批判》，華中師範出版社出版，韋卓民譯，2002年7月第二版，第二十五頁。

# 四、什麼是先驗哲學
## （der Transzendental-Philosophie）

Transzendental，即經驗之前或超經驗的。這個先驗哲學，就是沒有經驗知識的哲學，專講心性認識方式與心性能力的一種哲學。也就是探究人類心靈如何獲得知識的方式與運用，即經驗知識背後的一種知識。康德說「這就是說，「先驗的」這詞是指「關於知識的驗前可能性或知識驗前使用」這樣的一種知識。」[20]

我們先來看看康德說的一句話：「我們的一切知識都從經驗開始，這是不能置疑的。」（見注12）但是他把話題一轉，說：「是否有這種不依靠經驗，乃至不依靠任何感官印象的知識，這至少是需要更慎密地去審查的一個問題，而且是不能立即輕率答覆的問題。這樣的知識稱為「驗前的」（a priori），而且有別於經驗性的知識，經驗性的知識是起自驗後（a posterion）的，即在經驗中有其起源的。」[21]

當年康德這個證明，我們今天來看都有些不可思議，不是說一切知識都從經驗開始嗎？那你要說的是沒有經驗的知識，這是什麼知識呢？我稱之為「知識背後的知識」，或稱「使知識成為可能的

---

[20] 康德：《純粹理性批判》，華中師範出版社出版，韋卓民譯，2002年7月第二版，第95頁。
[21] 康德：《純粹理性批判》，華中師範出版社出版，韋卓民譯，2002年7月第二版，第35頁。

知識」。康德在經驗性知識後面看到另一種知識，即驗前（先驗）的知識。我們從康德這句話可以看出，人類的知識，都是經過我們的頭腦思維後發生出來的。沒有經驗，就沒有知識，這是可以肯定的。一個很簡單的例子：假如外面一片空無，我什麼都沒有看到，也沒有體驗到什麼東西，我的頭腦會產生什麼知識嗎？沒有。只有我看到某物，我感觸到某東西，我的腦袋才能產生某東西的知識。沒有東西經過我的思維，我是不會有知識的。這就是康德說的「我們的一切知識都從經驗開始，這是不能置疑的」的論斷。但他卻認為，還有一種知識，是「驗前」的，即在經驗發生之前的一種知識，也可說是沒有經驗的知識。可見康德說的哲學，是沒有經驗知識的哲學，這種沒有發生經驗之前的知識。是什麼知識呢？這種知識，就是「產生知識的知識」，即我們人有這個思維結構，有這個思維能力，我們才能對客體產生知識，才能認識事物。康德在經驗性知識後面看到另一種知識，即驗前（先驗）的知識。這種知識用普通的一般思維來求知，是辦不到的。用康德的話說，這是「不能立即輕率答覆的問題」，需要用一種特別的思維方式，即思維的反轉，才能求證出來。康德就把它證明出來了。所以我們要研討、探明康德的先驗哲學，就不要採取慣常的思維方式，不要從經驗性的知識，進行形而上學的辯證思考，而是從驗前的、先驗的、認識的方式，以及純粹的認識能力去思考。即是說，研究腦袋那個認識方程式。這個心性有什麼東西，能使我們能認識外界的事物，使我能夠擁有知識？即，康德說的「我們的認識是如何成為可能的？」這個方式去思考。這個知識，比辯證法的思辯更深一層，辯證法是抽象的抽象，而先驗論是無相的心性能力探究。即心性的純粹認識原理。

　　驗前的知識。即「先驗的」知識，在經驗還沒有發生之前的知

識。用通俗的話說，就是我還沒有去認識事物之前，我的腦袋有什麼東西，可以使我能認識這樣那樣的事物成為可能？康德的所謂「批判」，就是探討腦袋裏潛藏的：「我們的認識是如何成為可能的？」的知識。這就是康德的先驗哲學：人類心性底下潛藏的認識方式，認識能力。這種方式與能力，我們是看不見，摸不著的。但從經驗性知識進行反轉比較，就可以顯示出來。康德用非常嚴謹的科學方法，將這種「知識」證明出來了。在康德的哲學出來之前，所謂的「形而上學」，都是一種玄談，是談不上什麼科學的。哲學在兩方面搖擺：不是獨斷論，就是懷疑論。康德提出兩個問題值得我們注意：A，「形而上學，作為自然的傾向，是怎樣成為可能的？」（wie ist Metaphysik als Naturanlage möglich？）[22]B，「形而上學，作為科學，是怎樣成為可能的？」（wie ist Metaphysik als Wissenschaft möglich？[23]）這兩個問題，為哲學的發展奠定了科學基礎。

我們知道康德的先驗哲學，原來是講我們人還沒有認識之前，腦袋裏裝有什麼認識的東西，我們人只有具備這些東西，才有可能去認識事物，認識世界。這就好比說，我們有一台電腦，想要它給我們提供某種知識，那麼，電腦是否也要裝有某一知識的程式系統呢？這一方程式，它是我們還沒有應用電腦之前，就預先裝在電腦裡的。待我們應用它時，輸入訊息，它就可以給予我們想要的知識了。這個純粹程式裡的東西，就是先驗的，它不包含我們應用過出現的知識，純粹是程式內容的東西。我們拿電腦來做說明，就很容易理解康德這個「先驗」哲學的東西了。這個預先裝在電腦裡的方程式，就是驗前的，純粹的方程式內容，沒有涉及到運用後的一點內容。我們說，這個方程式有一個形式範疇，它要有概念、想像、

---

[22] 《Kritik der reinen Vernunft》Felix meiner Verlag Hamburg，75頁。
[23] 《Kritik der reinen Vernunft》Felix meiner Verlag Hamburg），77頁。

連結、綜合、統一的功能，它的運作是有法則和規律的。這一切運作，一定包涵一套先驗邏輯（電腦程式的邏輯，目前多是數學式的編程）。沒有一套先驗邏輯，方程式不可能有法則、有規律地進行運作。我們也就得不到所要的知識。而得到的知識也是凌亂的，不可能是必然的、普遍有規律、有法則可循的。所以，我們反過來看康德所說的「先驗論」，就如電腦程式裡的知識。他是專門探討人類心性這個認識的方程式。這樣，我們就比較容易反思我們這個心性思維了。康德的先驗認識論，講的就是人類心性的思維方式。

我們打開電腦，我們應用它時，輸入什麼東西，它會給我們什麼知識。這時，我們來個反轉思考：電腦裡面有什麼東西，能夠給我們這樣的知識呢？通常我們想到的，就是電腦有硬體，軟件，有一個應用程式。這個程式，有與人一樣的思維法則與規律。比如我們打開電腦象棋與人大戰，人走這一步，它就走那一步，最後還是它贏了。我們就想，電腦裏有什麼東西呢？它竟能如此戰勝我們？它裡面一定裝有什麼東西，即有一套先驗的東西。這種東西在我們還沒有應用電腦前，它就裝在電腦裡面的。這個電腦象棋，就是「電腦象棋博弈方程式」。這個方程式一定有其方式、範疇，有一套先驗邏輯在運作，不然它就不可能應對我們走棋的思路。這些方式、範疇、邏輯法則，都是有內容的。只是我們看不見，摸不著而已。康德的先驗認識論，就是探討人類心性這個認識方程式的東西。我們對人的認識能力，通常反省也只到此表面的東西：人有一個活的身體，有感受能力，腦袋會思想，可以認識各種各樣的事物。更進一步的，就從心理學分析：人有感性，受到外界對象的刺激，就有了印象、知性通過印象進行分析，推理、判斷，就得出概念。此外，心性還有記憶、聯想、意向、情感、興趣、愛好、厭惡……等等功能。這些探討，都是帶有經驗性的知識進行分析判斷

的。就是通常我們所說的兩分法：是心決定客體呢？還是客體決定心的意識呢？這就是人們常說的心理學分析。而康德的「先驗哲學」，與心理學不同，他是將經驗性的東西排除在外的，做一種純粹的先驗哲學批判。康德對先驗的東西規定非常嚴格。一旦發現帶有一丁點經驗性的東西都不能放入他的批判哲學。與這種知識相對立的就是經驗性的知識。經驗性的知識只是驗後才有其可能的，即通過經驗才有可能。當沒有任何經驗性的東西參雜其中時，驗前的知識就稱為純粹的。例如，「一切變化都有其原因」這個命題，雖然是一個驗前的命題，但是卻不是一個純粹的命題，因為變化乃是一個概念，只能從經驗得來。」[24]

所以我們在研討先驗論時，要特別注意區分經驗的與驗前的（a priori），區分經驗性的與純粹性的不同，單就認識方程式裡純粹性的東西做學理的分析，這樣才能理解康德的純粹批判哲學。如果我們還在糾葛一般的形而上學辯證做思考，就遠離了康德「先驗哲學」的原理了。學界不少人理解康德的「先驗」就是不可理喻的東西，似乎「先驗」就是神祕、不可理解的東西，這就把康德的「先驗」理解錯了。可以說，康德的「先驗論」，在今天來看，儘管還有些問題他看得不是很清楚，有些問題他走向偏差了，以至於犯了常識的錯誤。（如他說感性不能認識事物、圖型法對於概念的建構等，我認為是錯誤的。下面我將論到）。但總體來說，康德的「先驗論」是有根有據的，他是用科學的方法論證出來的，並沒有將「先驗」視為神祕的，不可理喻的東西。而「先驗」，有時會出現不可預估的東西，超出經驗範圍之外，如靈魂不滅、上帝存在、意志自由等觀念，是超出經驗認識之外的，這也是人類認識方程

[24] 24康德：《純粹理性批判》，華中師範出版社出版，韋卓民譯，2002年7月第二版，第36頁。

式裡所固有的東西（先驗的幻相邏輯演繹出來的結果）。康德的 Transzendental也包涵有超驗的意思。有些超驗的東西出現，用經驗性的理性去分析是不可理解的，就認為超驗是神祕、不可預測的就錯了。

所以，先驗，包涵經驗之前與超出經驗之外兩重意義。先驗哲學，就是說人天生固有的一種認識方式條件。即心性固有的一種認識能力學說。

康德從經驗性的知識中，反思出人腦有一個先驗的認識能力，他把這些心性能力揭示出來，就稱為驗前的知識。他把這種驗前的知識稱為純粹的，它與經驗性知識是有區別的。如何正確判斷純粹知識與經驗性知識呢？它有一個標誌：「經驗告訴我們的是事物「如此如此」，而不是事物「不能不如此」，那麼，第一，如果有一個命題，在思想它時，是作為必然的命題而被想到的，它就是一個驗前判斷，而且，如果它除了從一個具有必然判斷的有效性的命題得出外，不能從任何命題得出來。它就是一個絕對驗前的判斷。其次，經驗永遠不能給它的判斷以真正的、嚴格的普遍性。因此，我們只能正當地說，就我們迄今所觀察到的為止，某某條規則是沒有例外的，如果用嚴格的普遍性來想到某個判斷，即在不容許有任何可能的例外這種方式上來想它，它就不是從經驗得出來的，而是絕對驗前有效的了。」[25]

這話我們如何理解呢？我們試舉趙高「指鹿為馬」來說，為什麼人人內心都知道趙高牽出來的動物是鹿而不是馬？這個「不能不如此」的判斷，可以說在我們的腦袋早就有一個形式（form），也可以這樣說，在我們的腦袋，早就有各種動物的純粹概念。這個鹿

---

[25] 康德，《純粹理性批判》，華中師範出版社出版，韋卓民譯，2002年7月第二版，第36-37頁。

的實體概念，印證到我們腦袋那個鹿的純粹概念，而不可能印證到馬的純粹概念。所以它就得出一個絕對必然的判斷，它一定是鹿而不是馬，內心那個判斷是不能否定的，因為心性有所有的各種各類的動物形式（Form），即純粹概念在那裡。（我從康德的單一個案的純粹概念，論證出心性包涵所有自然世界的純粹概念。）所以康德說，「因此，由於這個實體概念用來迫使我們承認它的這個必然性，我們就毫無選擇，只得承認這個概念是處在我們驗前知識的能力裡的。」[26]。康德這個說法，其實就是承認我們的腦袋，已有這個純粹概念。就如現在的電腦人臉識別錄像，電腦程式先前沒有裝入張三的相貌，遇到張三本人照相，它是不會識別出張三來的。而電腦必然認定是張三，是程式那個純粹概念與他相貌結合了。這就是康德說的驗前純粹知性概念。

康德說的這個必然的、普遍性的純粹知識，就是「先驗」的東西。它藏在我們的腦袋的心性裡面，不為人所知。也就是說，我們的心性有某種能力，有那些法則、規律？他才能認識事物。這些東西在我們還沒有去認識事物之前，就存有在我們腦袋裏面的，就是先天就存在我們的腦袋之中。因為它不是經驗後才有的，在經驗沒有發生之前就存在，所以就叫「驗前」、「先驗」的。康德就是從這個「先驗性」知識論述他的先驗哲學的。為了把這種先驗性知識與經驗性知識區分，康德就把先驗的知識稱為「純粹的」，有別於經驗性的知識。

康德在《純粹理性批判》一書的《導言》將「純粹知識和經驗性知識」進行區別。他說「我們具有某種驗前知識乃至常識也絕不

---

[26] 康德，《純粹理性批判》，華中師範出版社出版，韋卓民譯，2002年7月第二版，第38頁。

缺乏這種知識」<sup>27</sup>。就是說,康德的先驗哲學,就是用一種科學的方法,來確定一切驗前知識的可能性、原理及其範圍。這種專講人類心性純粹知識的哲學,就稱為「先驗哲學」。

27 《純粹理性批判》韋卓民譯,華中師範大學出版社2004年1月版36頁。

# 五、先驗哲學的歷史

　　說起康德這個先驗哲學，追究人類這個先驗哲學的歷史，可說西方早在柏拉圖（Plato）時代就有提及。柏拉圖的「理想國」，是人類夢寐以求的理想人生境界。人們為什麼會有這種幻象要求完美的理性理念？這就是人類先天性就存有的純粹理性理念。柏拉圖在他的對話錄中，一步步進行思辯，最後把這個人類美好願望：理想王國揭示出來。在人類心性底下，是存有這一美滿理想模型的。這個先天就存有在人類腦袋的模型（理念、理想），就是康德所說的純粹理性理念。

　　在中國傳統文化，孟子的心性學說，就有先驗哲學的錐形。他說的良知，也是先天性就存有在人的心性裡面的。他說：「耳目之官不思，而蔽于物。物交物，則引之而已矣。心之官則思，思則得之，不思則不得也。此天之所与我者。」[28]很明顯，在孟子時代，他們就知道心與大自然是相通的，思就得，不思則不得。孟子還打過比喻，說人的心性早就存有良知，就像大自然懷有的種子，一旦一場大雨爆發，那些埋在心性的良知種子就會蓬勃發展。他強調心性先天具有良知的條件，後發經驗的認知由心性所決定。孟子的心性學，發展到了南宋，由陸象山先生發端，真正立起先驗哲學的根

---

[28]　孟子：《孟子‧告子上》。台灣智揚出版社，民國83年版，314頁。

基。陸象山（陸九淵，1139~1192）的「吾心即是宇宙，宇宙便是吾心」的石破天驚發現，明確提出心性與自然世界的先天有效性。這是先驗哲學最有權威的論斷。他比康德早六百多年，應是先驗論的鼻祖。他雖然沒有引用邏輯演繹，進行一套科學方法論證，但他的先驗綜合論斷，則是具有鮮明的先驗哲學性質的。他在《与李宰书》中提出的一种本体论命题，认为理是世界万物的主宰。

「塞宇宙一理耳。……此理之大，岂有限量？程明道所谓『有憾于天地』，则大于天地者矣，谓此理也。」[29]而这「有憾于天地」、「充塞宇宙」的理，就在人的心中備有。因为「心，一心也；理，一理也。至当归一，精义无二，此心此理实不容有二。」[30]一切人的心只是一心，「某之心，吾友之心，上而千百载圣贤之心，下而千百载复有一圣贤，其心亦只如此。」[31]一切物的理只是一理，「万物森然于方寸之间，满心而发，充塞宇宙，無非此理」[32]，所以说「人皆有是心，心皆具有理，心即理也」[33]

要說先驗哲學的發端、起源，原理的確立，非陸象山莫屬。康德是後來集其大成者。陸象山的缺憾，是沒有用邏輯科學方法去證明，只能會意不可言傳。是康德用科學的方法論，發現一套先驗邏輯，將這先驗哲學闡明出來了。康德是「科學的形而上學是如何成為可能的？」的一個最偉大先驗哲學家。我稱他為電腦發明的鼻祖。康德的先驗論，就是使電腦程式成為可能的理論。即「先驗的綜合判斷是怎樣成為可能的？」的理論。先驗哲學，就是當今電腦方程式成為可能的理論基礎。沒有康德的先驗論，要說電腦如何

---

[29] 《陆九渊集》卷十二。

[30] 同上，卷一。

[31] 同上，卷三五。

[32] 同上，卷三四。

[33] 《陸九淵集・雜著》卷二十二，第273頁。

可能是不可能成立的。因為電腦能夠給人所需要的知識，就是先驗（運用電腦之前）地在電腦裡裝有這類知識的運作方程式。康德是將先驗哲學獨立於經驗哲學、心理學的學者，專就心性進行研究。其批判哲學，開哲學史先河，是將哲學的玄談推上科學的方法論者。

以前的哲學，都是一種玄談，即抽象的抽象意識。基本上是幻相邏輯的辯證術，再來就是經驗的分析論，在有與無的存在論上說事。用魏晉時期王弼先生的話說，是「有有者」。康德開哲學歷史先河，找到一條科學的方法論，嚴格地論證了那心性看不見，摸不著的理，將先驗哲學的可能性闡述出來。他是一個非常了不起的哲學家。

從人類的歷史上看，出現過不少有先驗哲學的智者。但因為心靈（心性）的東西，他是非常內在於我們的頭腦裡的，而知識又離不開經驗。沒有客體，如何思維？思想無內容則空。我們要如何把心靈這個東西說清楚、講明白就給我們帶來巨大的困難。康德的偉大，是他第一個將經驗性的知識與純粹性的知識做出學理分析，單就心靈有什麼東西來解決認識論和道德倫理上問題，是一個哲學創舉。我在想，沒有高超智慧，沒有孟子「反身而誠」的思維方式，如何能看透內在於自己心性的東西？人類通常遇到迷惑不解，總是發出天問，向外尋求。殊不知，問題都出在我們人類自身裡。康德的三大哲學批判，開啟了先驗哲學的先河，把許多哲學問題解決了。至少他用科學的方法，解決了哲學上的懷疑論和獨斷論，使哲學進一步清晰、明朗化。

# ▌六、先驗哲學是如何成為可能的？

　　康德在《純粹理性批判》一書「導言」裡，說出純粹知識與經驗性知識的區別，說明我們「具有某種驗前知識乃至常識也絕不缺乏這種知識」。[34]然後他說出分析判斷與綜合判斷的區別。他把說明判斷（Erlautenungsurteile）和擴大判斷（Erweitenungsurteile）做比較。他舉出「一切物體都是有廣延的」就是一個分析判斷。而說「一切物體都是有重量的」則是一個綜合判斷。他說「經驗判斷之作為「經驗的」判斷而言，完全都是綜合的。」[35]他說出分析判斷與綜合判斷的區別，目的是要證明「驗前的綜合判斷是怎樣成為可能？」的原理。他舉出「凡發生的東西都有其原因」這個命題來論證：「在「發生的某東西」這個概念裏，我誠然想到一種存在，在其前面有一個時間，等等，而從這個概念可以獲得種種分析的判斷。但是「原因」這個概念是完全在那個概念外邊的，而且意味著和「發生的東西」不相同的某東西，因而就並不包含在「發生的東西」這個表象裡面。那麼，我怎樣會把一個與之完全不相同的東西作為「發生的東西」的述項呢？我又怎樣知道原因這個概念雖不包含在「發生的東西」之內，然而卻屬於它，而且還必然屬於它呢？」康德說的這個邏輯判斷，或許有些費解，如我們拿哲學家陸

---

34　前已注36頁。
35　康德：《純粹理性批判》韋卓民譯，華中師範大學出版社2004年1月版。43頁。

象山的這句話來說，就好理解了。陸象山說，「宇宙內事是己分內事，己分內事是宇宙內事；人心至靈此理至明，人皆有是心，心皆具是理」[36]可以這樣說，自然宇宙的運動變化，本身就包含這樣的原理，而人的心性，也包含同樣的原理。他能作出這個綜合判斷，是人腦早就裝有這個邏輯機能。這就是陸象山的「心皆具是理」的卓見。所以康德在下一節書中就表明：「在理性的一切理論的科學都包含有驗前綜合判斷作為原理」[37]他指出「一切數學的判斷，毫無例外，都是綜合的。」[38]也指出「自然科學（物理學）含有驗前綜合判斷為其原理。」[39]也就是說，我們心性裡面，裝置一套認識的方程式，這套方程式有與宇宙運作的原理是同一的。人的頭腦有對現象進行概念、連結、想像、綜合、統一的能力。即認識事物的能力。

在這裏，我不得不讚嘆康德的真知灼見。早在二百多年前，他就看出數學、物理學綜合命題的先天有效性。現在的電腦軟件應用程式，都運用到縝密的數學原理來設計的。電腦能夠給我們知識，我們得以使用，不就是電腦裝有「驗前的綜合判斷是怎樣成為可能？」的數碼方程式嗎？據說電腦的編碼程式，運用到萊布尼茨微積分數學的十進位原理（有說是十二進位），所以它是超驗的。不管如何說，它肯定包含數學的綜合原理。所以電腦有規律，有法則的思維能力，得益於數學的先天性綜合原理是可以肯定的。我們看Google搜索的運作：我們給它一個詞條，它很快就給出我們答案的內容。這看似是分析的判斷，詞條的內容都是具體的，這不是分析得出來的結果嗎？但我們仔細想想，這個詞條，它是否要經過總

---

[36] 《陸九淵集雜著》卷二十二，273頁》
[37] 《純粹理性批判》韋卓民譯，華中師範大學出版社2002年7月第二版。46頁。
[38] 《純粹理性批判》韋卓民譯，華中師範大學出版社2002年7月第二版。46頁。
[39] 《純粹理性批判》韋卓民譯，華中師範大學出版社2002年7月第二版。49頁。

的內容（所有在互聯網發過的內容），才能分辨出這一詞條的具體內容？是張三，還是李四？是豬還是狗？它能一一分辨出來，首先顯然是綜合的，然後才是分析的。即它本身要有一個綜合體，要有「先驗的綜合判斷」能力，然後才可能產生經驗性的分析。所以康德特別強調「驗前的綜合判斷是怎樣可能的？」就是他看出人心性這個認識的程式，必須有一套先驗邏輯運作，這套先驗邏輯有連結、想像、綜合、統一、概念的功能。就是說，它有一套綜合判斷系統性的先驗邏輯功能。正如南宋哲學家陸象山所說的：「宇宙便是吾心，吾心即是宇宙」。我們認識的東西，都是宇宙的分解體，看似分析的，實則宇宙是一個綜合體，吾心即是一個綜合體，它把現象分析出來就是經驗性的知識。如果沒有宇宙心的綜合體，心是不可能在驗後分析判斷得出來概念的。「驗前的綜合判斷是怎樣成為可能的」，就是「我們的認識是如何可能的？」的科學依據。因此，康德對他的先驗哲學提出三大問題：

　　一、純粹的數學是怎樣成為可能的？純粹的自然科學是怎樣成為可能的？

　　二、形而上學，作為自然的傾向，是怎樣成為可能的？

　　三、形而上學，作為科學，是怎樣成為可能的？[40]

　　這三大問題，尤其是後者，就為他的先驗哲學提供了科學的依據。

　　值得注意的是，康德雖然已獲得先驗論命題的依據，但他不願把自己的理論稱為「先驗」學說，而是稱為批判哲學。康德的先驗哲學雖然把一切經驗性的知識全部排除在外，專就各種純粹驗前的知識進行探討，但他認為他的先驗哲學並未能成為一個體系，不應

---

[40] 康德，《純粹理性批判》，華中師範出版社出版，韋卓民譯，2002年7月第二版，第50~52頁。

稱為什麼「先驗學說，而只應該稱為一種先驗批判。」[41]

他更認為「先驗哲學只是一門科學的理念，純粹理性批判是要為這門科學規定其完整的建築計畫的。」[42]

他雖然指出驗前有「純粹的知性概念」、「純粹理性」，先驗邏輯。但這些東西的根源、形成、範圍並沒有探討出來。就是說，純粹知性概念在驗前已有，但它的範圍有多大？先驗邏輯是有存在，但其內容如何？認識的圖形法是否確切？等等，康德只是探討出一種方式，一個範疇，一個先驗邏輯演繹。但他沒有進一步地明確心性有一套認識的方程式，所以有些驗前的東西他並沒有看得很清楚，也沒有得到進一步的論述。後面我們將會一一論到，把康德遺留的純粹概念、純粹邏輯以及純粹理性等問題作一個疏理與澄清。

我們要理解康德這個先驗論，必須注意其對這門科學的劃分：「不容許在其自身含有任何經驗性東西的概念雜入其中，換句話說，它應該是完全驗前的知識。」[43]

如果我們掌握了康德說什麼是純粹的知識？什麼是驗前的知識？我們對康德的先驗論就好理解了。康德書名為《純粹理性批判》（Kritik der reinen Vernunft），他說的是純粹的（reinen）理性，而不是我們通常講的一般理性概念。這個定語很重要，是理解康德哲學的鑰匙，這個「純粹的」東西，就是上面說的，沒有包含任何經驗性的東西。就拿電腦來說吧，我們還沒有應用電腦之前，它裡面所裝置的方程式。在程式裏的編碼（基本概念）都是純粹的，所

[41] 康德，《純粹理性批判》，華中師範出版社出版，韋卓民譯，2002年7月第二版，第54頁。
[42] 康德，《純粹理性批判》，華中師範出版社出版，韋卓民譯，2002年7月第二版，第55頁。
[43] 康德，《純粹理性批判》，華中師範出版社出版，韋卓民譯，2002年7月第二版，第56頁。

編的程式邏輯機能都是純粹的。而我們應用它，出現在螢頻上的東西就不是純粹的了，而是有經驗性的東西參雜其中了。就是說，方程式所有的東西，都是純粹的，它是相對於運用後有經驗性內容而言的。康德有「純粹感性、純粹知性、純粹理性」等，都是有別於我們通常所說的感性、知性、理性的東西。其先驗邏輯也與形式邏輯（普通邏輯）有區別。先驗邏輯，就是心性裏固有的純粹邏輯。

康德在他「純粹理性批判」一書的「導言」，說明了什麼是先驗哲學後，指出先驗哲學的可能性：一是自然、宇宙世界的先天性原理，自然世界本就有其運轉規律、法則；二是人的心性，在驗前本就存有這些規律、法則的邏輯功能。即我們人腦袋有一套認識的方程式。這樣，有「吾心即是宇宙，宇宙便是吾心」的對應，認識就成為可能。康德找到一條科學的方法論，用先驗論，把「我們的認識是如何成為可能的？」證明出來了。

由於驗前的東西（人心性固有的東西）是看不見，摸不著，無聲無臭的東西。如康德說的「純粹的」東西。我們用驗後的意識去探索，去研究，是很難證明出心性那些純粹的東西的。那個心性純粹的認識能力、方式，可說是知識後面的知識，它是我們心性深藏不露的東西，沒有經驗性的意識，我們又如何闡明呢？康德的高明，就在於他雖然說驗前的知識不能摻雜任何經驗性的東西，完全是純粹的，但在方法論上他不是不用經驗性知識，而是用純粹性與經驗性的類比，將已意識出來的經驗性概念一一排除出去，將心理學中的意識排除出去，剩下的就是純粹的驗前知識了。所以，不要摻雜經驗性知識，但可用經驗性知識來做比較，把其先驗哲學論證出來。

下面我們解讀康德的「先驗原理論」，會出現很多康德說的純粹概念，這些純粹的，就是驗前的東西。我們要理解康德的哲學，

要處處在「先驗」的條件下來思考他的哲學。我的一個研讀的方法就是：在我認識這個事物之前，我的腦袋有什麼東西，即有什麼能力，能認識這個事物？由這方法，我想到電腦的方程式。用電腦程式來分析康德的先驗論，是最簡單易懂的了。你開啟電腦，它可以給你這樣那樣的知識？但我們想一想，電腦本身，即給我們知識的這個方程式本身，它是否就含有我們不知道的知識呢？比如那些軟件，那個電腦裡的程式，它裡面含有什麼內容？裝置有什麼東西？我們運用它時，它才能給出我們想要得到的知識？它為什麼能有概念、連結、聯想、綜合、統一的功能，把我們想要得到的知識顯示出來？康德的先驗論，說的就是人心性這個看不見摸不著的東西，這個心性認識能力，康德稱之為認識的方式。由於方式過於抽象，都是純粹的，沒有包涵經驗性的知識，這就給我們研判先驗哲學帶來困難。如果我們思維不能來個反轉，單就死認經驗後的知識，就很難理解康德哲學的玄妙。康德說的「方式」（Form），「認識範疇」（Kategorien），先驗邏輯（die transzendentale Logik）等東西在經驗性知識上理解，就很難把握康德所說的哲學。我把康德的認識方式，提升為認識的方程式（Formel）來研究，康德的先驗哲學就更容易破解，很多先驗的東西都顯露出來。它不僅僅是一種方式，認識的規律與法則，還有許多可循的路徑和內容。我們以心性有一個認識的方程式來看，其方程式更多的知識就可以顯示出來。

我們先來看看康德是如何建構他的先驗知性論的。

我們要了解康德的批判哲學，有一個關鍵的問題，是要明瞭康德創立的「先驗邏輯」。以前的哲學，都很重視邏輯思維。哲學是講愛智慧的一門學問，自亞里士多德創立第一哲學以來，邏輯學與哲學就脫不了關係。哲學，通常要引進思維辯證，而哲學沒有邏輯學會是什麼樣子？這是不可想像的。而以前的哲學論證，基本上都

是運用形式邏輯，即康德說「普通邏輯」。而康德在論述他的先驗哲學時，提出一個先驗邏輯（Die transzendentalen Logik），如果我們不弄明白康德的先驗邏輯，對理解他的先驗哲學就會產生障礙，不能窺見到心性那些純粹的東西。所以我們有必要地討論一下康德的先驗邏輯。

　　前面我們已有提到過什麼是先驗哲學，先驗的（transzendental）一詞和驗前的（a priori）一詞。所謂的「先驗的」、「驗前的」，就是沒有發生經驗之前和超驗（純粹理性）的東西。先驗哲學，是將經驗性的東西都排除在外，餘存下來的都是純粹的東西。這個「純粹的」，就是沒有參雜任何經驗性的東西。康德是對我們腦袋裏的認識能力做純粹的探討。所以「純粹的」這個定語很重要，可說是我們理解康德哲學的一個關鍵詞。「純粹直觀」（Reinenanschaungung）、「純粹知性」（ReinenVerstand)「純粹知性概念」(Reienverstandesbegriff)「純粹理性」（Reien Vernunft）等，都是我們腦袋固有的東西（能力）。當然，沒有經驗性知識做反思的參照係，我們就很難將這些純粹的東西分離出來。康德是將經驗性的知識排除在外，從而對心性能力進行分析得出這個沒有經驗的純粹知識。他說，「這就是說，「先驗的」（transzendental）這詞是指「關於知識的驗前可能性或知識驗前使用」這樣的一種知識。」[44]

　　所以他的先驗邏輯，是指「確定這種知識的起源、範圍與客觀有效性的這種科學就稱為先驗邏輯，因為它不同於和理性的經驗性知識以及純粹的知識無區別地打交道的普通邏輯，而單在知性與理性的規律驗前地與對象相關的限度內，從事於這種規律的研

---

[44] 康德，《純粹理性批判》，華中師範出版社出版，韋卓民譯，2002年7月第二版，第95頁。

究。」[45]

可以說先驗邏輯，就是認識方程式裡固有的一種機能，一種能力。它保證在認識範疇內有法則，有規律地運作，使知識有其普遍性和必然性。如果我們還不明白康德說「純粹的」意思，我們用電腦的某一方程式來說明就可明白了。電腦裝有一個方程式供我們使用。我們就來對它的分析，這套方程式有什麼能力呢？它為什麼能出現我們想要的知識呢？它裡面肯定裝有一套方程式。程式肯定有法則與規律。這個程式本身，肯定包含某些邏輯機能，是我們還沒有應用它之前，它本身已備有的，所以我們稱這種機能為「先驗邏輯」。我們用電腦這個方程式做列舉，就很容易理解康德的先驗論了。康德說明了他的先驗哲學後，他就一步一步地論述他的先驗哲學。他先從先驗感性論開始。

現在我們來看康德的先驗感性論。

---

[45] 康德，《純粹理性批判》，華中師範出版社出版，韋卓民譯，2002年7月第二版，第96頁。

# ▌七、康德的先驗時間、空間觀

　　康德認為，時間、空間是感性的方式，時間是內感官的方式，空間是外感官的方式。他將空間作四點形而上學闡明：

1、「空間不是一個從外部經驗得出來的經驗性概念。」[46]

2、「空間是一個作為一切外部直觀基礎的必然的、驗前的表象。我們永遠不能想像到空間不存在，雖然我們盡可能想到空間為空無一物。

3、「空間不是一般事物關係的推論性的或我們所說的普通的概念，而是一個純粹直觀。」

4、「空間被表現為一個無限的所予量。」[47]

　　我們根據康德這四點形而上學闡明，可以看出，空間不是一個經驗性概念，但它是一個作為一切外部直觀基礎的必然的、驗前表象。也可以這樣說，空間實際上是外感官的一切出現形式，它不是物質（客體）存在的形式。空間雖然不是物質（客體）存在的形式，它不表現物之在其自身。但我們不能說沒有空間，它是驗前有效的表象。即是說，空間是作為我們外感官的方式而存在的，人沒有了感性，空間也就不存在。但它是先驗的直觀方式，我們又不能

---

[46] 康德，《純粹理性批判》，華中師範出版社出版，韋卓民譯，2002年7月第二版，第65頁。

[47] 康德，《純粹理性批判》，華中師範出版社出版，韋卓民譯，2002年7月第二版，第66頁。

說沒有空間。康德這個先驗感性論，既不同於唯物論的「空間是物質存在的形式」，又不同於唯心論的「空間是認識的外在形式」。康德是不承認有感性認識的。感性只是直觀。他把所有認識的東西都稱為現象，與物之在其自身是有區別的。空間只是感性直觀的方式。這與以往的唯物論與唯心論的哲學不同，這兩者有「感性認識論」，感性可以認識，然後上升到理性認識，從而完成一個認識的環節。而康德是沒有感性認識的，感性只是一種直觀，直觀到的雜多，只有交予知性，對象才能得到認識。在康德看來，空間只是人的外感官的一個方式，人死了，沒有了感性，這個空間就不存在了。不像唯物論所說的，空間是客觀實在，是物質存在的形式。唯物論把空間、時間定為客觀實在，它們是物質運動的形式。這是與康德的空間、時間觀太不相同的。康德的空間論，就是空間是感性直觀的驗前條件，沒有這個條件，感性直觀就無從談起。就如電腦的螢幕、鍵盤（如人的感性直觀），沒有這兩個條件，電腦就無法起作用，給出知識。空間給我們人認識的作用，就如電腦提供的螢幕、鍵盤的條件。沒有空間的驗前條件，就不可能有感性直觀，沒有感性直觀，也就沒有了知性的認識。

康德的時間觀念也是先驗的，它表現有五點：

1、「時間不是一個從任何經驗得來的經驗性的概念」。

2、「時間乃是作為一切直觀之基礎的必然的表象」。

3、「關於時間關係的必然原理的可能性，即一般時間的公理的可能性也是以這個驗前的必然性為根據的。」[48]

4、「時間不是一個推理性概念或一般概念，而是感性直觀的

---

[48] 康德，《純粹理性批判》，華中師範出版社出版，韋卓民譯，2002年7月第二版，第72~73頁。

一種純粹形式。」[49]

5、時間的無限性，其意思不過是說，任何一個有確定量的時間之成為可能，只是把作為其基礎的那唯一的時間加以限制所致。

康德這個時間觀念，與空間觀念基本上類同，都是先驗的。分別是：空間是外感官的形式，時間是我們內感官的形式。我們用唯物論的觀點來做說明，或許更容易理解康德這個空間、時間觀念。唯物論說，時間、空間是物質存在的形式。凡物的存在，都佔據一定的空間。沒有空間，事物如何存在？比如說，我家門前有一顆櫻桃樹，這顆櫻桃樹的存在，是在我家門前這個位置上。「我家門前」，有一個空間存在的形式。世界沒有什麼物質，不在空間裡存在的。我們指出某一事物的存在，都含有空間的概念。這就是唯物主義者說空間、時間是物質存在的形式。唯物論還說空間、時間有其實在性。我們看到凡物都佔有一定的時間性；一年四季的變化，都說明時間在變易中消逝，沒有時間做為物質運動的存在形式，我們就看不到事物的運動變化。但康德為什麼不認同這種時、空觀念呢？要理解康德的時空觀，還得從他的先驗論去思考。

康德說出空間是外感官的形式，對此有一個形而上學的說明。他說空間是一個整體，沒有一物，空空如也，什麼都沒有，如何表達？只有我們的感性存在，直觀到某物，我們才從整體的空間分割出來。這物在那裡、何處、上下等，有一個廣延的量。所以康德稱空間是我們外感官的形式；假如我們除去一切經驗性直觀，什麼都沒有，空無一物，那空間如何有它的實在性呢？說是物質存在的形式，就表明這物在空間所表現的是「物之在其本身」的一切屬性。

---

[49] 《康德〈純粹理性批判〉》韋卓民譯。華中師範出版，2002年7月第二版73頁。

康德是反對這種說法的。經理性的推理、判斷而得出的結論，物自體為何？我們是不能知道的。康德從闡明他的空間、時間先驗觀，就批判了以往的空間、時間觀念的錯誤。他也指出萊布尼茨、沃爾夫的感性論，他們認為感性與知性，只是運用邏輯上的差別而已，康德不認同這種說法。時間是我們內感官的形式。我們知道，時間是沒有間斷的，它是恆古不變的。過去、現在、未來，都是我們人的感受。就是說，時間是由我們內心感官劃分出來的，是否有時間的存在，只有我們內心感官的活動它才能成為可能。沒有內心感官的活動，要說有時間這個東西是不可能的。康德把時空觀念當作感性的形式條件還有一個重要的根據，就是我們看到的物體，並不是物自體，不是物本質的東西，而是一個現象。至於這個物的本質是什麼，我們是無法知道的。康德這個時空觀念，說穿了，就是一個先驗存在的感性觀，它是驗前有效的感性形式。我們用電腦來說明康德這個時空觀念，可能會容易理解些。電腦的鍵盤和螢幕，就是為電腦運作做接收工作的。動用那個鍵，滑鼠定位在螢幕哪裡，電腦都是根據它給的感受進行運作的。就是說，我們製造出的電腦，它必定要裝有一個供我們操作的鍵盤輸入東西，電腦才起作用。人也是這樣，他先要有一個感性輸入東西。這個感性，要有一個方式存在，這個方式就像電腦的鍵盤、螢幕，它是先天就存在的。就是驗前就存在的東西。而這個感性直觀，必須有一個驗前有效的形式，這個感性形式就是空間和時間。當然，電腦的鍵盤與螢幕是沒有人活動的感官能力，它自己是不會活動的，需要人來操作。但用來說明康德的先驗感性論，可能會容易理解。就是說，天生我們人類有一個感性器官，而自然界又恰恰有空間、時間這兩樣的東西給感性做形式條件。我們有了這個形式條件，感性直觀才有了可能。感性直觀有了可能，才能有知性活動的可能。康德是將感性與知性

分開來論的。感性只是直觀，得到的只是表象的東西，沒有給予我們任何知識，是知性給予我們知識。只有知性，才能給我們概念。康德給予知性賦予一個推論性的功能，感性是沒有的，感性只是直觀。我們讀過唯物論及黑格爾的哲學都知道，他們都有一個感性認識，然後上升到理性認識。而康德沒有感性認識，中間有一個知性認識。這是康德先驗論與以往哲學的感性認識論不同，他把我們認識的都是現象，不是物自體。但康德忽視了驗前認識程式純粹概念的基礎性，也可以說他沒有看到認識方程式基礎性的純粹概念構造，實際上感性直觀是可以認識事物的，也就是說，感性直觀可以直接與純粹概念相結合。我看到什麼就直接認識了什麼，無需經過什麼論證性環節。後面我將進一步論述。就康德的感性論而說，因為感性只是以空間與時間為條件，而進行接受出現，而這個出現，在空間、時間的形式運作下，並沒有顯現物之在其自身。只有感性將質料給予知性，知性進行連結、想像、綜合、統一、判斷給予概念才能認識事物。我們要理解康德的感性論，有三個要點：

1、康德的感性，並沒有感性認識。以往的哲學，都有一個感性認識。唯物論就認為，感性認識是「對事物表象的認識」，然後由感性認識上升到理性認識，理性認識是對事物本質的認識。黑格爾的辯證法就是如此來回辯證的：由感性認識上升到理性認識，這是第一次的揚棄；再由理性回復到感性，進行第二次的揚棄；這樣否定之否定後，就達到最高的對立統一了，回到了上帝的理念。黑格爾的辯證哲學，是沒有知性認識的。而康德的先驗哲學，則是沒有感性認識而有知性認識。他把人的認識，放在知性裡面。判斷、推理、概念，都是知性的工作，感性是沒有份的。感性只是直觀，對出現起作用，它把出現的雜多交由

知性來處理。所以時間、空間只是感性的形式條件，並不是物質存在的形式。一個很簡單的道理：人死了，沒有了感性，時間、空間就消失了。

2、康德不承認有感性認識，但他並不否定現象的客觀性。唯物論者認為，若果時間、空間不是物質存在的形式，那我們認識的事物就沒有真了，一切都是假象與幻象。你如何把握事物的本質？比如，我們看到一棵樹，它必定佔有一個空間位置：在什麼地方？也有一個時間的定點：什麼時候？綠葉還是黃葉？事物都是在時空中存在的。所以唯物論者就把時間、空間作為物質存在的形式。雖然是形式，但他們說不能否定時空的實在性。他們還是肯定時空的實有，不像康德說的，沒有感性，時空就不存在了。唯物論者不理解康德這個時空觀，是他們站在物的立場，用兩分法來對人的認識進行分析。物質的運動、變化，是在時空中的，沒有時空作為物質存在的形式，我們如何認識事物呢？中國的唯物辯證法家，把康德說成是唯心論者，極大地誤解了康德的哲學。康德的時間、空間觀念，他是肯定驗前客觀有效性的。他只是把它們作為感性直觀的形式條件。打個簡易的比方說，時間、空間是我們人認識這座大廈的門窗，感性只有通過這個門窗，才能把東西（對象）送給大廈裡面的知性。沒有這個門窗（即時間、空間），感性就沒有途徑得到對象。但我們不能否定說，時間、空間是不存在的。所以，唯物論者把康德說成是唯心論者也是錯誤的。實際上康德只是把時間、空間作為感性的先驗條件。他並沒有否定空間、時間的客觀性，他只是強調它們的先驗性。康德的驗前有效，就是承認它的客觀性。用

唯物的兩分法來認定康德是唯心主義者就錯了。

3、康德的感性論，也不是唯心論者說的「時間、空間是意識存在的形式」。他只是說，「是感性直觀的形式」。沒有感性，時間、空間也就不存在了。這就是說，時間、空間是感受性的一個平台，沒有它們做為平台，感性就無從獲取現象對象。康德是不承認有感性認識的，感性與知性是分開的，感性不能有概念。概念是由知性來完成的。所以，嚴格意義上來說，康德的感性論，也不是傳統的唯心論，將空間、時間視為意識存在的形式，他的空間、時間觀念，只是感性的方式。只有我們理解了康德的先驗感性論，我們才能好理解康德為什麼把我們認識的都是現象，而不是物自體。我們理解康德的先驗感性論，才能進一步理解他的知性論。

總的來說，康德把時間、空間歸納為一切感性直觀的形式。他說：「時間與空間，合起來說，乃是一切感性直觀的形式，而這就是使驗前綜合命題成為可能的東西。但是，因為知識的這種驗前的來源，僅只是我們感性的條件，所以正好由於有這個事實，就確定了它們自己的限度，就是說，它們只是在對象被看作出現這個範圍內才適用於對象，而不是把事物呈現為「物之在其本身」[50]，前面我已說過，對於康德只把感性作為直觀形式，沒有認識功能，我是有不同看法的，待我們分析知性後，我再作論述。

下面，我們開始對康德的先驗知性論進行分析。

---

[50] 康德《純粹理性批判》韋卓民譯，華東師範大學出版社2002年7月第二版78頁。

# ■ 八、康德的先驗知性論

## A、概念分析論

　　康德的概念分析，並不是通常的一般哲學的概念分析。「不是把可以顯現概念的內容加剖解，使之明瞭。而是指一向很少嘗試過的知性能力自身的剖解，為的是僅在產生驗前概念的知性中來探求這些概念，而且還要分析知性能力的純粹用途，以便研究這種概念的可能性。」[51]康德的概念分析論，非常精闢與玄妙，他已探求到純粹概念在先，經驗性概念在後的科學依據。我們拿電腦的中文拼音輸入法來做例舉，我們將電腦打開這個「中文拼音輸入法」。輸入W，它就出現「我、為、文、萬……」等字。請問，這個W，是否預先就有「我、為、文、萬……」等字的純粹概念了呢？答案是肯定的，如果這個W，驗前沒有這些字的純粹概念，打W，是不可能顯示出這些中文字的。這些概念是驗前就存在的。我們應注意康德說的這段話：「我們將追溯純粹概念在人類知性中的原始種子和最初傾向，這些種子與傾向原來就在人類知性中備有，等到最後有經驗發生，它們才得到發展，而且這同一知性在它們擺脫了附加上的經驗性條件之後，其純粹性乃顯示出來。」（前已註釋）康德這

---

[51] 《康德〈純粹理性批判〉》韋卓民譯。華中師範出版，2002年7月第二版103頁。

段話，已說出人類內心裝有自然世界各種事物的純粹概念。我們用南宋哲學家陸象山的話來說明，是最恰當不過：「宇宙便是吾心，吾心即是宇宙」[52]。其意就是說，宇宙有什麼，吾心也有什麼，吾心有什麼，宇宙也是什麼。具體來說，我看到一條狗，我有了這條狗的概念存在。這條狗似乎是在經驗發生後，我經過判斷推理確定後，這個狗的概念才存在於我心性中的。按康德與陸象山的說法，實際上吾心早就有狗的純粹概念。是吾心這個純粹概念出來迎接對象的狗，相互結合，才產生經驗性的狗概念。這樣說，似乎有點玄，怎麼是概念在先，認識在後呢？按通常普通的邏輯思考，不是說人通過推理、判斷，才得出概念的嗎？康德是如何將這純粹的知性概念證明出來的呢？

康德在第一編《先驗分析論》，第一卷《概念分析論》第一章，「知性的一切純粹概念發現的線索。」就指出，「先驗哲學，在追求其概念的過程中，具有按照一個單一原理來進行的便利與責任。因為這些是純粹而毫無雜質的，是從知性發生出來的，而知性乃是一個絕對統一體，因而這些概念就必須依據單獨一個概念或理念而相互聯繫著。這樣一種聯繫就給我們提供一條規則，我們用這條規則就能夠把知性的每一個純粹概念安置在其適當的位置，且能在一種驗前的方式上確定這些概念的系統完備性。」[53]

康德認為，直觀與概念是構成我們一切知識的要素。那麼這兩者是如何結合得到知識的呢？通常我們說的思維，如何推理、判斷？這就有一個先驗邏輯在起作用。這個先驗邏輯，就是我們人的想像、連結、綜合、統一的能力。這種能力，是我們人還沒有與直觀對象打交道前，就在心性存有的能力。康德對這種能力進行分

---

[52] 前已注：《陸久淵集·雜著》卷二十二」273頁。
[53] 《康德〈純粹理性批判〉韋卓民譯。華中師範出版，2002年7月第二版104頁。

析，從而得出知性的一切純粹概念。康德是如何用科學的方法，將這一切證明出來的呢？

首先康德總結出知性在判斷中的邏輯機能有四項，而且每一項又包含有三個子目：這四大認識邏輯機能如下：

1、判斷的量：a，全稱的；b，特稱的；c，單稱的。

2、判斷的質：a，肯定的；b，否定的；c，無限的。

3、判斷的關係：a，直言的；b，假言的；c，選言的。

4、判斷的模態：a，或然的；b，實言的；c，必然的。[54]

這就是康德說的人的知性邏輯機能。我們人認識事物，對事物進行判斷，走不出這四項邏輯機能，它基本涵蓋人對事物的所有判斷能力。如我說「這是一條狗」。判斷的量是單稱的「一條」；判斷的質是肯定的「狗」；判斷的關係是直言「這是」；判斷的模態是實言的「狗」。這四大判斷機能，基本統籌著人的認識能力。就是說，我們人的認識能力，包含這四大邏輯機能。這個能力，是我們的心性本就存有的，我們抽掉判斷的一切內容，單考慮到這個知性的純然形式，我們就可以悟到這些先驗邏輯在我們心性的存有。既然我們的心性裡有這種能力，而且我們的認識也走不出這個邏輯規定的範疇，規律與法則，那麼就說明這四大判斷機能，是普遍有效的，也就是說，是先驗的認識能力。於是，康德根據阿里士多德的邏輯概念範疇，依上面的四大邏輯機能，列出一個知性概念範疇表：

1、關於量：單一性、多數性、總體性。

2、關於質：實在性、否定性、限制性。

3、關於關係：依附性與存在性（實體與偶性）、因果性與依

---

[54] 《康德〈純粹理性批判〉》韋卓民譯。華中師範出版，2002年7月第二版106頁

存性（原因與結果）、交互性（主動與被動之間的相互作用）。

4、關於模態：可能性_不可能性、存在性_非存在性、必然性_不必然性。

康德認為」這就是知性驗前地包含於自身中所有綜合的一切本源之純粹概念表」[55]

我之所以把康德的邏輯機能與他的範疇表放在一起來說明，就是康德列舉的這個邏輯，是我們通常所說的「形式邏輯」。但實際上，康德所說的是「先驗邏輯」。它是人類先天就有的「形式邏輯」能力。因此，我們要把這個「形式邏輯」放在「先驗邏輯」的位置上來考察，否則，在我們研究康德的認識範疇時，就很容易滑入到認識的形式主義。認為康德只是講認識的規律與法則，而忽視他對純粹知性概念的探討。康德的認識範疇演繹是能動的，是有內容的，不是只講一般的形式邏輯那麼簡單。這是驗前在我們知性自身之中，就有的一種能力。我們不要把這個邏輯，看作是一般的普通形式邏輯，要在驗前上理解這種邏輯，即先驗的邏輯。這樣我們才能理解康德所說的先驗知性論。下面，我們從康德的認識範疇演繹，看他如何一步一步地把純粹知性的概念分析出來。

# B、範疇的演繹

康德把這個範疇表羅列出後，指出我們的認識離不開這個範疇。也就是說，認識是有法則和規律的，不是說我看到什麼就認識了什麼那麼簡單的。既然我們的認識，需要一種心性的能力，這種心性

---

[55] 《康德〈純粹理性批判〉》韋卓民譯。華中師範出版，2002年7月第二版114頁

能力，就是先驗的邏輯機能，說確切一點，這個先驗邏輯機能，先天就裝有在我們人類的頭腦裏。而這個心性的邏輯機能，它是如何運作的呢？康德把這個範疇表列出來了。我們的認識，離不開這個範疇，康德這個認識範疇，與知性的邏輯機能相對應，他把人認識的這個構架搭起來，這就是人的認識範疇。為什麼範疇會有這些規律和法則呢？康德在這個大的構架下，就展開了範疇的演繹。

康德是這樣演繹的：他先指出「經驗可能性的驗前根據」。既然我們的認識走不出這個範疇，那這些規律和法則是如何定下來的呢？例如我看到一條狗，我判斷得出一條狗的概念。這是一個經驗性的概念。那麼我就要問了：為什麼一定是一條狗，而不是豬或牛、羊呢？這在我們的心性裡面，肯定有一個知性的純粹概念，也就是說有一個方式。只有我把看到的東西，與我心性那個純粹的概念相結合，才產生這個經驗性的概念。也許有人會說，我看到的就是一條狗嘛，這就是現實呀。但你想想，豬牛羊也有四條腿，也是動物。為什麼就不能說我看到是一頭豬或牛羊呢？你會爭辯說，「明明就是一條狗！」康德就說了，「經驗告訴我們的，事物是如此」，而不是「不能不如此？」這個必然是如此的東西，肯定在我們心性裏有一個東西，有一個方式用來固定這個經驗性的東西。這個東西是什麼呢？就是知性的純粹概念。康德說「所以，如果我們想要發現知性的純粹概念是如何成為可能的，我們就必須研究「經驗的可能性所依據的，且當所有經驗性的東西都從出現中抽取出來時還留存下來作為經驗基礎」的那些驗前條件是什麼。「普遍而充分地表現經驗的這種形式的客觀的條件」的概念就稱為「知性的純粹概念」。[56]

---

[56] 《康德〈純粹理性批判〉》韋卓民譯。華中師範出版，2002年7月第二版130頁。

康德從以下幾個演繹來證明：

## （一）直觀中領會的綜合

康德認為，無論我們表象的起源是什麼，「它們作為心的變狀來說，都必須屬於內感官。所以我們的一切知識，歸根到底，都是這樣受時間支配的，而時間就是內感官的形式條件，一切表象都必須在時間裏得到整理、聯繫、互相發生關係。」[57]

如我們在幾十米外看到馬路中間有一個黑色現狀的東西，走近一點，好像是一條繩子，又近一點，有點移動，好像是條蛇，再近前一看，原來是一條繩子。這一系列雜多變化，都是心的內感官在時間中得到整理、聯繫、互相發生關係的結果。「為了直觀的統一體可以從這種雜多發生出來，就必須首先把它概觀一遍而使之被抓在一起。我稱這種活動為「領會的綜合」[58]

就是說，我們拋開表象是什麼不說，我們的腦袋必須有這種「領會的綜合」的功能，才能把出現的雜多被抓在一起。這個集焦的功能，它是先天就存有在我們的腦袋裡的。這樣，康德就證明出我們的知性，有一種領會的純粹綜合。

## （二）想像中再生的綜合。

這一節康德有列舉，比較容易理解。康德說，「那些時常一個跟著一個而發生或互相伴隨著的表象，最後就變為聯合著的表象，從而就這樣固定在一種關係中，以致即令沒有對象在面前，這些表象之一也能按照一定的規則使心過度到其他的表象哪裡去，不過這

---

[57] 《康德〈純粹理性批判〉》韋卓民譯。華中師範出版，2002年7月第二版132頁。
[58] 《康德〈純粹理性批判〉》韋卓民譯。華中師範出版，2002年7月第二版133頁。

純是一條經驗性的規律。」[59]

我曾在我的「宇宙心論」一書舉出「中文拼音輸入法」打字的例子，當我運用過W、M，的單字之後，我們將WM連起來打，電腦就出現「我們、完美、文明……」等詞組。這就是想像中的再生，即「聯想」功能所得出的結果。聯想是一條經驗性的規律。如果我們在這個中文拼音輸入法的W，沒有打過「我、完、文」等字，在M沒有打過「們、美、明」等字，我們打WM，也不會出現上面說的這些詞組。但是，它雖然是一個經驗性的規律，我們反過來思考，就會得出一些先驗的東西：WM，是兩個字母聯想起來得出「我們、完美、文明」等詞組的，為什麼它不可以出現「們我、美完、明完」等詞組呢？或是「我美、完們、文們」等呢？這說明這個程式，它本身有一定的法則和規律，不是胡亂聯想的。就是說，它有一套先驗邏輯在那裡。康德舉例說，假如朱砂時而是紅的，時而是黑的，時而是輕的，時而是重的，一個人時而變為這一種動物的形狀，時而變為另一種動物的形狀。「如果一種名稱時而用於這種對象，時而又用於那種對象，或者同一種對象有時稱為這，有時又稱為那，不管出現本身有什麼規則支配著，那也就不能有經驗性的再生綜合了。」[60]，我們除卻這些經驗性的聯想規則，就會看到那些先驗的邏輯規則，這個「想像力的再生綜合就列入心的先驗活動之中。因此我們就稱這種能力為想像力的先驗能力。」[61]

康德就這樣把「想像力」的先驗邏輯機能證明出來了。而這個先驗邏輯機能的運作，對象在時空的變化，必然要有心性的純粹概

---

[59] 《康德〈純粹理性批判〉》韋卓民譯。華中師範出版，2002年7月第二版133頁。
[60] 《康德〈純粹理性批判〉》韋卓民譯。華中師範出版，2002年7月第二版133~134頁。
[61] 《康德〈純粹理性批判〉》韋卓民譯。華中師範出版，2002年7月第二版134~135頁。

念做根基，就是說，它必定有一個原始碼做基礎，才能認識到事物的變化運動，不然一切就凌亂不能認識了。這個原始碼，就是自然宇宙界的一切物類的純粹概念。有點類似德國哲學家萊布尼茨說的「單子」（Monad），萊布尼茨真的有先見之明，據說現代電腦的程式編碼，都用到萊氏的「微積分」數學原理。康德這個純粹概念我稱為方程式數碼單子。認識程式基礎編碼包含自然物的一個個單子（純粹概念），這是作為心性中物體變化的時間條件。沒有基礎編碼，一切變化就失去依據，因果律也不可能形成，認識範疇就失效了。

## （三）概念中辨認的綜合。

康德是將感性與知性分開來論的。感性直觀得到的是雜多的印象，它不會形成概念，概念是由知性做出來的。這樣，在感性與知性之間，就必須有一個橋樑，如何把感性直觀中的雜多，變為有條理、有規律的東西？這就需要一個領會的綜合。它會把出現的雜多，領會出一個表象。而雜多的表象，又需要一個有邏輯規則的想像力來做再生的綜合。知性形成一個個具體的概念，我們能認識這樣那樣的事物，分得清張三、李四，豬、牛、羊、馬……等，頭腦裏肯定有一個安排雜多的出現進行條理工作的機能，即有一個先驗統覺，把這一切雜多綜合統一給出一個經驗性的概念。沒有一個先驗統覺，不可能把雜多的表象分辨出來的。這說明我們的腦袋，有一個指揮中心，他把直觀中的雜多，進行統籌安排，分辨出各種概念。即是說，我們的腦袋，先天就有一個統覺的功能，沒有這個功能，我們直觀的雜多，就等於一堆亂七八糟的東西，也就是說沒有什麼知識可言了。而我們雖有一個統覺，但是要有一個功能，把這

些雜多的出現輸送到統覺做判斷，這個能力就是連結。沒有一個連結能力，雜多的表象是不可能得到綜合統一的。這樣，先驗的連結功能就證明出來了。而連結靠什麼東西來實行呢？康德又給出一個「想像力」，這個想像力，是我們頭腦先天就有的一種心性能力。康德把它與經驗性的「聯想」分開來說明，證明想像力也是先驗的。這樣，康德就把先驗的知性能力一一證明出來了。人的「先驗的綜合判斷是怎樣成為可能的」？想像力、連結、綜合、統一、概念的能力被康德證成了。康德在分析演繹的過程中，已探求到，純粹的知性概念，是先於對象而存有的。康德說，「現在就發生一個問題：驗前概念可否也能作為先行條件，任何東西只有在此條件下即可不是被直觀，仍能作為思維的一般對象，如果是如此的話，關於對象的一切經驗性知識就必須和這樣的概念相一致，因為惟有這樣預先假定有這些概念，任何東西才有可能成為經驗的對象。」[62]

我們要如何理解康德這段話呢？舉一個例來說，當我還沒有認識你之前，我就有你的概念了。不是我看到你，與你有一面之交，我做出判斷，然後才得出你的概念的。而是「預先有這些概念，任何東西才有可能成為經驗的對象」。我舉出的這個例證，曾與一個哲學博士商討過，他差一點就把我說成神經病。通常人們是經過推論、判斷，才得出概念的，不可能沒有認識你之前，就有你的概念存在了。這是需要一種非常特別的反轉思維，才能悟覺到的。現在我們有電腦，就很容易理解了。比如電腦裏的「中文拼音輸入法」，我們打Ｗ，肯定有「我、為、文、晚……」等字的出現。為什麼？因為Ｗ，早就有這些字的純粹概念（電腦程式叫編碼），你打Ｗ，它才與這些預先有的概念相結合，將這些字顯現出

---

[62] 《康德〈純粹理性批判〉》韋卓民譯。華中師範出版，2002年7月第二版127頁。

來。如果說那套拼音輸入法裡的W，沒有預先存有「我、為、文、晚」等中文字的純粹概念，我們打W，它會有這些字的顯現嗎？肯定沒有的。這就是先驗的純粹概念存有的有力證據。康德的先驗邏輯演繹，已將純粹的知性概念證明出來。康德說，「完全由於純粹知性才有原理，純粹知性不只是關於發生的東西種種規則能力，而且其本身就是原理的根源。按照這些原理，凡能向我們作為對象而出現的東西，都必須符合於規則。因為沒有規則，種種出現就絕不能產生與之相應的對象的知識。甚至作為知性在經驗上使用的原理來看的自然律，也帶有必然性的表現，於是就至少令人猜疑到這種自然律是由於一些根據所確定的，而這些根據在驗前先行於一切經驗。」[63]

康德這個說法，充分證明陸象山宇宙心的存在。即吾心有一套邏輯法則，這套先驗邏輯法則，符合於自然宇宙的運行規律。兩者是相輔相成的，吾心沒有這套邏輯機能，吾也就不可能認識事物，如果自然宇宙運行的規律與吾心的邏輯法則不同，吾也不可能認識自然世界，況且我認識的自然世界也不會與吾心法則相合。康德還舉出「原因」這個概念來說明，表面上看，原因是外部現象的一個變易規律，隨著這個原因的發展，後面必然有一個結果的到來。康德分析說「例如「原因」這個概念不過是依照概念的一種的一種綜合，如果沒有這種含有驗前規則而且把種種出現從屬於自己的統一性，就不會在知覺的雜多中碰見那個一貫的、普遍的、因而就是必然的意識之統一性。因而就會沒有對象，而單純是表象的盲目活動，甚至不如一個夢了。……經驗雖然告訴我們，一個出現通常跟在另一個出現的後邊，但是並不告訴我們這種先後出現的次序是必

---

[63] 《康德〈純粹理性批判〉》韋卓民譯。華中師範出版，2002年7月第二版202頁。

066　先驗哲學研究

然的，也不能提示我們能夠把先行的一個出現作為一個條件而驗前地並且帶有完全普遍性地推論到後出的一個出現。」[64]

可以說，「原因」這個概念，是在我們心性驗前已有的概念。是心性有那個思維法則，才能得出「原因」的這個規律法則。也可以這樣說，自然界的運動變化，其本身就存在這樣的規律，而我們人的心性，也裝有這樣的思維邏輯法則，我們讀康德，不少人以為康德的先驗論是說認識的規律和法則。康德講形式（Form），講認識的範疇（Kategorien），就認定康德的先驗哲學也不怎麼樣，只不過是個唯心論者。以唯物、唯心這樣的論調來看康德的先驗批判哲學，這是很難理解康德哲學的玄妙的。實際上，康德的先驗論，已揭櫫出今天電腦成功的祕密。可以說，今天成功的電腦應用程式，其理論都是以康德的先驗論為基礎建設的。電腦程式的設計，一是要有一個Form（方式）；二是要有一個Kategorien（範疇），這兩者都是驗前完成的，也即是先驗的；三是要有一個「驗前的綜合判斷是怎樣成為可能？」的先驗邏輯機能（電腦程式的邏輯機能。電腦的程式是數學和力學的，與人有些不同，人的認識是概念與概念的關係。）注入運作。四是一定要有這項知識的原始編碼（純粹概念）做程式基礎的構架。沒有康德這些先驗哲學理論做基礎，要說電腦如何可能的是不可能的。我們知道電腦的奧妙，可以與人的思維類比，甚至比人的思維還超驗。那麼我們就能體會到，二百多年前的康德，就能挖掘出人類這個心性能力是怎麼一回事了，你就知道康德是個多麼了不起的哲學家。八百多年前的陸象山（陸九淵），說出「宇宙便是吾心，吾心即是宇宙」的真理，但當初沒有科學這一套東西來論證，因此陸象山的說法，就有些不好

---

[64] 《康德〈純粹理性批判〉》韋卓民譯。華中師範出版，2002年7月第二版141頁。

理解和玄奧。康德用科學的方法，用先驗邏輯來證明，就把這一切證明出來了。因此我稱中國南宋哲學家陸象山為先驗論的鼻祖，德國哲學家康德成其大全。而且康德的證明，不僅探明了認識的形式、規律和法則，而且已證明出純粹知性概念的存在。這種概念是驗前的，即先於經驗發生之前就處在人類心性之中的。康德說：「所以，我們稱為「自然」的在出現中的那種秩序與規律性，是我們所輸入的。如果我們自己或我們心的本性，不是一開始就把這種秩序與規律性放在出現中，我們就絕不可能在出現中發現這種秩序與規律性。因為，自然這個統一性必須是必然的一個整體，就是說，必須是出現之聯繫的一種驗前確實的統一性；並且，如果在我們心的本源認知能力中，驗前不包含這種統一性的主觀根據，如果這些主觀條件（由於它們是我們有可能在經驗中知道任何對象的根據）又不同時是客觀有效的，那種驗前的綜合統一性就不能在驗前被建立起來。」[65]

所以我們讀康德的哲學，不要只看到他說認識的規律、法則那些框架、形式的東西，而要看到他這個認識範疇的能動性，即範疇那個先驗邏輯的內容，那個範疇的先驗邏輯是如何運作的？康德已把「認識是如何可能的」人類心性能力說清楚了。康德說，「所以知性不只是通過出現的比較而訂出規則的一種力量，它本來就是自然的立法者。……我們說知性本身是自然規律的根源，因而也就是自然的形式統一性的根源，這種說法乍聽起來似乎十分誇大而悖理，可是這仍然是正確的，而且和它所涉及的對象即經驗是相一致的」[66]

康德這段話，與陸象山的，「宇宙便是吾心，吾心即是宇宙」

---

[65] 《康德〈純粹理性批判〉》韋卓民譯。華中師範出版，2002年7月第二版150頁。
[66] 《康德〈純粹理性批判〉》韋卓民譯。華中師範出版，2002年7月第二版151-152頁。

同出一徹。如果康德沒有證明出那個純粹知性概念先行於經驗對象，在人類心靈之中早就備有，他是說不出「它本來就是自然的立法者」的。人是自然的立法者，這是多麼了不起的宣言，正如陸象山先生宣稱「六經注我」一樣驚世駭俗。這兩位哲學家，都探求到人類有一個宇宙心的存在。我們通過電腦的程式，對康德先驗論的反思，就很容易理解康德的先驗論了。如電腦「中文拼音輸入法」這套程式，我們用過（經驗後）它以後，我們就知道：它有一個綜合統一體：二十六個英文字母，包含所有的中文字的純粹概念。打那個字母，它就出現那些中文字。可以說，這套拼音輸入法，編程者早就把所有中文字的純粹概念編入這套程式中了。以此來看我們人的頭腦那個認識的方程式，應該包含自然世界的各種事物的純粹概念。他直觀到什麼東西，就可以認識什麼東西。而且這些東西是必然的，康德說的「不能不如此」的東西，在心性中，是不能否定的。康德通過認識的邏輯機能，在範疇的構架下，一步步地將我們頭腦所固有的認識能力證明出來，也就是把「先驗的綜合判斷是怎樣成為可能的？」證明出來。他在《純粹理性批判》一書《先驗邏輯先驗分析論》第四節的「知性純粹概念的先驗演繹（B）」中，就把統覺的本源綜合統一性指出來，他說，「只有當我能夠在一個意識之中把所予的表像的雜多統一起來時，我才有可能在「即全部」這些表象裡想像到那個意識的同一性。換句話說，只有在某一定的綜合統一性這個先決的條件下，統覺的分析的統一性才是可能的。」[67]

他把綜合統一性的原理作為是知性一切使用的最高原理。「因此，意識的綜合統一性就是一切知識的客觀條件。它不但是我自己

---

[67] 《康德〈純粹理性批判〉》韋卓民譯。華中師範出版，2002年7月第二版156~157頁。

在知道一個對象時所需要的條件，而且是任何直觀要成為我的對象所必須遵守的條件。因為不然的話，缺少了這種綜合，雜多就不會在一個意識中統一起來。」[68]

我們舉一個例子來說，我得到許多雜多的表象，有張三、李四，有豬、牛、羊、馬很多東西，這些雜多表象，我們的頭腦是如何分辨出來的呢？知道這是什麼什麼。這說明頭腦肯定有一個綜合統一的邏輯機能，不然的話，就如康德所說的，「雜多就不會在一個意識中統一起來。」康德在範疇的演繹中，還指出「自我意識的客觀統一性」、「一切判斷的邏輯形式在於判斷所含的概念的統覺的客觀統一性」，他並指出，「一切感性直觀都受直觀的雜多在一個意識中匯合起來的唯一條件的範疇支配」[69]

他所證明的這一切，都說明範疇這個構架，有一套先驗邏輯的支持，這套先驗邏輯，有法則和有規律。知性的活動，是有組織、有秩序地進行的。這個心性的認識能力，不是雜亂無章，毫無規則的。正如電腦裏的一個程式，它裝有一套「驗前的綜合判斷是怎樣成為可能」的先驗邏輯機能，在範疇的框架下有組織、法則、有規律地進行運作。

康德在完成純粹知性概念範疇的演繹後，就對原理進行分析。他的這個原理分析，主要是對判斷力的分析。他在這一卷中的導言中說「如果把一般的知性看作規則的能力，判斷力就是把事物歸攝於規則之下的能力。即辨別某種東西是否從屬於某條所予的規則之能力。」[70]

即是說，認識範疇規定這些規則，那麼人應該有一種能力，

[68] 《康德〈純粹理性批判〉》韋卓民譯。華中師範出版，2002年7月第二版160頁。
[69] 《康德〈純粹理性批判〉》韋卓民譯。華中師範出版，2002年7月第二版頁。
[70] 《康德〈純粹理性批判〉》韋卓民譯。華中師範出版，2002年7月第二版182頁。

把事物歸攝於規則之下。如「這是一個人」，我的這個判斷，指出量是一個，質是肯定人，關係是直言的，模態是實然的。這個判斷能力，是先驗的。也就是說，是天生的。康德指出「判斷力是人們稱為天賦智力的一種特質，缺乏了這種特質，就不是教育所能補救的。」[71]

所以康德把它歸屬於先驗原理，而不是公式。通常人們把判斷力作為公式用，以為用教育可以訓練出來，這是錯誤的。那麼，這個判斷力是如何得出的呢？它有什麼條件可以使判斷得以成立？康德這這裡分為二章論述：第一章是知性純粹概念所必須遵照的感性條件，康德提出一個圖型法；第二章討論純粹知性一切原理的體系。

第一章所謂的圖型法。康德提出，「直觀被包攝在純粹概念之下，即範疇之應用於出現，是怎樣成為可能的呢？」[72]

他認為「顯然必須有第三種東西，一面和範疇同質，另一面又和出現同質，而這樣才使前者之應用於後者成為可能。這種中間媒介的表象必須是純粹的，即毫無經驗性的內容，而同時它一方面必須是知性的，另一方面卻必然是感性的。這樣一種表象就是先驗的圖型（Schema）」[73]

就是說，知性有一種構圖的能力。它會把感性直觀中的雜多，依據一種圖型法，把某一對象包含在一個概念之下。康德舉出「盤」這個經驗性概念，是和「圓」這個純粹幾何概念同質的。康德這個先驗圖型，我認為在他的先驗認識論中，是最不明朗和不具說服力的一個論證。他在範疇的演繹中，其實就已經證明出純粹知性概念的存在。我們認識事物，是先有純粹的概念，經驗對象

---

[71] 《康德〈純粹理性批判〉韋卓民譯。華中師範出版，2002年7月第二版182頁。
[72] 《康德〈純粹理性批判〉韋卓民譯。華中師範出版，2002年7月第二版186頁。
[73] 《康德〈純粹理性批判〉韋卓民譯。華中師範出版，2002年7月第二版186頁。

與純粹的概念相結合，才產生經驗性的概念。為了進一步說明這個問題，我再引用康德這段話：「現在就發生一個問題：驗前概念可否也能作為先行條件，任何東西只有在此條件下即可不是被直觀，仍能作為思維的一般對象，如果是如此的話，關於對象的一切經驗性知識就必須和這樣的概念相一致，因為惟有這樣預先假定有這些概念，任何東西纔有可能成為經驗的對象。」（見前注）很明顯，康德已證明出概念先行於經驗對象，可以說，他已證明出，在我們的心性裡面，驗前就有純粹的知性概念（他不把這些純粹概念當作感性直觀可以得到，而是歸於知性的論證，所以他稱為「純粹知性概念」。）我們每認識一個事物，都有一個概念先行於經驗對象，然後纔產生經驗性概念。這不是證明出，我們的心性，包含著整個宇宙，及自然世界所有的純粹概念了嗎？為甚麼康德還要加入一個圖形法呢？讓人有些不可思議。我們從當今的電腦軟件程式，就可以明白康德這個純粹知性概念。我們拿電腦中文拼音輸入法來看這個打字程式。拼音W，是否藏有「我、為、文……」等中文字的純粹概念呢？答案當然是肯定的，如果W，驗前沒有包含「我、為、文……」等字的純粹概念，那麼我們打W，它是不會出現這些字的。同樣道理，人的頭腦，如果沒有自然世界各種類別的純粹概念，我們的心性，是不可能認識自然的。康德雖然證明出人類心性在驗前就有這些純粹的概念。但他沒有指出心性包涵所有自然世界各種事物的純粹概念，因為如果要真正拿出科學根據，也不好說明。你拿甚麼證據說，心性包含所有宇宙世界的各個具體事物的純粹概念呢？只有出現的對象，與知性打交道後，我們纔知道概念先行於經驗對象，而沒有出現，沒有客體給予知性，我們就無從發現這些純粹概念。你要說心性包含所有的自然世界的各種事物的具體概念，就很難拿出科學證據。而造成康德認為有這個先驗圖型法的

原因，主要是康德認為感性沒有形成概念的功能，只有直觀的功能。概念的事，是由知性來完成的。他把感性與知性分開來論，感性直觀得到的是雜多，它是不能認識事物的，只有論證式的知性，纔能進行想像、連結、綜合、統一，從而得出經驗性的概念。康德這個先驗圖型法，就由驗前的想像力來完成。如果我們把心性這個認識範疇，不是視作形式（Form），而是視作方程式（Formel）來看，就不會發生這個問題了。就是說，我們不單單把它當作形式條件來看，把它當作程式的內容來看，我們就可探索到那個純粹的概念是如何在驗前存在的。比如我上面列舉的電腦中文打字的拼音輸入法，這套方程式系統，它是以26個英文字母作為基礎進行編程的。26個字母，包含所有中文字，你打那個字母，它就出現那個中文字，那是固定好的。為甚麼會這樣呢？這就說明，在這套方程式中，設計者（編程者），早就按中文的發音順序，將所有中文字的純粹概念，植入到26個英文字母中。假如這26個字母沒有中文字的純粹概念（用數學方式來做代碼），我們敲打那個字母，它能出現甚麼中文字嗎？沒有！所以，所有的純粹概念一定是在驗前就儲備在程式中的，待發生經驗後，它們才表現出來。以康德先驗論的說法，我稱驗前在方程式固有的概念為純粹概念，驗後表現出來的概念為經驗性概念。這就是我說心性包含整個自然世界的純粹概念，這是心性認識程式的基礎性東西，後面再經由經驗組織進行發展。可以說，感性與知性不是絕然分開的，因為程式這個基礎性的純粹概念在心性就存有，如我們編一套象棋程式，它肯定有「車、馬、炮、象、帥……」等棋子的純粹概念裝置。這是程式基本必有的，不可或缺的條件。同樣道理，吾心肯定存有自然世界的一切各種具體物的純粹概念。這是一個基礎性（fundamental)的東西，感性是可以直接就認識事物的。我看到什麼，直接就認知了，這是程式基

礎最表面化的純粹概念（編碼），是不需要經過甚麼論證的。而且以我這個發現，也可解決康德認為我們認識的都是現象問題。就是說，可以解決實在與物自體不可知的問題。因為我們的心性，包含著所有自然世界各種事物的純粹概念，那個直觀得來的現象，一下子與那個知性的純粹概念相吻合，這就是事物「不能不如此」的必然性。因為心性本就包含這些事物的概念。正如你看到一條狗，你說是狗，叫其他人來作證，其他人看後，也肯定是狗。為什麼人人都說是狗呢？你可以說是那個形式所決定的。既然那個形式可以決定所有認識的事物，做出不能不如此的概念，那麼，那個形式一定包含有這些事物的純粹概念。沒有純粹的概念做保證，就不會產生人人都認為那一定是一條狗，不可能是其他動物的認識。這個必然性，就是由驗前的純粹概念做保證的。我們從趙高「指鹿為馬」這個故事就可以看出，為甚麼人人都知道那是鹿而不是馬呢？顯然，在我們的心性裡，人人都有鹿和馬的純粹知性概念，趙高牽出來的鹿，人們一看，就與心那個鹿的純粹概念相結合了，而馬那個純粹概念則是被馬的經驗性概念佔據著，人們當然就在心性不可否認地認識為是鹿而不是馬。我的這個說法，一則由康德範疇演繹的原理做根據，二則有經驗性概念做比較，其可靠性是非常明顯的。我們拿當今電腦的程式來做類比，這一純粹知性概念就可以明白無疑地顯露出來了。我上面列舉的拼音輸入法就說明了這個問題。有關心性本來就有自然世界物的純粹概念的證明，我們還可以從哲學的概念與概念關係中得出。數學是驗前有效的直觀，而哲學是關於概念與概念的關係。就是說，心，必定先有一個純粹的概念在那裡，我觀感到的對象，反應到我的心裡，我心的那個純粹概念與對象相結合，得出經驗性的概念。我們如何得出這個經驗性的概念就是自然界的那個對象概念呢？正如陸象山所說的「宇宙便是吾心，吾心即

是宇宙」。心的概念與自然世界的概念同出一徹，我們纔能說，宇宙與吾心，是一樣的。這就說明，外在的自然界有甚麼概念，心性也有甚麼概念，否則我們無法解釋，為甚麼會有真理？會有實在？以及人類的誠信、證偽等不可辯駁的問題。心性原就有這些概念（純粹概念），它與對象相應後，你是不可以否定的。所謂的真理，就是自然世界與心性的純粹概念相結合，所產生「不能不如此」的經驗性概念的結果。

因此，與其用康德這個先驗圖型法來做知性概念判斷的中介環節，還不如直接證明心性本就有純粹的知性概念。其實，在康德之前的德國哲學家萊布尼茨發現的單子論（Monadologie），就很明確。單子就是純粹概念，它是我們認識方程式基礎性的編碼。沒有單子搭起認識程式的架構，認識不可能進行，範疇的演繹也無從談起。純粹概念的存在，這一先驗證明，就為我們的「誠信」、「真實」、真理、「不能做偽證，說謊」等人類道德律打下堅實的基礎。人類為甚麼會有這些普遍、必然的道德標準呢？我們看到趙高牽出來的必然是鹿而不是馬呢？我們為甚麼不能作偽證，說謊，而要講誠信呢？這都是因為我們的心性已有那個純粹的知性概念，它與出現對象相結合，得出的經驗性概念是否定不了的，這個客體與內心純粹概念的印證，是十分明瞭而肯定的，心性是不可以否定的。這一原理的發現，可以解決康德的「現象」與「物自體」的區別。康德認為我們認識的都是現象，不是「物自體」，「物自體」是甚麼？我們是不可能知道的。那麼，既然我們認識的都是現象，世界就沒有真實可言了，什麼是真理？什麼是誠信、實在？人類普遍公認的道德標準是什麼？是否有其行為準則？所謂的人權公約、普世價值？都要有一個界定。而這個劃定基礎，就是人類心性這個純粹的知性概念。它是一個實然而存在於人類心性的東西，是不可

以抹煞掉的。我們來看儒家文化的「作誠」，儒家把誠作為悟道的源泉，宋儒周敦頤說，「誠者，聖人之本，大哉乾元，萬物資始，誠之源也。乾道變化，各正性命，誠斯立焉，純粹至善者也。」[74]那麼這個誠，是以甚麼做保證的呢？你說是誠，我說不是誠，肯定要有一個根基做標準，人人都不可否認的事實來作誠的底線。這個誠，就是心性的認可，這個心性的認可就是心性存有的純粹概念做保證。事實與純粹的概念結合在一起，你是不可以否認的，這就是所謂「事實勝於雄辯」的心性法則。但為甚麼又會產生「物自體不可知」呢？原來在認識的方程式裡，有一個認識範疇，這個認識範疇是由自然世界各種事物的純粹知性概念做基礎搭建起來的，它裡面裝有一套先驗邏輯的運作規律、法則。發生經驗後，認識會意向性地向前發展，因為感性直觀只是客觀世界的出現，在心性的內感官（時間）和外感官（空間）的運作下，出現的事物是運動變化的。而知性的先驗邏輯，只能靠這些出現做判斷，進行想像、連結、綜合、統一，得出概念（經驗性概念），而物之在其自身，它是什麼？是不會出現在空間、時間裡面的。就是說，它是不會出現在感性直觀裡的。知性只能靠這些感性直觀得來的質料做推論判斷，第一次感性直觀與知性打交道，出現的事物是直接與基礎性的純粹概念相結合的，所以得出的認識是真的，實在的，不會有假的經驗性概念。但第二次，是知性的經驗性概念，在先驗邏輯的運作下，再做推論，從概念得出的是複數概念。也就是說，第二次推論判斷得出的概念，是間接的經驗性概念，與感性直觀沒有直接的關係，這是概念與概念的關係，也就是意識與意識的關係，這個「物自體不可知」就產生了。這就是康德說的先驗幻象邏輯在作怪。我

---

[74] 周敦頤：「通書·誠上第一」。

的這個說法，完全符合康德的空間、時間的先驗感性方式。只是康德把感性與知性做絕然分開來論，感性不能認識事物，只有知性，纔能進行認識。所以康德就沒有看到心性那個基礎性的純粹概念。在認識的範疇裡，確實存在這一基礎性純粹概念，否則，它拿什麼搭起這個認識的架構（認識範疇）？而沒有這些純粹概念做基礎建設，這個範疇是不能成立的，就是說，範疇拿什麼來運作呢？康德對這個先驗純粹知性的追求，他也探求到純粹知性概念具有就單一概念進行分析的便利。為什麼我們可以認識世界上各種事物？而且分辨得很清楚：豬狗牛羊馬、金土木水火……每一物都有其具體的經驗性概念，而通過認識範疇的演繹，我們又知道每一個物的經驗性概念，在心性中都有一個純粹概念出來迎接這個現象，使之得出「不能不如此」的經驗性概念。就是說，我看到一條狗，我心性狗的純粹概念就出來與出現的對象相結合，得出一個經驗性的狗概念。每認識一個事物，心性都有一個純粹概念先行出來。正如陸象山所說的：「「宇宙內事乃己分內事，己分內事乃宇宙內事。」（陸九淵《年譜》）「四方上下曰宇，往古來今曰宙。宇宙便是吾心，吾心即是宇宙。千萬世之前，有聖人出焉，同此心同此理也。千萬世之後，有聖人出焉，同此心同此理也。東南西北還有聖人出焉，同此心同此理也。」[75]

　　這就說明，心性是包涵自然世界一切純粹概念的。然後設立一個運作的範疇，這個範疇有「驗前的綜合判斷怎樣成為可能的」先驗邏輯機能。就是說，一個方程式，一定包含有這項知識的基本純粹概念，這是方程式基礎性的編碼條件。如此我說我們人的認識方程式，先天就裝有自然世界的各種純粹概念，就不足為奇了。所以

---

[75]　《陸九淵全集‧雜著‧卷二十二》273頁。

我說康德這個介乎感性與知性之間有一個圖型法說法，是有點不靠譜的，是不足為證的。康德的錯誤，是他將心性有一個認識方式來考察，而沒有將心性方式提升到認識方程式來考察。我在研究中發現了這一認識方程式，從而把這一先驗哲學進一步明朗化了。康德說的純粹知性概念以及範疇的演繹，充分說明認識方程式的存在。只有一個方程式的存在，才能形成認識的範疇，構成認識的規律與法則。認識的方式是有內容的，它有一個組織性的架構。這就是認識方程式的內容。

其實，康德完全可以避免這個先驗圖形法的錯誤。他在「純粹理性批判」「概念分析論」中就指出：「我們將追溯純粹概念在人類知性中的原始種子和最初傾向，這些種子與傾向原來就在人類知性中備有，等到最後有經驗發生，它們才得到發展，而且這同一知性在它們擺脫了附加上的經驗性條件之後，其純粹乃顯示出來。」[76] 他已隱匿看到這些純粹概念的存在，在「概念分析論」一節中，他也指出純粹概念先行於經驗性概念。但由於他將感性與知性分開而論，感性沒有認識的功能。也就是說，康德的感性是不可能概念的。感性只能直觀，知性是論證性的。因為知性是論證性的，康德只好找個先驗圖形法做認識的中介，而使認識走上偏差。明明我直觀到什麼，我就認識了什麼（當然模糊的直觀，認識也會錯誤），根本不需要論證。而且我們從康德的認識範疇，我們也可證明出腦袋裝有自然世界的一切純粹概念。為甚麼我們認識的事物，逃脫不了範疇的規律與法則呢？一隻羊，一條小狗，是張三還是李四……一目了然。對每一個自然界的認識，都離不開範疇的限制。而且是必然、普遍的認可。如果人的心性沒有這些純粹概

---

[76] 康德：《純粹理性批判》韋卓民譯，華中師範大學出版社2002年7月第二版，103頁。

念，這個認識是不可能有此必然、普遍的實在意義的。我們從認識範疇每一個經驗性的概念中看出，每當我感性直觀認識到的某物，都是「不能不如此」的，我們就有理由想到，我們的腦袋是先天裝有自然世界的純粹概念的。而且以康德的種、類分別以及現代科學分類來看，這些純粹概念是分類排列的。我們從現代電腦編程的案例來看，電腦的每一項程式的編程，首先有一個範疇，在這個範疇下，當然要設計出整項程式的具體名稱的純粹概念。我們看人類這個認識方程式，肯定有自然界（客觀世界）的一切具體物的純粹概念（代碼）。以這些純粹概念做基礎，設置一個認識範疇，認識範疇有一套嚴密的先驗邏輯運作，通過感性與外界的接觸（經驗的產生）因此就得出我們的認識。在此我大膽地預測，我們人類的大腦，早就裝置有自然界的一切物的具體概念（沒有經驗之前，它是純粹的，是看不見，摸不著的）待與經驗發生後，它就顯示出來了。康德所謂的先驗圖形法，看來是錯誤的。如依我的推論，我們就可以解決康德直觀只屬於感性，而沒有概念功能的問題。我看到什麼，就直接認知什麼，為何我的感性，就不能直接認識事物呢？感性，是可以直接與基礎性的純粹概念相結合的。今天我們的電腦程式技術，已充分證明這個純粹概念的存在。我們以此打破康德的圖形法論斷，先驗哲學將有一個重大的突破。破解上帝造人的密碼。感性認識，可以解決如下問題：

1、解決康德說我們認識的都是現象，「物自體不可知」的問題。如果我們承認人類的認識方程式，其本身就存有自然世界的一切純粹概念。那麼，我們看到，感性直觀的事物，就可以直接與純粹概念相結合，所產生的經驗性概念就是真實的，毫無疑問的，普遍且有必然的意義。不存在甚麼現象與物自體之分，這是真理的基礎。也是人類道德

倫理誠信的基礎。心性先天就存有的純粹概念做驗後概念的基本保證。基礎性的東西是非常可靠的，這就是胡塞爾現象學「回到事物本身」的朔源根據。

2、人類心性的先驗邏輯（思維方式），他並不僅僅是以數學方式向前推進發展。他可以拆解基礎性的純粹概念，作進一步的否定。在事物本身下，可以分解出分子、原子、原子核……等；向前，又可推出理念、理想、毫無實際的幻象概念。就是說，認識方程式本身就包涵一套超驗性的思維方式，即，先驗邏輯有一套超驗性的功能，也就是「幻象辨證邏輯」。這就是「白馬非馬」、真理只有相對性而無絕對性的認識方程式所決定的。方程式可以自我否定，自我昇華，以超驗性的能力發展。

3、由於人類先驗邏輯的特性，我們就可以解決理性悖論的問題了。推論、判斷出現理性悖論，使人產生錯覺、幻相、懷疑或獨斷，皆因先驗邏輯在純粹概念的基礎上發展而來。因為人的想像力，（不僅僅是數學的直觀），在先驗邏輯的運作下，概念與概念發生關係，產生一堆全新的概念，使得這些概念與基礎性的純粹概念關係越來越疏遠，越來越空洞，好像與純粹的概念沒有關聯似的。這就是所謂的觀念、理念、理想。產生觀念的不真實性，是因為先驗邏輯會根據原初的某一個純粹概念，以此為憑據，一直推理下去。我以為，人類的信仰、理念、理想都是先驗邏輯在作怪。時間、空間無限，宇宙無限，物自體不可知，而人的先驗邏輯又有其必然性（帶有數學的必然性質，先驗綜合判斷的必然性。），最後的推理判斷必然以理想、理念而收場。這就是目的論的必然結果。那些信仰者信誓

旦旦，說他們所信的神是真神，是真理。其實他不知道，別人所信的神也是真神，也是真理。因為在他的心性中，早就運用他的先驗邏輯，與經驗性概念相結合，必然地運算出這個結果了。你說他愚蠢，說他獨斷都沒有用，那是他腦袋那個先天性邏輯運作的結果。一般我是不與信仰者爭論他們的神是否存在的。信仰，就等於1+1=2那麼簡單，他不會想到1+（-1）=0，或其他判斷結果。這是他心性的先驗邏輯所決定了的，而經驗就是信仰觀念的精神糧食。因為人的意識意向性，反思判斷力也是以信念目的為意向。所以人一旦形成觀念，他的判斷就會「上帝的歸上帝，凱撒的歸凱撒」。不是懷疑論，就是獨斷論。只有極少數天才，才能從這兩者之中跳出來，體悟到老莊的道，釋迦牟尼的鳳凰涅槃。老子所謂的「玄覽」，高超就高超在這裡：他是跳出意識的意向性，做一個從圈外看圈內的玄覽。我稱老子的「玄覽」為最高的審美觀。他是跳出是非觀念價值判斷的。

4、從心性包涵自然世界的純粹概念來看這個認識的方程式。你就體會到陸象山「宇宙便是吾心，吾心即是宇宙」的龐大認識方程式。千千萬萬億的自然界純粹概念都包涵其中。而展開認識，雖然是一種意向性，也會產生出無數的經驗性概念。不斷組織進行發展。我們可以想像：a，人心性這個認識程式，基礎架構是龐大的，大到整個宇宙。我們開啟的認識，只是在方程式某一點打開一個小洞去認識。所以認識是相對的，沒有絕對。絕對只是幻象邏輯產生的理想、觀念。b，認識程式可以把基礎性的純粹概念進行連結、想像、綜合、統一，產生新的複合性概念。也

可把原始的純粹概念拆解，追根究底。這就是他的超驗性。有人對我們古老的《易經》很佩服，說「易」的演變很有道理，是宇宙真理。實則「易」的演變是二進位的。與現代電腦發明的十進位（有說十二進位）差遠了。而根據我們頭腦發出的思想來看，有些極聰明天才的人，是可以十進位的。我們的古先賢發現易的二進位演變，是偉大的。但與現代發明電腦十進位原理相比，他是落後了。我曾與友人開玩笑說，佩服《易經》的人智商在90~120之間。智商超過130的人，就是十進位的。那是天才的誕生，他是超驗的。

康德在論證其先驗圖型法後，也就把他的先驗知性論的範疇演繹完畢了。接下他就專門列出一章，也就是第二章，來總結這個先驗知性原理，稱為「純粹知性一切原理的體系」。康德在這裡說的原理，其實就是把先驗的綜合判斷作為認識論的最高原理。他要把「驗前的綜合判斷是怎樣成為可能的」做一個總結。他先指出一切分析判斷的最高原理為「矛盾原理」：對象本身是否與概念相一致。而一切綜合判斷的最高原理是：「任何對象都從屬於一種可能經驗中直觀雜多的綜合統一性之種種必然條件。」[77]。

康德在這裡說的「純粹知性一切綜合原理」，就是心性有一套綜合統一的判斷規則，它可以把出現雜多的表象進行綜合、統一起來，然後認識事物。如果心性沒有這個綜合統一能力，要說我們能認識這樣那樣的事物是不可能的。康德在範疇的演繹中，已將想像力、連結、統覺、純粹知性概念等證明出來。但有了這些驗前的條件還是不能說認識就成為可能了。我們從經驗性知識知道，我腦

---

[77] 《康德〈純粹理性批判〉韋卓民譯。華中師範出版，2002年7月第二版202頁。

袋裡裝有很多認識的東西，我可以分辨出張三、李四，可以分辨出豬、牛、羊、馬，可以看風使舵……，這一切是怎樣分辨出來的呢？心性肯定有一個總管，把所有的認識，綜合統一起來，然後進行條理工作，這是張三、李四，這是豬、牛、羊、馬，進行種類分別；還可以產生因果關係的「看風使舵」等認識。這個總管指揮能力，就是先驗的綜合判斷，它是驗前就存在於心性裡的一種能力。知性把這一切認識進行統籌安排。康德以認識範疇作為指導，得出純粹知性的一切原理為四個：

「1、直觀的公理；2、知覺的預測；3、經驗的類比；4、一般經驗性思想的公準。」[78]

康德對此四個原理一一論述，指出其先驗原理的應用規則和範圍。

這四個原理，就是純粹知性的一切最高原理。也就是說，心性的知性能力，就只能做到這個範圍。這是它最大的認識能力範圍，也就是它的侷限性，認識不可能再往前發展了。純粹知性的批判，就到此了結，後來意識的發展，那已不是純粹知性的事，而是純粹理性的事了。

我們在康德的先驗知性論裡看到：知性有想像、連結、綜合、統一、概念的能力。他是有法則，有規律地去認識事物的。根據康德對認識範疇的先驗演繹，我們知道，原來我們的心性，有一個 Form（方式），有一個認識範疇（Kategorien），裡面有一套先驗邏輯進行運作，得出經驗性概念。這樣，我們的認識就成為可能了。問題是：康德沒有感性認識，感性與知性是分開的，感性只是直觀，不能認識事物，那麼，我們直觀到的某物，我們就直接認識

---

[78] 《康德〈純粹理性批判〉》韋卓民譯。華中師範出版，2002年7月第二版204頁。

了此物，這不是感性認識嗎？為何感性只能直觀，不能認識呢？康德這一絕緣分開，感性歸感性，知性歸知性，說感性是直觀現象，只有知性才能認識事物，他說感性只能直觀，知性是論證性的，想像、連結、綜合、統一、概念等等，才是知性的事，感性是沒有這個功能的。康德的先驗感性論，否定了感知論，就使他的先驗哲學掉入了一個陷阱，一個基礎性的問題：為何我們的認識「不能不如此」？具有普遍、必然的意義？而自然世界，為什麼又與我們的認識相一致？等等，我們必須進行探討人類心性那個最原初的東西，那個心性的構造，認識的基礎是如何構成的？因此，用康德的Form（方式），就不能解決問題了，我們要將Form（方式），提高到一個Formel（方程式）位置，以人的心性有一個「認識的方程式」來檢視，這樣，我們就看到很多先驗知性的東西，看到純粹概念的存在，看到先驗邏輯的功能，明瞭純粹理性的幻相辦證論，上帝存在、意志自由、靈魂不死、物自體不可知等就迎刃而解了。

我們在理解康德講知性這一卷中，要特別注意以下幾個問題：

1、康德講範疇出現的法則、規律，並不是單純的一種方式，沒有內容的東西。那個純粹知性的活動，它是有純粹知性概念內容的。想像力、連結、綜合、統一的能力，如何運作，有一套先驗邏輯在裡面，認識範疇是有很多內容的。但是由於它的先驗性，人們就很難理解，以為康德只是說出認識的規律和法則而已。實際上康德的認識論，已達到陸象山「宇宙便是吾心，吾心即是宇宙」的地步。通過與經驗性的概念相比較，我們就可以把許多先驗性的東西證明出來。我在研讀康德的先驗論時發現，康德不僅把那認識的方式（Form）說出來了，還把認識範疇的先驗邏輯演繹出來了。如果我們單從方式（Form）上來關照

康德的知性認識論，我們就很難窺見到心性思維那些祕密的東西，也解不開超驗的東西。康德這個先驗認識論，講的「我們的認識是如何成為可能的？」，其實講的就是人的認識方程式。我們要把康德的認識方式（Form），提升到認識方程式（Formel）來研究，如果我們以電腦的某一方程式來觀照，我們就很容易理解康德所說的「先驗知性論」了。康德說那些純粹知性的東西，看似只有說方式，法則與規律，排除經驗性的東西，好像沒有什麼內容可說。而且由於康德沒有感性認識，感性只是直觀，這就使他的先驗知性論流於形式，而不能上升至方程式來觀照。但他對認識範疇的演繹，已點出方程式的存在了。他的先驗論述，已點出純粹知性概念的存在，範疇的演繹，也說明了陸象山的「心一心也，理一理也，至當歸一，精義無二。此心此理，實不容有二」。又謂：「人皆有是心，心皆具是理。心即理也」[79]。康德已把人認識的這套先驗邏輯說出來，其實就是說這套心性的認識方程式。這套認識方程式，我們人還沒有去認識之前，它是純粹的，沒有混雜任何經驗對象的東西，所以康德稱為「驗前」、「先驗」的東西，也就是一個人所固有的心性認識機能。康德是用排除經驗性的知識從而探求到的。這樣，我們才好理解康德所說的「方式」、「範疇演繹」的東西，才能理解康德的「先驗邏輯論」是什麼。要在超越經驗性的認知上理解。即不能在出現經驗性知識的層面上思考康德的哲學。很多人讀弗洛伊德，都知道弗氏的「潛意識」，這

---

[79] 《陸象山全集》香港廣智書局。卷一，《與曾宅之書》，頁二。

個潛意識是看不到摸不著的，也是很難說明的。弗洛伊德用心理學的分析方法，用解夢的方法把它證明出來。而康德這個「先驗論」，說的不是「潛意識」，而是說人潛在的認識功能，即心性的認識能力。它也是看不見，摸不著的，是要用反轉再反轉的思維才能體悟到的。八百多年前的南宋哲學家陸象山說出「六經注我」時，有誰能體會到陸所說的真理？更不用說他的「宇宙便是吾心，吾心即是宇宙」的石破驚天了。如果我們用經驗性的知識來看陸象山先生的說詞，就會覺得他所說的是天方夜譚，不可能宇宙與吾心是同一的。我們現在的科技進步，又發現不少宇宙的祕密，以前陸象山的那個「吾心」有現在這個「宇宙心」嗎？你會覺得陸的「六經注我」是個吹牛，「六經」是前人發現的真理，怎麼到了後來者陸象山的腦袋裡，便成了「六經」注他了呢？可是，如果我們檢視康德的先驗論，把握程式所說的方式（Form）和範疇（Kategorien）運作的原理，我們就不會懷疑陸象山所說的是千真萬確的了。我曾經與一個哲學博士討論概念問題，說純粹的知性概念是先行於經驗性的概念的。博士先生說，概念是以推理、判斷出來的，不可能有什麼純粹的概念。這就是經驗哲學者的思維方式，沒有經驗，什麼都不是，思維無內容則空。他們是看不到驗前（a priori）這個純粹概念的。

2、我們要很好理解康德的「先驗論」，就要打破傳統兩分法的哲學思維方式。康德在他的《判斷力批判》一書的一段註腳里說，「有人曾對我的純粹哲學的劃分幾乎總是得出三分法的結果感到困惑。但這是植根于事物的本性中的。如果一個劃分要先天地進行，那麼它要麼是按照矛盾律而

是分析的，而這時它總是兩分的（任何一個存在要麼是A，要麼是非A。）要麼它就是綜合的。而如果它在這種情況下要從先天的概念（而不像在數學中那樣從概念相應的先天直觀中）引出來，那麼這一劃分就必須按照一般綜合統一所要求的，而必然是三分法的。這就是：1、條件，2、一個條件者，3、從有條件者和它的條件的結合中產生的那個概念。」[80]康德的哲學為什麼總是三分的？我們不能只看到是現象決定意識，還是意識決定現象，認識的後面還有一個先驗邏輯條件在起作用，即那個先天的概念是如何得來的？康德在他的《純粹理性批判》「先驗邏輯・先驗分析論」中，有一段話說得很清楚：「我就要問：當概念不是應用在其對於可能經驗的關係上，而是應用於物之在其本身（即本體）時，知性能從哪裡得到這些綜合的命題？綜合命題總是需要有第三者，然後以這第三者為媒介而把原來沒有邏輯（分析的）親和性的概念互相連結起來。試問在上述的例子中，那第三者是在什麼地方？不求援於知性的經驗性使用，從而完全離開純粹而非感性的判斷，綜合命題就絕不能得到建立，不但如此，甚至都不能說明任何這種純粹說法的可能性。」[81]

中國大陸的哲學界，一直以來把哲學分為「唯物論」與「唯心論」，似乎哲學就這麼兩種模型：不是唯物就是唯心，反之亦然，除此之外，別無它途。他們把康德定位為「唯心主義者」。用兩分法來理解康德的哲學，這就很難窺見到康德先驗論的玄妙。可以說，貫常的哲學思維方

---

[80] 康德：《判斷力批判》鄧曉芒譯，人民出版社，2002年12月第二版，33頁。
[81] 《康德〈純粹理性批判〉韋卓民譯。華中師範出版，2002年7月第二版291頁。

式，是在主體與客體兩者之間進行思索的。存在決定意識，還是意識決定存在？即思維與現象兩者進行辯證。也就是康德說的「1條件，2一個條件者」，他們沒有想到這兩者之間那個概念是如何產生的？康德並沒有否定客觀世界（自然世界的規律、法則），他的批判哲學，有陸象山先生的「宇宙便是吾心，吾心即是宇宙」的原理。我們不要看到康德說「物自體不可知」，加上他專講這個人類的心性功能，就認定康德是唯心主義者。他是不否定自然法則、自然規律的客觀存在的，他認為我們的心性，備有這些法則、規律，所以認識才成為可能。客體與主體都得相一致，思想無內容則空等等，康德是不否定自然世界的。如此來看，他是唯心的嗎？根本就不是。他只不過是把認識的東西，作為一種現象，而不是「物自體」。所以我們理解康德的純粹理性哲學，要用三分法去看問題，去思考他提出「先驗」的東西，不要用兩分法去分析他的「先驗論」。康德提出「驗前的綜合判斷是怎樣成為可能的？」，對我們理解他的認識範疇演繹是一個攜綱提領的路徑。康德認為，宇宙有其純粹的自然科學原理，人的心性也有作為自然的傾向的原理。這就是形而上學作為科學的可能。套用哲學家陸象山先生的話說，「宇宙內事是已分內事，已分內事是宇宙內事：人心至靈此理至明，人皆有是心心皆具是理。」康德用三分法來闡述他的哲學，他已把知性的純粹概念證明出來。這是多麼了不起的壯舉！哲學家陸象山早就能用三分法看問題。今天那些碌碌無為的學者專家，還在撿起黑格爾兩分法的辯證法，以辯證為能事。當然走不出唯物、唯心的魔咒，他們把康德歸類為「唯心主義

者」，只能在兩分法的哲學中打轉，看不到自然與人心性一致的道理，只會看到事物的變化在心性運作的經驗性概念。因此，我們從康德的三分法哲學，就會看到以往兩分法哲學的不足：不是唯物就是唯心，這就很容易產生獨斷論和懷疑論。唯物、唯心，這個前人提出的哲學舊觀念，已不能概括哲學的本能，應該是擯棄的時候了。

3、康德在《純粹理性批判》一書中，多次提到數學原理的先天性。即提出純粹的數學是如何可能的論證。康德說，「所以，雖然我把數學的原理放在一邊，而我卻仍然列出數學的可能性與其驗前客觀有效性所依據的那些更基本的原理，這些更基本的原理必須看作為一切數學原理的基礎。它們是從概念到直觀，而非相反。

在知性的純粹概念應用於可能的經驗時，它們綜合的使用可能是數學的，又可能是力學的；因為這綜合，一部分涉及一般出現的純然直觀，而一部分則涉及出現的存在。直觀的各驗前條件，是任何可能經驗的絕對必然條件；而可能經驗性直觀的對象之存在條件，就其本身來說，只是不必然的。所以數學的使用的原理是絕對必然的，即不容置疑的。」[82]

康德對數學原理的重視，他在「純粹理性批判」一書的第二版「序言」也有提及數學的客觀有效性原理。我們不管康德是否受到數學原理客觀有效性的啟發，而產生「先驗的綜合判斷是怎樣成為可能的？」這個人類心性能力的先驗邏輯，但他這個先驗邏輯確實有應用數學組織性

---

[82] 《康德〈純粹理性批判〉》韋卓民譯。華中師範出版，2002年7月第二版203頁。

的原則。我們今天來看電腦程式的設計，應用到大量的數學原理來進行編程，我們就可知康德的先見之明。認識範疇有其先驗邏輯，而這種先驗邏輯又有其嚴密的數學組織性原則。可以說，康德已把我們今天應用電腦程式設計的基礎原理說出來了。也就是說，他已把我們人的認識方程式說出來了。這就是康德《純粹理性批判》所要解答的：「我們的認識是如何成為可能的？」的證明。我們讀康德，只看到他的Form（方式）、Kategorien（範疇），而沒有看到他範疇裏的能動性，那先驗邏輯不是只講規律、法則，它有活動能力。我們只有把康德的認識論，從方式提升到方程式的地位，才能很好地理解他的批判哲學。只有把康德的純粹理性批判哲學，從方式上升到程式來檢視，我們才能窺見到認識範疇的知性內容。那些純粹的知性概念是如何演繹出來的？而康德又是如何將形式邏輯轉換成先驗邏輯的？他為何強調他的哲學不在心理學研究的範圍？又強調他的先驗邏輯與普通邏輯的區別？我們以認識方程式來反思康德的純粹知性，就可以看到康德對數學原理必然性的重視，他說數學是先天性的綜合，不是分析的。我們看看今天的計算機，谷歌（Google）功能，首先是綜合的，然後才是分析的。沒有一個「先驗的綜合判斷是怎樣成為可能的？」其分析判斷得出來的經驗性概念是不可能的。計算機要在多少千億條信息中，計算出一個結果，即你需要的一個內容。表面上看，這是分析的；但驗前是綜合的，沒有綜合，哪來分析？康德指出數學是綜合的確是有先見之明。後來的英國哲學家羅素，認為康德錯了，說數學原理是分析的。現在的電腦運用程式，充

分證明康德的先驗綜合判斷論是正確的。康德把數學原理看作是綜合的。他認為7+5=12是個綜合的命題，而不是分析的命題。他提出「形而上學作為科學，是怎樣成為可能的？」，當今電腦技術的發展，我們以認識方程式來關照康德的先驗知性論，就容易破解他的純粹知性論。康德提到的數學原理的客觀有效性，把它運用到先驗邏輯的證明，是很值得我們考究的。

4、康德的哲學，是沒有感性認識的。感性作為直觀，得不出概念。只有知性，才能得出概念。知性是論證性的。黑格爾的辯證哲學，開始是感性認識，然後上升到理性認識。唯物辯證法也是，從感性認識，上升到理性認識，不斷來回辯證。感性認識是對事物的表象認識，理性認識是推理、判斷、概念，認識事物的本質。黑格爾的理性認識，如推理、判斷、概念等，有點類似康德的知性，但兩者最大的不同是：康德說的是純粹知性，是先驗的知性。而黑格爾說的，是經驗性的理性（知性），是驗後的知性論說。康德的認識論，是從感性直觀，上升為知性，最後達至理性，由此而完成。黑格爾只有感性與理性。這個區分很重要，康德是把出現的對象作為表象看待的，出現的東西不是物自體，至於這個物自體是甚麼，我們是不知道的。我們認識的，只是現象。由此而說，感性直觀只提供出現的雜多、表象，至於它本身是甚麼？感性是不知道的，它要把這些東西傳給知性，由知性做出判斷，才能形成概念。因此康德的認識論，就與以往的唯物、唯心不同。唯物論把時間、空間當作是物質存在的形式，它的理性認識，是可以認識事物的本質的。唯心論反其道而行

之，把時間、空間當作是思維存在的形式，物質在心理的運作下，就可以把握事物的本質了。康德只是把時間、空間當作是感性的方式條件，知性只有通過感性提供的東西進行推理判斷，得出概念。這樣，我們認識的材料都是由感性提供的，沒有感性對象，知性就沒有東西思維，沒有東西可供思維，當然我們就無從得到知識。這就是康德「概念以思維的自發性為基礎，而感性直觀則以印象的感受性為基礎。」[83]的論斷。他說「所以判斷就是關於一個對象的間接知識，即對象的表象之表象。」[84]

所以康德認為我們認識的都是現象，不是物自體。他的這一劃分，就為我們思考哲學的唯物論和唯心論留下空間：原來我們認識的都是現象，我們可以說認識或把握現象的性質，但不能說認識事物的本質。以當今人類無法窮盡宇宙世界，還在不斷認識而言，康德這個認識兩元論是恰當的。如果我們說能夠認識事物的本質，那我們認識就是絕對的，沒有留有餘地。那空間、時間的無限性我們就無法解釋，宇宙的無限我們也無法解釋，物質無限可分我們也無法解釋？那獨斷論就是絕對真理了，世界上的獨裁者就是真理的化身，人類世界就沒有甚麼「認識無止境」的說詞了。上帝存在，靈魂不死，意志自由等人類的價值就沒有存在的必要了。所以，當今的唯物辯證法說，理性認識是對事物本質的認識是不妥當的。本質，包含絕對本源的東西，也就是歸根到底了。康德的感性、知性、理性論，就為我們打破傳統哲學的慣常思維留有餘地：這種先

---

[83] 《康德〈純粹理性批判〉》韋卓民譯。華中師範出版，2002年7月第二版104頁。
[84] 《康德〈純粹理性批判〉》韋卓民譯。華中師範出版，2002年7月第二版104頁。

驗的認識論，中間有一個知性，就為認識論的周延打下一個堅實的基礎。我們能認識什麼？不能夠認識什麼？什麼是真理，相對與絕對，可知與不可知，信仰與理念等，都有一個很好的解答。就是說，康德對認識的範圍與界限，都說得很清楚了。如按以往哲學的感性、理性論，就很容易滑入經驗性兩分法哲學，不是唯物，就是唯心，獨斷論與懷疑論就不可避免了。康德的批判哲學，就是要打破這兩者的籬笆。

然而，必須指出，康德這一把感性與知性絕對分開來論，將感性直觀不能得到概念，只有由知性做出論證，才能產生知識的說法，我是存有異議的。依康德對認識範疇的演繹論述來看，心性這個認識方程式，是以自然世界各種事物的純粹概念做基礎編碼的，它包含各種各樣物的純粹概念，而且有分類。這是認識方程式基礎性的存有，它與感性是可以直接發生關係的。所以，我們的感性直觀看到甚麼，就直接認識甚麼，它是不需要經過甚麼一套想像、連結、綜合、統一的知性論證而得出經驗性概念來。這就是感性認識。因為這些純粹的概念，它是認識方程式固有的東西，而且是做為基礎性的東西存於心性中的，是不用經過思辨人人都可以確定的東西。一看就知道，這是不可否認的事實根據。現象與物自體的分野也就清楚了。凡感性直觀的量達到清晰的度，就可確認該物是真的。感性是可以認識事物的，不必把它與知性絕緣分開來論。它有直接認識事物的能力，但沒有思維思考的邏輯能力。康德引出一個認識圖形法。說在感性與知性之間有一個想像力做連結。把一種幾何學的圖形想像放入其中，形成概念

功能，他企圖用一個圖形法功能，來說服感性沒有認識，還不如我確認的純粹概念的先驗存有更可靠。德國哲學家萊布尼茨就提到一個單子（Monad）問題。我認為這個單子，就是純粹概念。也就是認識方程式的基礎性編碼。可以說，康德將感性與知性絕緣分開而論，認定感性直觀不能認識事物，才發生這樣常識性的錯誤。我們從當今電腦程式編程的技術也可以看出，任何一類電腦知識的程式，他都要把那類知識的具體概念做基礎編碼（代碼）。因此我們就可以說，人類的心性，包含著整個自然世界的純粹概念。自然界的各種各樣的物，他都有一個相應的純粹概念。我們的感性直觀，是可以直接認識事物的。這，就是真實。也是誠信的保證。由此我們可看到，這個宇宙心是多麼龐大，單是基礎性的東西，就包含整個宇宙自然世界的純粹概念。認識方程式有一套先驗邏輯進行運作，它就出現超驗的知識。無窮無盡的認識，物自體不可知就出來了。康德說的理性四大悖論就出來了。

5、康德的先驗知性論，把知性的一切最高原理都證明出來了。這就說明，我們人類的知性是有一個權限的，它能認識什麼？不能認識什麼？認識到底能走多遠？能深入到什麼程度？都有一個限度、範圍的。它有法則和規律，有一套先驗邏輯在起作用。康德這個純粹知性的批判，對我們今天很有警醒的作用。當今世界，知識份子借助科學的發展，以為宇宙世界，沒有什麼東西，是不可以認識的，於是就產生一種潛妄，越過知性的權限，用理性來包裝一切，產生很多偽科學理論。什麼「宇宙真理論」？「先進性論」……等，都是康德的先驗知性論不能勝任和無法承

擔的。今天我們對什麼是科學，什麼是偽科學還爭論不休，就是還沒有讀懂康德這個純粹知性批判哲學。康德在《純粹理性批判》的第二版序文中指出：「但是有人會問，我們想要遺留給後代的是一種什麼寶藏呢？作為這種通過批判而予以純潔化的，並且是一勞永逸地固定下來的形而上學，其價值是什麼呢？走馬看花地讀讀我這本著作，可能覺得它的種種結果是消極的，只是警告我們決不可用思辯的理性來冒昧地越出經驗的限度而已。事實上這確是本書的第一個用途。」[85]

如果我們讀懂康德的「驗前」（a priori）、先驗超驗的（transzendental）以及什麼是先驗邏輯？我們就不會把所有超驗的東西，都當作神祕的、不可預測、不可理解的東西。康德的「形而上學作為科學，是如何可能的？」就是一套科學的方法，證明它的合理性。先驗的（超驗的），並不等於神祕，不可預測，不可理解的東西。康德的證明，是為什麼會出現這些超驗的東西，不是說超驗等於神祕不可預測的東西。這對我們今天劃定「什麼是科學？什麼是偽科學？」提供一個鑑定理論基礎。只要我們把知性體系的一切最高原理拿出來對照，種種的理論原型就畢露了。康德在書的序言也曾指出，以往的哲學，不是獨斷論就是懷疑論。他的先驗批判哲學，就是要打破這兩種哲學的迷思。康德批判哲學的消極意義，不是要發展、擴充知識，而是要為認識確定它的各種來源、範圍與限度。這就是批判哲學的功用。當今世界，還有不少智者，

---

85 《康德〈純粹理性批判〉》韋卓民譯。華中師範出版，2002年7月第二版21~22頁。

越出知性能力的界限，運用幻相邏輯，到處發明創立新學說，新理論。其實，如果我們認真檢討一下康德這個先驗知性論，檢討一下一切知性體系的最高原理，我們就不會如此狂妄與膽大包天了。

6、在電腦普及的今天，我們都在運用電腦獲取知識。因為我們知道，電腦有一個類似人腦的功能，會思維，做出判斷。各行各業，都設有專業應用的程式。而這方程式的設計，都離不開康德所說的form（方式），方式裡要有這一知識體系的純粹概念（即編碼工程）。然後有一個範疇（Kategorien），這個範疇是可活動的，也就是說，它是可思維的（即概念、連結、想像力、綜合、統一等能力）。這個範疇是有組織、有規律、有法則地運作的。這就是方程式的先驗邏輯機能。就是說，一個電腦的方程式，它能成功地被人使用，獲得知識。就得完成康德提出的「先驗的綜合判斷是怎樣成為可能的？」整套方程式設計。我們從康德這個先驗哲學的知性原理，是否可以悟覺出一套對應學、博弈學的方法論呢？只要我們設計出一套「先驗的綜合判斷是怎樣成為可能的？」[86]方程式，我們就可以在各行各業做出一套對應、博弈的電腦方程式來。比如當今人與電腦象棋的博弈，那個電腦棋手是如何設計出來的呢？而且人很難博贏電腦棋手。說明電腦裡的程式邏輯是非常嚴密、聰明的，它裡面裝置的先驗邏輯（目前多是算術邏輯），超過人的思維邏輯，所以它才會贏。我們以此類推，是否可以設計出各種各樣的對應、博弈方程

---

[86] 《康德〈純粹理性批判〉韋卓民譯。華中師範出版，2002年7月第二版50頁。

式，為我們服務？這種方程式，在我們對應事物，與對手博弈時，可以減少判斷的錯誤，獲得致勝的法寶。康德這個「先驗的綜合判斷是怎樣成為可能的？」的先驗論，為我們設計電腦程式，提供一個理論基礎。如何設計一個電腦方程式？範疇的先驗邏輯如何運作？這是方程式一個很關鍵的技術，康德的先驗論，為我們開闢很好的理論基礎。

以前人們讀康德，總結出康德先驗認識論的一句話：「我們的認識是如何成為可能的？」其實，康德的這句話，才是先驗認識論的精髓：「先驗的綜合判斷是怎樣成為可能的？」

# 九、純粹知性概念的比較分析

　　康德用驗前綜合判斷的方法，已將驗前的純粹知性概念證明出來，我們在此基礎上反轉過來，試用分析判斷的方法來進一步說明這個純粹知性的概念。

　　我們在對此純粹知性概念做分析之前，必須先弄清楚康德的「驗前的」（a priori），和「純粹的」（reinen）兩個詞。康德使用這兩個詞，是指沒有包涵任何經驗性知識下的「驗前」和不摻雜任何經驗性知識的「純粹」。即在我們人的心靈還沒有與認識對象發生關係之前，頭腦所固有的、先天的一種知性能力和構造。這種看不見，摸不著的驗前知識，只有與認識後的經驗性知識做比較，才能讓純粹的概念顯示出來。電腦的方程式，是最好的例證。

　　在二十一世紀的今天，電腦的發明已普及使用，我們用電腦的原理來做實例，說明康德這個先驗哲學，就很容易理解康德這個「純粹的知性概念」了。

　　電腦之所以成功，能夠顯示出我們所需要的知識，就是我們在使用電腦之前，電腦本身必須有一套能使你輸入的東西變為知識的能力。這套功能，就是康德說的純粹知性的那一套原理：概念、想像（聯想）、連結、綜合、統一的能力。這套能力，它是在「驗前」（a priori），即我們還沒有打開電腦程式使用之前，我們預先就將這套功能裝在電腦裡面了。也就是說，電腦本身必須有一套運

作的方程式。這套方程式康德只證明出認識的方式（Form）、認識的範疇。這個形式與範疇，有一套先驗邏輯。它的運作是有法則和規律的。這套東西是驗前就有的，沒有參雜任何經驗性（即我們運用它得到的知識）的東西。它有一套純粹的知性能力。即純粹的一套方程式。只有它本身具備那種知性能力，我們人才能向它輸入什麼東西，它就給出我們所需要的知識。

首先我們來看看康德的方式（Form），它所包含有甚麼東西？我曾經寫過一篇小品文，說康德是電腦發明的鼻祖。有人不以為然，兩百多年前的康德哲學，怎麼能與現代的電腦扯上關係呢？實則正是康德的先驗論原理，才使電腦成為可能的。電腦必須具備康德說的這個「先驗知識」，其本身有一套認識的功能，即「先驗的綜合判斷是怎樣成為可能的？」的邏輯機能，才能為我們人所用（經驗後的作用）。這就是康德的「先驗論」。沒有康德的先驗論作為電腦的理論基礎，要說電腦如何能取得成功是不可能的。就知性能力來看，電腦與人腦是很相似的。我們以電腦程式來看康德的哲學，也是可相通的。我們舉一個經驗後的電腦方程式應用例子，以此做比較，再來反思康德的純粹知性概念是怎麼一回事。

我們打開電腦「中文拼音輸入法」打字的中文視窗，當我們向電腦輸入一個「W」字母，它就出現「我、為、無、文……」等字。為什麼不出現「他、你、豬、狗」等字呢？道理很簡單，就是原來編這套拼音中文輸入法視窗打字程式的那個人，早就把所有讀音以「W「為開頭的中文字，編入W字母的系列。這個W，早就裝有「我、為、無、文……」等中文字的驗前概念，這就是純粹概念。在電腦編程來說，叫代碼。W的出現，電腦必然反映出這些「我、為、文、無、問……」等中文字來。相反，因為這套方程式的W字母沒有「他、你、豬、狗」等字的驗前概念，當然它就沒有

這幾個字反映出來。由此來看，雖然說電腦還要具備反映、記憶、聯想等等的功能，但就上面舉的例子來看，這套拼音中文輸入法的方程式，它必須有一個驗前的概念裝置，這是形式基礎性構造，即編碼。假如那套程式的W沒有「我、為、問、文、無……」等中文字的純粹概念，我們打W，它是不可能反映出這些中文字來的。也就是說，當初設計這套程式的人，早就把「我、為、文、問、無……」等字的概念植入到「W」字母中了。我們打出W字母，它就可以轉換出那些中文字。我們稱此程式編寫的概念，為「純粹的概念」。因為它是沒有經驗過的（我們沒有使用它打字前），固說它是純粹的。由此我們再來看看人的認識，我們能認識這樣那樣的事物，表面上看，就是我直觀到什麼東西，就知道它是什麼東西，這個道理看似很簡單。但是，如果我們作進一步的分析，就會追溯到一個最根本的問題：為什麼人人看到一條狗，就知道它是狗，而不會認為它是豬或羊呢？就如我們知道趙高「指鹿為馬」一定是謊言一樣。堅信鹿就是鹿，馬就是馬。這個堅信不疑拿什麼來保證呢？這裡必定要追究到我們人認識的那個方式是否一樣的問題，就好像我們做餅的模型，那個模型扣出來的東西是什麼就是什麼，是固定的。這個模型的東西就是認識的方式（Form），這個方式就包涵驗前的純粹概念。說得通俗一點，就是人的心性，裝有自然世界具體物的模型。那個模型是小狗是小羊，它的成品就是小狗、小羊模樣，這是不變的。依康德的說法，在經驗還沒有發生之前，我們人的心性早就有一套認識的方式。以電腦程式來看，就是編程的代碼。我們人這套方式應該包含自然界事物的先天概念，否則我們不能產生必然、普遍的認知。即如我們上面舉的中文拼音輸入法所說的，在驗前，那套方程式必須包涵純粹的知性概念，使出現與純粹概念相結合，纔能產生必然、不能不如此的驗後認識。這就好比

說，在我還沒有認識張三、李四之前，我的頭腦早就有張三、李四的驗前純粹概念了。否則我們不能分別出某某是誰不可能是誰的認知。當然，如果張三、李四不出現，這兩個概念也不會反映出來。這正是人認識的神祕性，有人說還沒有經過思維的推理、判斷，怎麼可能說概念在先？不可能說我還沒有認識張三、李四，心性就有張三、李四的概念了。事情恰恰是如康德先驗論所說的，純粹知性的先天概念就存在心性裡。康德說，「我們在這裡所需要的是借以正確辨別純粹知識與經驗性知識的標誌。經驗告訴我們的是事物的「如此如此，而不是事物『不能不如此』。」[87]

這個規則後面必然要有先天的純粹概念作為基礎。我們的頭腦沒有先天性概念，那麼我們所得的知識就成為不定式了，也就是偶然的而沒有必然的普遍性了。就是說，我看到一條狗，就不必然是一條狗，有可能會變為一頭豬或一頭牛了。或是說我看到一條狗，認定是狗，而你可能認定它是豬，而不是狗。全世界的人雖然語言不同，但他看到一條狗必定知道是狗而不是豬，它與豬是有不同的概念的。看到什麼，它必然是什麼，人必須有一個先驗統覺，這個統覺必然有一個驗前的純粹概念做根基。就是說，人必須有一個一般的認識形式裝置，否則就沒有所謂的常識了。要保證這個常識的真實性，就必須人人（神經不正常的人除外）有一套同樣的驗前概念裝置。康德把凡是經驗性的東西一一除卻以後，那個先驗的純粹知性概念就在我們的心性顯示出來了。他說，「因此，由於這個實體概念用來迫使我們承認它的這個必然性，我們就毫無選擇，只得承認這個概念是處在我們驗前知識的能力裡的」。[88]

這話听起來似有些不好理解，但我們結合上面所說的電腦

---

[87] 《康德〈純粹理性批判〉》韋卓民譯。華中師範出版，2002年7月第二版36頁。
[88] 《康德〈純粹理性批判〉》韋卓民譯。華中師範大學出版，2002年7月第二版38頁。

中文拼音輸入法，就好理解了。上面我們說過，為什麼我們輸入「Ｗ」，電腦就顯現「我、為、文……」等字呢？就是我們在驗前（還沒有使用電腦打字之前），電腦本身早就裝置「Ｗ」所有中文字的概念（代碼）了。如果我們從中文拼音輸入法整套程式來看，26個英文字母，包涵所有中文字的驗前概念。也就是說，這套方程式包涵所有中文字的純粹概念。我們以此反轉來看康德說我們人認識的純粹知性概念。其實自然世界的一切，在我們的頭腦早就有一套方式。他有一套純粹的知性概念裝置，這就是康德說的純粹知性是一個統一體。這套形式所編入的純粹知性概念我們看不見，摸不著，但一旦有客體出現與它發生關係，他就可以意識出來。而且他認識出來的東西，經實踐，是符合自然規律、法則的。我們舉一個幾何學的例子：三角形的內角和等於180度，為什麼它一定是180度而不是190度或200度呢？這是空間的先天三維性所決定的。但是如果我們取消出現的三條線，沒有構成一個三角形，那個180度的概念也不會在我們的頭腦出現。其實，這個三角形內角和等於180度的概念是先天就存在的。康德認為，數學的先天性原理，用直觀就可以證明出來，這就是自然科學穩步向前發展而沒有什麼阻礙的原因。而人這個先驗的知性原理，就不那麼好證明出來了。我們通常不會做太多的思考，只會認為是客體對象給予我概念，是狗的出現，我才有狗的概念。我從未看到或聽到過狗的有關情況，我是不會有狗的概念的。然而，康德的先驗論就給我們證明了先天性概念的存在，使我們明白人的大腦早就裝有一套純粹的知性概念。康德說，「現在就發生一個問題：驗前概念可否也能作為先行條件，任何東西只有在此條件下即可不是被直觀，仍能作為思維的一般對象，如果是如此的話，關於對象的一切經驗性知識就必須和這樣的概念相一致，因為惟有這樣預先假定有這些概念，任何東西才有可

能成為經驗的對象。……必須承認，這些驗前概念為經驗可能性的驗前條件（關於在經驗中所遇見的直觀的驗前條件與關於思維的驗前條件都同樣是這樣的）。產生經驗可能性的客觀根據的概念，正是由於這個緣故而成為必需的。」[89]

　　康德將經驗性知識作為附加條件將其排除出去，從而證明出這個純粹的知性概念。可是康德沒有將它歸為感性直觀的對象，而是將它歸為思維的一般對象。然而，他就直白出，只有預先假定有這些概念，我們人才能有所謂驗後的知識。即「任何東西才有可能成為經驗的對象」。康德看到了概念先行於經驗，而且肯定了心性早就備有這些純粹概念，但他沒有指出，心性裝有多少這些純粹概念？是否裝有自然世界的一切純粹概念？康德只是從單一事物的認識來證明出這個純粹的知性概念。我們通過中文拼音打字視窗的案例，就把康德這個先天概念證明出來了。很多人讀康德，都知道康德的先驗論，都知道康德的『純粹理性批判』說的是人的思維規律、法則。但鮮有人窺見到康德這個先天概念問題，即純粹知性概念這個問題。這就是我稱讚康德為電腦發明鼻祖的有力證據。康德是個形而下之下的哲學家，是個「反身而誠」（孟子語。前已有註釋）的哲學家。他把人類形體下那個看不見、摸不著的這個心性認識方式揭示出來了。南宋哲學家陸象山（陸九淵，1139_1193）說，「宇宙便是吾心，吾心即是宇宙。東海有聖人出焉，此心同也，此理同也。西海有聖人出焉，此心同也，此理同也。千百世之上至千百世之下，有聖人出焉，此心此理，亦莫不同也。」，「只須一任其自然，此心自能應物而不窮」[90]吾心是由宇宙生成的，宇

---

89　《康德〈純粹理性批判〉》韋卓民譯。華中師範大學出版，2002年7月第二版127~128頁。
90　陸九淵《雜著‧卷二十二》《陸象山全集‧陽明傳習錄》世界書局印行173頁。

宙是由吾心建造的。宇宙運轉的規律、法則的原理，吾心都俱有；自然所顯現的事物，吾心都俱備有純粹的概念。早在八百多年前陸象山就體悟到這個宇宙心，比康德早六百多年。但因中國那時沒有邏輯證明那套東西，人們只有用心悟覺，才能理解陸象山先生所說的真理，是康德用先驗邏輯的綜合法，才將這一心性的純粹概念證明出來。然而，後世很多哲學家，被理性經驗所蒙蔽，也可說沒有康德這個「反身而誠」的能力，還是沒有看到康德哲學這個先天的純粹概念（韋卓民先生譯為「驗前概念」）的問題。至今的辯證法家，走的還是笛卡兒「我思故我在」的老路，當然體悟不到這個先天性概念。這個先天性概念，就是陸象山「宇宙便是吾心，吾心即是宇宙」的槓桿支點。沒有這個先天概念作為根基，宇宙與吾心同一是不能成立的。只有證明出吾心在驗前就有了這些自然世界的純粹概念，這些純粹概念與經驗後得出的概念是相吻合的，才能說明「吾心即是宇宙」。用通俗的話說，宇宙所有的，吾心也已有，吾心所有的，也是宇宙所俱有的。再反轉來說，吾心沒有的，宇宙也沒有，宇宙沒有的，吾心也沒有。即使宇宙可能有的，因為吾心沒有這個原理，所以也無法印證出來。認識程式就擺在那裡，他侷限你的認識範圍。也就是說，認識方程式就是宇宙，宇宙即是吾心的認識方程式的展現。宇宙與吾心無二。

南宋哲學家陸象山是個了不起的人物，他悟覺出這個「宇宙便是吾心，吾心即是宇宙」的原理，是個石破天驚的發現，他為人認識自然世界打下科學的基礎，也為「天人合一」的中華哲學提出最有力的證據。沒有「宇宙便是吾心，吾心即是宇宙」的同一，認識自然世界就沒有合理性；所謂的「天人合一」就是天方夜譚，孔子那個「吾道一以貫之」的道就不能成立。我們也可以說，哲學家陸象山是先驗論的鼻祖，他的先驗論題，被六百年後的康德用先驗

邏輯證明出來了。康德說，「完全由於純粹知性才有原理，純粹知性不只是關於發生的東西種種規則能力，而且其本身就是原理的根源。按照這些原理，凡能向我們作為對象而出現的東西，都必須符合於規則。因為沒有規則，種種出現就絕不能產生與之相應的對象的知識。甚至作為知性在經驗上使用的原理來看的自然律，也帶有必然性的表現，於是就至少令人猜疑到這種自然律是由於一些根據所確定的，而這些根據在驗前先行於一切經驗。」[91]

康德這個說法，充分證明陸象山宇宙心的存在。

我們以康德的「純粹知性概念」來說明人心與自然世界是相通的，以此證明陸象山人類宇宙心的存在。康德這個認識的方式，充分證明驗前純粹概念的存在。就是說，只有我們人的頭腦先天就有世界上各種各樣事物純粹概念和運作機能的裝置（康德稱為「Form」和「Kategorien」演繹的東西），而且我們頭腦的那個認識形式和運作的機能是與宇宙世界運行的規律、法則相通的，我們才能在認識世界上的各種各樣事物具有普遍性和必然性。只有這樣，人類才能有一種普遍、必然的看法。這就是康德的「先驗論原理」所說的「形式」（Form）和認識範疇（Kategorien）所決定的。

從電腦中文拼音輸入法這套程式案例，我們再來看人的這個認識。他看到什麼，聽到什麼，觸摸到什麼，只要客體事物的量達到觸動心靈的反應，認識的程式就發生作用，我們就知道它是什麼事物，有一個經驗性的概念。經過康德對認識範疇的演繹，我們也知道人的心性有一套想像、連結、綜合、統一的功能，把出現雜多的現象整理得有條有理，形成一個系統的世界。這是狗，這是桌子、石頭，這是張三、李四，這是動物，這是植物……他的認識是有法

---

[91] 《康德〈純粹理性批判〉韋卓民譯。華中師範大學出版，2002年7月第二版，202頁。

則與規律的。這說明人的心性，是有一套先驗的綜合判斷功能的。這就是康德的「先驗的綜合判斷是怎樣成為可能的？」真知灼見。知性是一個統一體，在人生的世界中，人們對實在物必然有一個共同的看法，狗就是狗，桌子就是桌子，石頭就是石頭，不會有人否認的，這就是所謂的真實。但這個真實是如何得來的呢？必須大家的腦袋都裝有一個相同的基本認識方式。如果某人是特例，看到狗說是豬，看到羊說是馬，那這個人的腦袋必定有毛病了。也就是說他的基本認識方式出了問題。其二是我們對自然世界的認識，得出經驗性的概念，也証實與我們的認識一模一樣，契合自然世界。如我們說乾柴遇到火，它必定會燃燒。我們用這個認識進行實踐驗證，事情的發生，與我們思維得出的結論一樣。這個因果律，看似自然運轉的現象所決定的，但如果你心性中沒有那個規律、法則的機能，你怎麼知道和給它立法呢？如此我們可以說，人的那個知性，是按照自然宇宙的規律、法則所生成的；也可以說，人的那個認識方式，早就包涵自然宇宙運動的規律、法則。我們人的思維規律、法則，怎麼會這樣切合自然的規律、法則呢？這就是陸象山的「宇宙心」。康德說，「所以知性不只是通過出現的比較而訂出規則的一種力量，它本來就是自然的立法者。……我們說知性本身是自然規律的根源，因而也就是自然的形式統一性的根源，這種說法乍聽起來似乎十分誇大而悖理，可是這仍然是正確的，而且和它所涉及的對象即經驗是相一致的」[92]。

　　此話如何理解呢？這就是說，在我們還沒有認識自然世界之前，早就有一套自然世界的純粹概念。而且還有一套先驗邏輯能力，這套邏輯在認識的過程中，有規律、有法則，有組織地運行。

---

[92] 《康德〈純粹理性批判〉》韋卓民譯。華中師範大學出版，2002年7月第二版，151~152頁。

他給自然立法，他如果沒有法規、法則，他如何立法？通常理性主義者會說，是人根據自己對自然的觀察、思考，然後對它進行推理、判斷，才得出自然的規律與法則的。自然本就如此，它是客觀存在，何需你人來立法呢？康德這個「本來」，就道出了人本身天生就有一套認識自然的形式裝置（即認識方程式），就是說，我們的頭腦先天就存在自然事物的先天性概念。而且還有一套先驗邏輯。知性運作的法則、規律與自然的法則、規律是相符的。「人是自然的立法者」。我們從電腦的原理來看人的認識原理，就會明白，若果說人的腦袋在經驗之前，心性沒有一套認識的方程式，方程式裡沒有包涵純粹的知性概念，我們能認識這樣那樣的事物嗎？而且我們能保證我們的知識有其必然性和普遍性嗎？很明顯，在我們人還沒有經驗認識事物之前，腦袋就包涵自然世界的一切實物的概念（純粹概念）。而且我們的認識範疇演繹是與自然的現象相切合的。這套先驗的邏輯機能與自然世界運轉的規律、法則是相一致的，就是說，我們心性認識程式的先驗邏輯，是能夠理出自然運動的規律與法則的。因為我們經驗認識出來的知識，經過實踐的檢驗，與自然相契合。

我們可以這樣說，電腦方程式的裝置，是按照我們人的思維法則、規律來設定的，它給予我們的知識，符合我們的要求，因為電腦是我們人設計裝置的。而吾心那個認識方程式的裝置，是按照自然的法則、規律來設定的。因為我們經驗出來的那些知識，與自然世界的規律、法則是相吻合的。那我們人這個心的認識方程式裝置，是誰安裝的呢？所以有人認為我們人有如此的認識能力，是有一個神或有一個比我們智力更高的外星人，預先將這個心性方程式裝置上去的。也有人說，是自然運動進化演變而來的。不管怎麼說，「而這些根據在驗前先行於一切經驗」，這是不容置疑的。以

陸象山先生的說法，就是吾心早就裝置一套宇宙的原理，宇宙如何運作、變化與吾心的思維法則、規律是一樣的。也可以這樣說，作為自我，他有一套宇宙的法則、原理在那裡，他思維的法則、規律就在心性裡擺著；你的認識方程式就如此，聰明與愚蠢是天生的。你再怎麼努力，再怎麼突破，也不能衝出你這個宇宙心。這個心早有一個認識的範疇，他是有一套邏輯法則和機能規定著你思維的法則與限度的。一個人就是一個宇宙心，宇宙便是他的心。人，無法逃離天地之間。

# ■ 十、純粹知性能力的比較分析

　　我們說明了純粹知性概念的存在後，再來看看康德的認識範疇。在這裡，我們要特別指出，康德是將感性與知性分開而論的，他認為概念只能由知性判斷得出，感性不能得出概念。他說「所以知性所產生的知識，（或者說至少是人類知性所產生的知識），必須是通過概念而生的，因而不是直觀的，而是論證性的。……概念以思維的自發性為基礎，而感性直觀則以印象的感受性為基礎。但是，知性能利用這些概念的唯一方法就是用它們來進行判斷。」[93]

　　康德還認為，「範疇不過是思想的形式，只包含著驗前把直觀中所予的雜多統一在一個意識裡面的純然邏輯的能力；因而離開對我們來說的唯一可能的直觀，則各範疇甚至還不如純粹感性形式有意義。」[94]

　　康德以這個認識範疇來統領他的先驗知性論，即「先驗的綜合判斷是怎樣成為可能的？」。康德在這裡列出的是形式邏輯機能，實際上康德說的是先驗邏輯機能。我們要在康德所創的「先驗邏輯」來理解康德的思維規律和法則，否則我們就很容易滑入到一般的分析判斷中去，從而誤解康德的先驗的綜合判斷如何可能的認識論。黑格爾就是如此誤解康德哲學的，他說「康德特別要求在求知

---

[93]　《康德〈純粹理性批判〉》韋卓民譯。華中師範大學出版，2002年7月第二版104頁。
[94]　《康德〈純粹理性批判〉》韋卓民譯。華中師範大學出版，2002年7月第二版284頁。

以前先考驗知性的能力，這個要求無疑是不錯的，即思維的形式本身也必須當作知識的對象加以考察。但這裡立即會引起一種誤解，以為在得到知識以前已在認識，或是在沒有學會游泳以前勿先下水游泳。……康德對於思維範疇的考察，有一個重要的缺點，就是他沒有從這些思維範疇的本身去考察它們，而只是從這樣一種觀點去考察它們，即只是問：它們是主觀的或者是客觀的。」[95]。

　　可以說，黑格爾沒有弄明白康德的先驗邏輯論，就用兩分法的辯證邏輯對康德的認識範疇進行分析。他說「會引起一種誤解」（見95註釋一書頁數）其實是他的誤解。前面我們已說過，康德自認他的哲學是三分法的，而不是兩分法的，也就是說，康德說的是「先驗（驗前）的綜合判斷是怎樣成為可能的？」而黑格爾竟用分析判斷如何可能去理解康德的哲學。我稱黑格爾為邏輯萬能論者：先認定邏輯思維是不會有錯的，思維有其客觀性，那麼他根據邏輯推理、判斷、概念得來的東西就不會錯了。他因此就運用邏輯上下折騰進行辯證，事物從有無開始，利用矛盾論進行否定之否定後，達到最後的對立統一，如此就獲得了絕對的精神。所以大陸哲學界有人稱康德為「主觀唯心主義者」，稱黑格爾為「客觀唯心主義者」。唯心本身就是主觀的，何謂客觀唯心？就是黑格爾視思維也是客觀的。他在他的《小邏輯》一書就稱客觀思維的無限性，實質是他視其辯證邏輯有其普遍性和必然性。因此他辯證出來的知識內容就是絕對可靠而是正確的。黑格爾的辯證法，其實就是矛盾論的兩分法，有無關係的邏輯兩分法。

　　我們通過康德的先驗知性邏輯機能和認識範疇進行關照，可以看出，人這個心性，他有概念、想象、連結、綜合、統一的能力。

---

[95]　黑格爾：《小邏輯》賀麟譯，商務印書館出版1980年7月第二版118~119頁。

即有一套驗前的綜合判斷認識能力。他會把客體對象有機地連結、綜合、統一在「心性」中。這是張三，這是李四，這是狗，這是貓，這是動物，這是植物，等等，他的「心性」都分辨得很清楚。而且他通過想象力，又可將經驗後的事物進行連結、綜合，再產生許多新的知識。這一套認識能力，就是康德說的先驗邏輯機能。也是陸象山所說的「心具是理」的灼見。這套邏輯機能是先天地裝置在我們的心性裡面的。也就是說，每一個人，他的先驗綜合判斷能力是天生的，母胎所成就的。如此看來，康德所說的這個認識範疇，就不單單是說認識的規律和法則，還有說到認識的能力問題。我們拿電腦所編寫的程式來看，一個程式能給我們所需要的知識，它必定有一個認識的範疇，如何運作？有甚麼能力？它的知識擴展和力度有多大？它必定裝有一套先驗的綜合判斷邏輯機能，否則它就沒有規律和法則，我們人就無法使用了。也就是說，我們無法得到所需要的知識了。可以說，康德這個先驗知性論，完全具備一個電腦程式所需的基本功能。也可以這樣說，電腦所有的程式，必須具備康德的這個先驗論原理。只有具備「驗前的綜合判斷是怎樣成為可能的？」的理論基礎，電腦的每一個程式才得以成立。康德對認識範疇的演繹，不僅僅是說出了認識的方式，法則與規律，而且把心性認識的組織架構及先驗邏輯的運作內容都說出來了。

不過，康德視一切認識都是現象，不是物自體，在哲學的澈底性來說或許是明智之舉，但在哲學的樸素性，明晰性的初步階段來說，就很難令人信服了。我明明看到一條狗，這是真實無疑的，你總不能說這是一個現象，而不是什麼狗等之類的東西吧？康德之所以有此錯誤，我認為是康德不承認有感性認識。我看到一張桌子，這桌子就直接被我認知，這過程是感性直觀的判斷，是不需要什麼論證性的。這種感性直觀認識事物的例證很多，在我們的日常

生活來說，是不需要論證判斷的。康德把感性與知性的功能絕緣分開，他把感性直觀只能得到印象，與概念無直接的關係，只有通過知性，纔能與概念發生關係。類似這樣的錯誤，在康德的《判斷力批判》一書論述其審美觀也同樣出現。他稱自然美是沒有概念的，沒有利害關係的，它是沒有目的性而符合目的性的一種心性愉悅。如我們看到一朵花美，是一下感受到它美，說不出什麼理由和關係，它是直接引起心靈愉悅的。這個美不就是感性直覺嗎？康德還設有介事地說有什麼四個契機，進行一番審美判斷。我覺得很奇怪，這朵花我一看就覺得它美，沒有什麼讓我想一想的思維啟動？我看這個美就不需要什麼論證，這就是所謂的「自然美」。所以在這裡康德把感性與知性的能力分開來論述是錯誤的。康德將德文aesthetisch原本意是「感性的」，作為他美學的「審美的」用辭，在他的《判斷力批判》的審美判斷經常用到此詞，這就說明所謂的「審美」，它是感性的，即是一個感性直覺。我知道對象的美，是一個感性直覺，而不需經過甚麼判斷，進行一番論證式的審美。看來，我們要解決康德這個哲學難題，現象與實體、實物與物自體如何劃分？需要對康德先驗哲學的一點修正。這個修正就是從康德的認識方式（Form），過度到認識的方程式（Formel）。我們從一個方程式去看認識的路徑：認識範疇的先驗邏輯機能就非常清楚了。

我們現在先來說說經驗性的概念如何形成的。

我們說了單數的概念有其純粹的驗前裝置，我們再來看複數的概念。複數概念是用推理、判斷得出來的概念。它不是直接性的認知，他是經過思維的思想，經過邏輯思維推理、判斷後，才得出的概念，這是一個經驗後的概念。我認為，這個驗後的復合性概念也有其部分的先驗性。我們拿中國古老的《易經》來說明康德這個純粹知性哲學原理，就很容易理解了。

《易。繫辭傳上》說：「是故《易》有太極，是生兩儀。兩儀生四象。四象生八卦。」[96]由「八卦」再生出「六十四卦」。原來這個「太極」心機，它是由一個先驗邏輯的組織性原則發展出來的：一生二，二生四，四生八──由此一直生出千千萬萬數來。據說比爾蓋茨創造出今天普遍使用的電腦視窗，就是從中國古老《易經》的這個「八卦」原理得到啟發的。我們不管這是否是事實，但電腦的原理確實是與《易經》所說的原理相通。我們再舉中文拼音輸入法視窗打字的例子：當我們使用過「A、B、C……」等字母的中文字後，我們將兩個或多個字母連結起來，它就會出現多個詞組的概念來。如我們輸入「wm」就會出現「我們、文明、外面、完美、網民……」等一系列詞組。它為什麼會出現這些詞組呢？這就是我們通常所說的「聯想」功能。電腦根據聯想的組織性原則，它會推理出許多詞組來。我們根據電腦這個功能，再聯繫到人這個認識程式，你就明白那些推理、判斷出來的概念是怎麼一回事了。原來都是心機想像、連結、綜合、統一的組織性原則在起作用。他會根據「W」的詞和「M」的詞，通過邏輯聯想（驗前稱為想像與連結）就產生出許多新的詞組來。這些詞組是不同的概念，看上去好像雜亂無章，沒有什麼關聯；但我們根據這些詞組，再作進一步的分析，它是有邏輯規律性的。如上面提到的電腦輸入「WM」字母打字，它雖然出現「我們、文明、外面、完美……」等詞組，但決不會出現「你們、他們」或「豬狗、主觀……」等詞組。這就說明，當初那個創造這套拼音輸入法的設計者，早就有一套「認識的範疇」，這套「認識範疇」必須符合我們的思維邏輯，「WM」出現那些詞組，不出現那些詞組，必然有一套規則，不是亂來的。

---

[96] 《周易正宗》華夏出版社出版，馬恆君譯著，2005年1月第一版635頁。

以拼音輸入法來看，「WM」出現的詞組，必然與「W」的詞和「M」的詞有關聯，兩者的詞經過聯想組合成新的詞組。所以說，它出現新的詞彙是有規律和法則的。以此來看，「WM」所出現新的詞組，「我們、文明、外面、完美、網民……」等，是根據出現而再生的概念。這套詞組概念的擴張原則和規律，在驗前就包含在「拼音輸入法」的方程式裡面。你輸入東西（對象）後能出現什麼不能出現什麼？這是程式功能所決定的。也就是說，是它的認識範疇邏輯機能所決定的。通常我們人有想象力，可以隨意地將這個像與那個像誇張變態，組成所謂新的復合性概念，再加上人的認識功能，不像《易經》的二進位，可以十進位甚至十二進位（智商高的人），越過經驗（超驗）幾十倍去獲得認識，以為人可以天馬行空地製造出許多新概念，實則人的認識是有一定方式的，不是亂七八糟的。他也是有規律和法則的。這個規律與法則，就是康德說的認識範疇。超出這個認識範疇，就進入理性的幻象邏輯階段了。

我們從電腦中文打字拼音輸入法視窗可以看出，這套程式，26個英文字母包涵所有中文字的純粹概念。它是以中文字讀音打頭的字母來排列的。有一個基本單詞群。如，「w」，它有「我、為、問、位、聞、無、文……」等基本單詞；「n」它有「那、能、你、呢、年、女……」等基本單詞。而「wn」又可組成一些新的詞組。如「往年、晚安、無奈、溫暖、晚年……」等等，但這些詞組是在經驗後才有可能出現的。即必須運用過「往」字和「年」字後，然後將「WN」結合，纔能組合成新的詞「往年」。如沒有經驗過，可能也不會出現這個詞組。如此類推下去，這些字母放在一起，可以組成很多詞，三、四個字母，也可以組成詞語或成語。聰明的拼音輸入法，也可產生聯想，五六個字母連在一起，也可以打出一個句子。如此下去，它可以產生出千千萬萬個詞語和

句子。但是，我們來看那些組詞和句子。孤立來看，「往年」與「溫暖」，是沒有甚麼邏輯關係的，但我們把「w」與「n」聯繫來看，原來它們都有一個詞基，第一個字是「w」所產生的，第二個字是「n」所產生的。「往年」與「溫暖」，它們的出現，有一個必然的邏輯關係，不是沒有法則的。如上的詞組，我們再來一個反證認識，由於人有想像力、情感、愛好、意志、意識的意向性等等在作用，與電腦有很多不同。他可以隨意地產生知識，如我可以將一張秋天落下的紅葉當作愛情的相思物。這好像是沒有甚麼邏輯法則和規律的，看來好像意識可以隨意地產生。但從康德的先驗論來看，他是受限制的。首先是出現的限制，沒有出現，也就沒有知識；只有對象的出現與純粹的知性能力發生作用，纔能得出知識。其次是出現受制於先驗邏輯的作用。他對現象的認識，是由他的驗前純粹知性形式所決定的。能產生甚麼樣知識、產生多少、有什麼限度？這都包含在先驗的邏輯能力之中。最明顯的就是聰明與愚蠢的區分，為甚麼他對謀一現象就可以推理、判斷出其他概念，而一些人就只能推出一個概念或推不出另一個概念？正如我們上面所舉中文電腦打字的例子，有的輸入法程式不夠聰明，只出現幾個詞，而有的輸入法很聰明，同樣輸入那幾個字母，它既可以出現很多詞。這就是驗前他所編的程式所決定的。而出現與先驗邏輯發生作用也是有限制的，如我打M字母，經常用「我、為、問」等字，沒有用過「往「字；而N字母也只用過「那、你、能」等字，沒有用過「年」字，我將WN結合一起打字，它也不會出現「往年」這個詞組。為什麼？因為「往」和「年」兩字在兩個字母W和N都沒有出現過，即沒有使用過，就是沒有經驗過，它就沒有聯想的根據。原來，這個邏輯的組織功能，不僅有聰明和愚蠢之分，還與經驗後的知識出現有關。沒有經驗，就沒有新詞組。就是說，打「wn」

出現什麼詞組，一則有驗前邏輯根據。二則受到經驗的限制。人的認識，首先是通過感性直觀的現象與純粹的知性概念發生作用，得出知識。然後根據知識對象的再現，再與邏輯機能發生作用，發生聯想，再生出新的知識。這個知性能力有一套邏輯機能，即康德說的認識範疇的概念、想像、連結、綜合。統一能力。也就是說，我們的意識，看似雜亂無章，可以天馬行空，實則他是有一個範疇的。正如我們舉出的中文打字視窗那樣，打wn，有出現「往年、溫暖、未能……」等，但不可能出現「你他、天年、可能……」等。這是中文打字視窗那套形式驗前就決定了的。也就是說，這個詞與那個詞可以連結，這個詞與那個詞不可以連結，它有規律和法則，有一個認識的範疇。可以說，當初他設計的那套程式就決定了。能認識什麼？不能認識什麼？能認識多少？達到什麼程度和範圍？它是有一個認識範疇的。我們人的認識也是這樣，他逃不出這個先驗邏輯範疇。我們人有一個想象力，看似想得很遠很遠，沒有盡頭，實則他是有一個限制的。康德曾舉出柏拉圖的理想國，以為他可以自由地在空中翱翔，殊不知，沒有空氣的阻力，他就從空中掉落下來。[97]

就是說，柏拉圖想拋棄所有的經驗，建立一個純粹的理想國是不可能的，沒有經驗知識做建築的根基，它就轟然倒塌。而他認為可以建立起來的理想國，也只不過是空中樓閣而已。我們從電腦中拼音打字的案例可以看出，經驗後的複數詞組，能產生多少？如何產生？也是受程式的限制的。我們明瞭康德這個先驗論後，就知道意識來源的根在那裡了。原來人的腦袋，早就有一套認識的方程式在那裡，這套方程式與出現互相作用，就產生知識。我們知道，

---

[97] 《康德〈純粹理性批判〉》韋卓民譯。華中師範大學出版，2002年7月第二版41頁。

這套人的認識方程式，首先是要有感性直觀為條件，而感性直觀則是以空間、時間為方式的，這個空間、時間是無限的，加上物質的無限可分性（物自體的不可知），這樣，直觀的對象只是某一空間某一時間的出現，知性對這一對象的認識，也是僅就現象而言，先驗邏輯只是根據出現量的多少進行判斷。而認識的鏈條根本無法中斷，他可以無限地認識下去。這樣說來，我們的認識就沒有絕對了。也可以這樣說，我們的認識是無止境的。我們不斷產生各種具體的知性概念，這個「三生萬物」是無窮無盡的。而認識的事物，不可能是全而圓滿的，我們可以說掌握現象的本質，但不可能掌握事物的本質。所謂的行業無止境，就是每一事物，你都可以永遠追求認識下去。這就是我們古人說的，一條棍棒，折成兩半，再折成兩半……永遠可以折下去。我們人類心性那個認識方程式，決定著我們的認識不可能有絕對。若果有人說，他已經全面認識了宇宙世界，那證明這個人非常狂妄；由此我們也可看出，他所說全面認識了宇宙世界，只是理性的一個觀念而已，這個觀念也就是黑格爾「否定之否定的對立統一」，並非真的就把宇宙世界全都認識了，是幻相邏輯推論出來的。康德說的「物自體」不可知是正確的，這是認識方程式與出現內容所決定了的。但因為知性是一個統一體，他有一個宇宙心，有一個完美性，就必然要走上澈底性，產生幻象邏輯，綜合、統一。認識方程式必然要對現象做出最後的解答。懷疑或獨斷？這是認識方程式所決定的。

　　但是，我們用萊布尼茨的單子論與認識方程式來看，認識方程式是有一個基礎性的純粹概念（代碼）組成的。也就是說由單子組成一個方程式的架構。這些單子（純粹概念）在我們心性裏是真實可靠的。這個心性的單子，就可為我們的認識劃定一條界線：真理與現象。康德所謂認識的都是「現象」、「物自體不可知」就可解

決了。因為單子（編碼）是搭起整個認識範疇的架構。感性直觀就可直接與出現對象認識。所以感性直觀是可以直接與純粹概念打交道的。這也就是感性認識。

# ■ 十一、人類心性認識方程式的證明

　　康德的先驗認識論告訴我們，我們人要認識什麼，人心性裡面肯定有一套認識的方式（思維方式），不然我們就無法認識事物。如果經驗對象通過我們的腦袋，我們的心性不會思維，沒有判斷與概念的能力，我們就不能認識什麼東西。但這些判斷與概念，在驗前的心性是如何存有的？這就是說，我們腦袋一定要有一個認識方程式的運作，才能得出知識來。根據當今人們設計的電腦程式，我們就可追問認識方程式包含甚麼東西，能使我們輸入的東西，轉變為我們所需要的知識？我們對康德的先驗論有所了解後，知道了認識的方式，認識的能力，又通過康德認識範疇演繹的認知，現在我們可以將認識的方式（Form），提升為認識的方程式（Formel）來認知了。

　　在現代的體育運動，有一項方程式賽車賽：Formel1。它都有一個法則規定：車的型號，轉幾個彎，跑幾個圈，多長的路程？……等等？都是要有一個明確的規定。我們以此來看人類心性這個認識方程式，就會考察出許多前人看不到的東西，那個心性裝滿許多認識的理，而這個理可以釋出許多內容來。以前人們分別形式與內容。以為形式只是一個構架，一個方式，是說不出什麼內容來的。其實以康德的論述來看，這個形式，可以說出很多內容來。這些內容，就是驗前的知識，即先驗的知識。也就是陸象山先生所

說的「心皆具是理」。這個「理」，頭頭是道，娓娓道來。是可以說出個所以然來的。

1、首先我們想到的這個認識方程式，一定包含我們想要的那類知識的純粹概念。如中文打字的拼音輸入法，我們打那個英文字母，它就出現那些中文字。如我們打W，它就出現「我、為、文、往、萬……」等字。我們就想到，這個W，在這套程式裡，早就包含「我、為、文、往、萬……」等字的純粹概念（程式裡的代碼），沒有純粹的概念，W不可能顯示這些中文字，這是可以肯定的。由此我們再擴大聯想，打那個英文字母，它就必定出現某些中文字。那麼我們就可以推論說，二十六個英文字母，包含所有中文辭典中文字的純粹概念。而且它是以二十六個字母讀音來分類的。這樣我們就明白了，一個方程式的設立，必定要有一個方式（form），這個方式必定包涵這類知識的純粹概念（代碼），以純粹概念做基礎框架搭建起來，這就是原始編碼。根據我們對自然世界種種具體物的認識來看，我們能將不同的物給予概念，分辨得很清楚，有「不能不如此」的認識。就說明這個原始編碼包涵自然世界所有物的純粹概念。這套方程式是以自然世界具體事物作為基礎編碼的。康德說，「先驗哲學，在追求其概念的過程中，具有按照一個單一原理來進行的便利與責任。因為這些概念是純粹而毫無雜質的，是從知性發生出來的，而知性乃是一個絕對統一體；因而這些概念就必須依據單獨一個概念或理念而相互聯繫著。這樣一種聯繫就給我們提供一條規則，我們用這條規則就能夠把知性的每一個純粹概念安置在其適當的位置，且能在一種驗前的方

式上確定這些概念的系統完備性。不然的話，我們在這些事情上就要依靠我們自己的任意決斷，或者只是碰機會了。」[98]既然我們靠單一的認識，可以追溯出心性純粹概念的存在，而知性又是一個絕對的統一體，那麼，我們通過比較而進行綜合統一，就可以證明出心性包涵自然世界事物的純粹概念。正如陸象山先生所說的「吾心即是宇宙，宇宙便是吾心，人心至靈，此理至明；人皆具有心，心皆具是理；人同此心，心同此理。」[99]。就確切無疑了。我們認識事物，每一個具體的經驗性概念，都有心性驗前的純粹概念出來迎接這個經驗性概念，迫使其「不能不如此」，具有必然性、普遍性。這個純粹概念，就是認識方程式的基礎性編碼。

　　證明心性有自然世界物的純粹概念，還有一個根據就是：我們的直觀是在時間、空間的條件下進行的，內感官的變化是依據什麼來做決定的呢？當然心性一定要有一個永恆不變的東西來做原因，沒有一個緣由，變化就無從談起。這個根源，就是心性的純粹概念，認識程式的編碼，或說萊布尼茨的「單子」。沒有這個純粹概念，要說經驗後的概念如何可能，「不能不如此」是不可能的。就如康德所說的，我們不可能看到的硃砂，一會兒是紅的，一會兒又是白的，一會兒又是黑的。一個年輕人不可能一會兒又是老年人，一會兒又是中年人。變化是要有一個座標、根基的。胡塞爾的「回到事物本身」，這個本身就是認識方程式裡的基礎編碼－純粹概念。德國哲學家萊布尼茨（戈特弗里德威廉萊布尼茨Gottfried Wilhelm Leibniz，1646-1716）的「單子」（Monad）稱更適合。

---

[98]　《純粹理性批判》韋卓民譯。華中師範大學出版社，104頁。
[99]　陸象山：《雜著》卷二十二。

「單子」就是人類認識方程式的基礎編碼。萊布尼茨很了不起，早在三百多年前，他就看到人類的認識方程式一個最深層的、基礎性的東西：「單子」，即純粹概念。一切經驗性的認識，都是由這些單子－純粹概念發展出來的。

認識方程式有自然世界物的純粹概念，還有一個認識真理的問題。什麼是真？我們如何判斷出這個概念是真？心性一定要有堅實的基礎做保證。如果我們用辯證法，白馬就非馬了，趙高的「指鹿為馬」就是事實了。然而，白馬就是白馬，鹿就是鹿，這是確切無疑的。這一認定，就是心性底下一定要有一個純粹概念做保證。這就是認識方程式裡的純粹概念，為人類的真理、道德打下堅實的基礎。真理、偽辨、誠實、謊言……等，都在這個純粹概念下探明。心性沒有純粹概念做基礎，要說有什麼真理那是不可能的。

2、純粹概念在方程式裡是分類排列的，就像詞典的排列分類一樣。從經驗後的認識我們可以看出，自然界有金、木、水、土、火組成，有「有機物、無機物、有動物、植物、微生物……」，等等組成。我們通過經驗性的認識分類，進行哲學比較，可以證明出認識程式的純粹概念是分類排列的。即種類排列。從康德指出的「連結、想像、綜合、統一」的先驗邏輯機能來看，也可證明出這個分類編碼工程。如果沒有種類分列，認識就不需要連結、想像、綜合、統一的功能，人的認識，可能就像其他動物一樣，什麼東西就是什麼東西，不會產生新的複合性概念。也就是說，人也就不會有理性思維了。我之所以舉出電腦中文拼音輸入法打字程式例子，就是看到這個程式比較靠近我們心性的認識程式，有一分類排列。康德已證明出自然世界種類的有機統一體。他的目的論就是一個很好的解釋。

3、有了這些純粹概念作為編碼還不夠，還要設計出一個認識
範疇，使這些概念能夠有規律、有法則地運作起來。這就
是康德指出的範疇表。我們無論認識什麼，都離不開這個
範疇。也就是說，認識不是天馬行空的，他是有規律有法
則的。認識不能走出「量、質、關係、模態」四個範疇。
這就說明，這些規律與法則，一定有一套先驗邏輯在運
作。沒有純粹邏輯思維，不可能有規律與法則。這樣，我
們就可以證明出，認識方程式裡有一套先驗邏輯。我們人
類認識事物，通常都不會有太多的反思，只認為人有思維
這一層次，到底這個思維是如何運作的則不深入細思。如
1+2=3這麼簡單的算術，我們有沒有想過，這個思路是如
何形成的呢？產生一個1，再生一個2，再用一個+連結在
一起，然後產生一個=，最後綜合統一得出3。這一系列的
思維活動，是有一套邏輯在運作的。這在我們的心性早就
裝有這套邏輯法則。這套邏輯，在我們沒有去認識事物之
前（沒有發生經驗之前），我們本身就俱有的，這就是先
驗邏輯。我們可以這樣說，1和2在自然界是可以直觀得到
的，但加+號與等=號是屬於心性邏輯的。康德說的「概
念、連結、想像、綜合、統一」等能力，都包涵在先驗邏
輯裡面。沒有先驗邏輯，先驗的綜合判斷就不可能。人腦
沒有先驗的綜合判斷這種邏輯裝置，要說如何認識事物，
那是不可能的。就如Google搜索系統，這套程式如果沒有
預先裝有一套「先驗的綜合判斷」邏輯機能，要說它能搜
索出謀一訊息是不可能的。先驗邏輯，就是認識方程式邏
輯。沒有運作之前，它是純粹的，所以康德稱它為「先驗
邏輯」。後來的哲學家愛德蒙・胡塞爾，在其《邏輯研

究》一書有稱為「純粹邏輯」。什麼是純粹邏輯？即心性本有的邏輯。

從我們人類認識的一系列思維活動來看，首先有了對象的概念，然後進行連結（可產生驗後的聯想）綜合、統一，再產生新的經驗性概念。一般性思維，我們用直觀就可以實證出來，但人往往有一種超驗的思維（聰明的智慧），我們是很難估量到的。這種先驗邏輯是如何產生的呢？我們知道，電腦裡的程式，基本上是運用數學的原理，進行編程使其成為可能的。那麼，我們就推想，人腦這套先驗邏輯，是否也是數學的呢？可否研究出其規律與法則？從經驗性知識去看，這種邏輯是有數學進位的。我們從《易經係辭傳》說「二儀生四象，四象生八卦」來看，這個數學法則是二進位的。據說現代的電腦程式設計，是十進位的，有說是十二進位的。我們從這個電腦數學程式設計的原理，能否進一步找到先驗邏輯的法則與規律呢？我們來看康德的認識範疇：

「一、關於量：單一性、多數性、總體性。

二、關於質：實在性、否定性、限制性。

三、關於關係：依附性與存在性（實體與偶性）、因果性與依存性（原因與結果）、交互性（主動與被動之間的相互作用）。

四、關於模態：可能性__不可能性、存在性_非存在性、必然性_不必然性。」[100]

第一條的量，是數學的，單一、多數、總體，用數可以算出。而第二條的質，實在性與否定性以二分法或矛盾論來說，也可找到數學的痕跡，用數的相對性就可以得出（正數負數）。限定性可能是力學的，也可能是數學的，數字可以限定，力的大小也可以限

---

[100] 《康德〈純粹理性批判〉》韋卓民譯。華中師範大學出版，2002年7月第二版114頁。

定。在第三條中，所含的邏輯性很強，其本源主要是來自人的想像力。這種想像力具有一定的聯想成分。它是如何將自然看似毫無相關的，事物出現不會自己表明的因果關係表現出來？這個先驗的機能，是如何成立的？「易的兩儀生四象，四象生八卦」就是數學的。依附性與存在性，以及交互性就有些不好說了，物理力學有一定的關係。第四的模態，用矛盾論可以解決，非此即彼。用數學可以相對出來。電腦程式設計的成功，可以證明出數理邏輯在驗前就有效的。這就充分驗證康德提出的「先驗的綜合判斷是怎樣成為可能的？」的天才發現。當然，哲學的任務是追蹤探源，這些概念與概念的關係是如何有組織性地進行發展的？它並不是單單的數學直觀的有效性，這個概念與概念的關係是怎樣形成的？如我們人把秋天一片的落紅楓葉，當作愛情的相思物，自然界的物，並沒有這個相思概念的存在，是我們人把感情注入從而想像產生的新概念。就是說，它沒有數學公理的必然性，沒有1+2=3的必然性。這個概念與那個概念是如何結合產生的？康德並沒有就他的先驗邏輯深入探討下去，只是指出它與數學與力學有關，數學是直觀之應用，而哲學是關於概念與概念的關係，這種概念與概念的關係要複雜得多，有時它涉及到人的情感、意志等東西。並非像數學那麼直觀有效性。人們用0~9這十個數，加上一些符號，就可以計算出來。但康德指出，數學原理是綜合的，不是分析的。只有綜合，它才能先天的有效性，如果是分析的，我們就很難證明出數學的先天合理性了。也就是說，自然為什麼是如此，而不是如彼的實在性。康德這個「先驗的綜合判斷是怎樣成為可能？」的哲學問題，對當今的電腦軟件技術，很有啟發性和原理性意義。我們當今學院派的論文，發展到一種固定的形式：關鍵詞、引言、論述、資料的引用、最後得出結論，等等。採用的方法，多是分析論。這種學問，造成

的結果就是各行各業分得越來越細，僵化固定不變，很容易流於千篇一律而缺乏創造性。自康德後，19世紀出現一種現象學，這個現象學以分析為主，對事物進行抽絲剝離，追根究底，很有成效。從布倫塔諾（Franz Brentano 1838~1917）的「意識的意向性」分析，到胡塞爾的「懸而未決」、「回到事物本身」的分析，再到海德格爾的「存在」層層剝離，分析論已達至一種非常嚴密細緻的地步。這種科學的分析，對自然科學來說，或許是幸運的；但對人文學術來說，我認為則是一種災難。人們已失去一種綜合判斷的能力，被事件牽著鼻子走。某一事件出來，就對準此事進行分析，再分析，把事情的發生引向一條線上，看不到整體的事實，以為事情的發生就是一個原因與一個結果，是線性的發展。他們看不到更大的條件綜合，目光短淺，成為物質的機械人。我們可以想想，以前老子提出的「道」，孔子提出的「仁」，基本上都沒有甚麼分析，也沒有甚麼嚴密的邏輯證明，我們可以否定說它不是真理了嗎？我們的心性，實實在在感應到，老子與孔子話，說到我們的心裡去了。我們認同了他們，怎能說不經過邏輯證明，就不是真理了呢？這就是人們忘記了，人不僅有一個分析判斷，還有一個綜合判斷。康德不僅強調綜合判斷對他的哲學重要性，而且還發現一個「先驗的綜合判斷」，這個先驗的綜合判斷如何可能，就是電腦方程式成功的理論基礎。一個方程式之所以可能，沒有一個綜合統一的功能，是不可能成功的。你要使某一門類知識在電腦呈現給我們，當然要有一個範疇把這個框架建立起來，給出一個形式，形成一個系統，才能進行有機的運作。這個範疇的架構，就需要有一個先驗的綜合判斷的邏輯功能來做運作。否則它就不可能有組織，有規律和有法則地進行。也可以說，沒有驗前的綜合判斷能力，某個知識不可能在千千萬萬條信息分析出來。所以說「先驗的綜合判斷」是電腦程式設計

必要的條件。沒有這個先驗的綜合判斷邏輯機能，就無從談論電腦程式的成功，它是如何給予我們知識的？

認識是關於概念與概念的關係，讓我進一步確信，驗前的純粹知性概念是存在的。它不是籠統模糊地存在。而是具體地存在。這就是陸象山「吾心即是宇宙，宇宙便是吾心」的證明。自然世界有什麼，吾心也有什麼。世界自然物的概念，與心認識方程式的純粹概念（代碼）是相吻合的。只有心有這些具體的純粹概念，驗後的概念才能與自然世界相一致。不然，不可能發展出人類普遍、必然的真理意義。只有內心存有這些純粹的概念，認識才能談得上概念與概念的關係。我們從康德的認識範疇也可看出，這個有組織，有規則，有法則運作的範疇，心性肯定要有分類好的具體純粹概念做基礎。我們看到什麼就知道是什麼，經驗過什麼就產生什麼概念。這種必然，不能不如此的經驗性概念，心，沒有這些純粹概念做基礎，不可能產生如此肯定、普遍、必然的真理概念。只有心先有這些純粹的知性概念，我們才能產生與自然相一致的經驗性概念。我們才能說，我知道什麼，什麼是真，什麼是假。

可以說，康德已把驗前的純粹概念探討出來了，只是他沒有指出這些純粹概念在我們的心性裡是如何存在的？有多少，然後遇到經驗後是如何發展出超驗的？我們根據康德說的Form（方式），以及他的Kategorien（認識範疇）演繹，我們就可以反轉證明出，我們的心性，有一套認識的方程式。不然，我們就不會看到什麼，它就必然是什麼，具有不可否定性、「不能不如此」的認可。如我看到一條狗，我就認定它是一條狗。為什麼我不能認定它是一頭豬或其他動物呢？為什麼趙高指鹿為馬，人人都知道是鹿不是馬呢？康德就說了，有一個方式在那裡，心性有一個認識的方式，就像我們做餅，有一個模型，那個餅是狗、羊模樣，是由那個模型決定

的。心性有自然世界各種物的形式，我們看到出現的對象，它與心性的那個形式相應，就認識了那個物是什麼，就得出康德說的「不能不如此」的認識。這個真理是不能否定的。

康德探索出「純粹的知性概念」，與其說是方式（Form）決定的，還不如說是純粹概念所決定的。我是傾向於萊布尼茨的「單子論」的。方式包涵純粹的知性概念。

我們根據康德的認識範疇演繹，認識都是在範疇下完成的，認識謀一物、謀一東西，都離不開認識範疇的規律與法則。通過範疇的演繹運用，我們清楚地看到，心性有一套先驗邏輯在運作，認識超驗地向前發展，直到理性的最高階段。這就說明，人的心性，是有一套認識方程式的裝置的。這套方程式有什麼東西？具備什麼條件，我們才能認識事物？康德指出心性有「概念、連結、想像、綜合、統一」等等能力，已為「我們的認識是如何可能的」打下堅實的基礎。但這些東西都在方式上探討，說不出內容的東西。即無法探討到基楚的東西。根據我們人類的經驗認識，所認識出來的東西來看我們的心性，他有一套認識的方程式是無可置疑的。我們從認識的方程式來探討，再深入去反思：方程式裏除有康德指出的「概念、連結、想像力、綜合、統一」的能力外，還有什麼東西？使我們的認識如何可能？而且為什麼會有超驗的能力？從概念、連結、想像力、綜合、統一等功能來看，我們也看出心性這個認識方程式的能動性。如此我們可以看出，康德的Form，不只是一個框架，一個方式而已，他的這個方式是活動的，是能動的。就是說，他是可思維的。而且是有組織，有規律，有法則的，在一個範疇內進行活動的。可以說，從康德的Form，上升到Formel（方程式）去研究這個心性，是有充分的證據的，不是憑空捏造的。雖然這個方程式我們看不見，摸不著，但一旦我們將經驗性的知識與之比較，其純

粹性就顯示出來。我們就得到方程式裡純粹的東西，把方程式證明
出來。

# ▍十二、認識方程式的構造

　　我們從康德認識的方式及其對認識範疇的演繹，清楚地看到認識有一套規律與法則。認識不是無序的，也不是天馬行空的。他是有一套完整的系統在運作的。由此我們就證明出人的心性有一認識的方程式。現在來對這個認識方程式做一個設計：

　　1、方程式的基礎編碼，心性包涵自然世界的純粹概念（萊布尼茨的單子）。以自然世界的具體物編出純粹的概念（數碼），而且是分類排列的（根據人對自然界的分類劃分）。這就是方程式的形式，一個方程式的基礎架構。沒有一個基礎的架構，「我思」不可能搭建運作起來。即使運作起來，也不是有規律、有法則的，也不會產生「不能不如此」的認識。這個基礎性的純粹概念，是經驗認識時空條件的保證。就是說，我們認識事物在時空中的變化，是需要一個永恆的東西來做基礎的，否則就談不上有什麼變化？它原本是如何的，隨著時間、空間的條件運作，認識在變化。這個心性一定要有一個永恆性的東西做根基，這個永恆的東西就是萊布尼茨的單子，認識方程式的基礎編碼，也就是康德說的純粹概念。而且這個純粹概念的數量非常龐大，它包涵整個宇宙世界的自然物體。這就是解剖學家說人腦有千千萬萬億個細胞。人能用到認識的，

不到10%的說詞。也因為它的龐大，它在「概念、連結、想像、綜合、統一」的先驗邏輯運作下，在驗後的知識看來，就不時出現超驗的東西。因為「宇宙便是吾心，吾心即是宇宙」，這個心所包涵的純粹概念（單子或說編碼）實在是太龐大了。有時你不知道它超驗到什麼程度。有時人的先驗邏輯連結搭錯線，他也可以連結到沒有經驗過的純粹概念，進行綜合、統一，得出一個新的復合性概念。人們把這個概念顯現出來就會覺得很奇怪，好像經驗找不出這個概念。

2、方程式有一個認識範疇，認識範疇有一套純粹邏輯（康德稱為先驗邏輯），以二進位或十進位（聰明與愚蠢之分）進行經驗性認識。這套先驗邏輯，是有組織，有規律與法則的地運作的。

3、方程式的先驗邏輯，有概念、想像力、連結、綜合、統一的能力。即「先驗的綜合判斷是怎樣成為可能的？」的能力。康德的認識範疇演繹已充分證明。這套純粹邏輯，康德稱為「先驗邏輯」，是存在於心性裏面的。現代的許多學者，都知道形式邏輯，辯證邏輯，但很少人認識到，我們的心性有一套純粹的先驗邏輯。先驗邏輯，就是認識方程式裡的純粹邏輯。這套邏輯，在康德的「認識範疇演繹」已充分展現出來。

4、方程式可以打破基礎性的純粹概念（編碼），向下：分解原有的純粹概念，推進認識；也可向上對未來認識。這就是方程式的超驗性。即：方程式在編碼的基礎上可以進行分解單子（純粹概念），如將一物的分子分解出原子、中子、質子、基因……等，可以往下探索無窮。也可往未來

探究：太陽系、銀河系、宇宙如何生成？上帝存在、意志自由、靈魂不死……等，無窮無盡。這一方程式功能是有超驗能力的。這也是人類認識機能最為神秘的地方。他可以否定性。也就可生出幻象的邏輯機能，他是可以超驗認識的。認識方程式就個體而說，有聰明與愚蠢之分。就電腦程式來說，有原版與2.0加強版之分。一般版只看到《易經》的「兩儀生四象，四象生八卦」的演進，有天才版可以看破天窗，遙不可及。那是超驗的，不可理論的，是十進位或十二進位版。由於先驗邏輯可以打破原純粹概念進行認識，又有否定性的功能，認識的超驗性就出現。所謂我們認識的都是「現象」，不是「物自體」就出現了。

5、認識方程式是一個圓。他從感性開始，上升到知性，由知性發展出理性。達到最高的目的，得出理想、理念。然後由理性返回知性、感性。這是因為認識對象是以時間、空間為條件的，而時空是無限的，那個客觀對象的物自體不可知。認識就無法再進行下去，他上到理性的理念、理想後，就返回知性、感性做實踐。所以認識方程式是一個圓。正如尼采所說的人的精神三種變形：「駱駝如何變成獅子，最後獅子如何變成小孩……小孩是天真與遺忘，一個新的開始，一個遊戲，一個自轉的輪，一個原始的動作，一個神聖的肯定。」[101]

人類心性的認識功能，經過康德的驗前（apriori）闡述，已證明出來。但由於康德將感性與知性分開，說感性屬於直觀，不能認識事物；只有知性，才能認識事物，知性是論證性的。那麼，那個

---

[101] 尼采《差拉斯圖拉如是說》伊溟譯。文化藝術出版社1987年8月北京第一版，21~23頁。

現象的東西，它又是如何變得必然的，具有普遍性的，不能不如此的，真理性的經驗性概念呢？我前面已說過，康德用圖形法的想像力來說明此認識過程，是不足於力證的，也是比較脆弱的。從他的論證中我們知道：只有心性中隱含有這些純粹概念，遇到經驗後，與認識的方程式發生作用，把這現象與純粹概念相結合，將經驗性的概念認識出來。才會有不能不如此、普遍性、必然性的認識。沒有一個純粹概念做基礎，要說能得出一個「不能不如此」、一個必然性、普遍性的認識概念，是不可能的。這個純粹的知性概念，就是萊布尼茨的單子，認識方程式的基礎編碼。這個純粹概念，它是認識方程式架構的基礎，屬於表層、實然的東西。它是可以與感性發生直接關係的。這就是萊布尼茨等經院哲學家認為有「感性認識」的依據。只是他們沒有康德驗前與驗後的區分，沒有分出知性認識論。即，沒有康德的「純粹知性概念」劃分。

我們以認識方程式來看，這個方程式的基礎編碼，是可以直接與感性打交道的，這，就是直觀認識，也是感性認識。感性與程式的純粹概念是可以直接相對應的。因為單一的純粹概念並不需要論證，就可直接與客體打交道得出認識。

康德對認識範疇的演繹，已充分證明驗前純粹知性概念的存在。但我們要證明出此一存有，有幾個困難：一是概念是一個獨立的個體，不像數學的直觀，從0到9的十個字，加上一些符號，就可包攬演算的方程式，就可演算出無窮的數字和結果，而且是必然的、真理性的結果。但人的認識概念不同，他不都是數學式的，譬如人與豬、狗、樹木等就是不同的概念。很難說有它的直接關聯。數學用0~9十個數，就可組成千千萬萬個億的數。而人意識的概念，能有數學那麼方便的組合嗎？哲學的認識論，就是要指出其概念與概念的關係。即意識與意識的關係，經驗性概念的發展，與數

學有關係，但其概念與概念的關係是否能用數來代碼總括？這就為我們探討純粹概念製造困難。前面我們說過，數學用0~9十個數，不斷變換數字，可以演算出無窮的東西。而概念與概念的發展，能否用數理原理進行組織演繹？目前已有電腦的成功。但人這個認識方程式，還有許多不明朗的東西。因此，我們要找出其規律，找出其先驗邏輯法則，就成為先驗哲學的一項重要任務。所幸康德已做了前期驗前的工作，為我們的探索打下良好的基礎。

根據康德的論證，我們每認識一個事物，都是心性中那個純粹的知性概念，出來迎接那個現象對象，然後才形成經驗性的概念的。這樣，我們就知道有兩個不同概念存在：驗前的概念與驗後的概念。驗前的概念是純粹的，沒有摻雜現象的東西，是方程式裡的概念；驗後的概念是經驗性的，是摻雜現象對象的概念。那麼根據我們對自然世界的千千萬萬個認識，得出那麼多的具體經驗性概念，而每一個經驗性概念都有它的驗前純粹概念做保證。我們就可以推論出，我們的心性，包涵有自然世界一切的純粹概念，而且這些純粹概念（萊布尼茨的單子），是具體裝置在腦袋的認識方程式之中的。又根據我們認識不同事物可以分類來看，在我們認識的方程式中，這些純粹概念是有分門別類的。而且有一套嚴密的先驗邏輯法則，通過連結與想像力，分析組合，進行綜合統一，創造出更多的經驗性複合性概念。世界沒有那一物的概念不是我驗前就有的，我心性包涵自然世界一切物的純粹概念。

這一說法，看似荒誕，也不好拿出真實憑據。但我們比較經驗性概念與驗前的純粹知性概念來分析，其純粹概念就顯露出來了。如趙高的「指鹿為馬」，他牽出來四條腿的動物，為什麼一定是鹿而不是馬呢？這個必然性，「不能不如此」動物命名，一定有一個純粹概念在心性裏做保證，容不得你做分析與拆解。如果我們分析

下去：鹿有四條腿，馬也有四條腿；鹿有一條尾巴，馬也有一條尾巴；鹿吃草葉，馬也吃草葉……我們專找同質的東西來證明，然後下結論鹿是馬，馬是鹿。但，我們內心是不服氣的，明明趙高牽出來的就是鹿，不是馬，怎麼一分析，一辯證，就成了同質的呢？所謂的「白馬非馬」也是這樣辯出來的。所以說，真理、實相，在心性裡面，肯定要有一個基礎性（Fundamental）的東西來保證，這個基礎性的東西，就是純粹的概念。在電腦程式裡面，叫作編程代碼。我們的心性，是有純粹概念代碼做自然世界物的概念的，沒有純粹的知性概念來抓住這個現象，經驗性的概念就游移不定了。真理是由心性的純粹概念所決定的。這裡，我不得不提一下萊布尼茲（Gottfried Wilhelm Leibniz 1646-1716），的單子論（Mondas），他認為心性有一個最小的單位。我們現在拿現代電腦的程式來看，這些單子，不就是程式的代碼嗎？其本身就是心性的純粹概念。人的心性，有一個自然世界物的純粹概念單子做編碼，以認識範疇的先驗邏輯形式進行編程，構成人的認識方程式。康德也看到純粹的知性概念先於經驗性概念，但他認為感性不能認識事物，於是發展出一套圖形法來為知性去認識事物，使他的純粹知性概念以「我們認識的都是現象，物自體不可知」而終結。現在我們反轉來看，萊布尼茲的感性認識論真有點先見之明。後來的哲學家如胡塞爾（Edmund Gustav Albrecht Husserl，1859-1938）的《算術哲學》、《邏輯研究》，也探討出純粹的概念，但他的現象學是在經驗現象上轉，是心理學的描述，沒有康德先驗的探討，就沒有看到這個心性純粹概念的完整性。沒有看到陸象山先生的「吾心即是宇宙，宇宙便是吾心」的大發現。由康德說的認識範疇，我們也可以把這一純粹概念證明出來。我們看到一棵樹，一條狗，一個人……我們直觀到什麼，肯定或否定，有一個普遍的必然性。所得的概念，是與

現象相一致的。就是說，這個認識，一定在認識範疇四個子目之內完成的。這說明認識範疇有一套先驗邏輯形式，有一套法則與規律。認識是走不出這個範疇的。我們不會看到一棵樹說是一條狗，或說這是一個人。由此我們可以說，心性中肯定有了這些事物的驗前概念。我們通過直觀，將感覺的東西與心性的純粹概念結合起來，就認識了事物。因為由心性那個純粹的概念出來做決定，那個經驗後的概念就是必然的了。這就是真理、實相的堅實基礎，無可爭辯的事實。現代電腦人臉辨識技術，就可證明此一純粹概念的存在。此一電腦識別系統，裡面肯定預先裝有謀人臉相的純粹概念，電腦經驗到謀人才能辨認出來。康德發現的先驗邏輯（die transzendentale logik），對我們解開純粹概念之謎是一把很好的鑰匙。先驗邏輯有法則，有規律地運作。就是說，我們人類的思想，是有一個思維方式的。而這個方式，就必須有一個構架組織起來。那個概念、連結、想像、綜合、統一的能力是如何構成的呢？你沒有一個基礎性的東西做架構，如何使範疇的先驗邏輯運作起來？就如電腦的方程式，沒有這類知識的代碼做基礎構架，建立一個範疇，方程式不可能運作起來。康德對認識範疇的演繹，指出與數學有關，也與力學有關。但康德沒有更多、更具體地探討認識程式的構成，他只是指出普通邏輯與先驗邏輯的區別，但他運用邏輯來說明問題時，也是運用形式邏輯來說明，以至於其先驗邏輯得不到澄清與發展。今天，有電腦技術的出現，我們拿電腦程式相對照，對康德的先驗邏輯應該有一個輪格的認識了。

先驗邏輯的構成：

1、開始應該是由編碼數字做基礎。即組建這個構架有純粹概念的代碼，這是構成整個認識方程式基礎性的數碼編排形式。這就是我認為我們人的心性有自然世界物的一切純粹

概念，也就是我們能為自然立法的基礎。這些概念是具體的（萊布尼茨的單子，或說編碼），沒有一切具體物的純粹概念，人的感性直觀到什麼，就認識什麼是不可能的。而且是「不能不如此」，必然真實可靠的。這個普遍的，必然的認識，一定需要心性內在的一個純粹概念做保證（永恆性），這就是純粹概念（程式代碼或說是萊布尼茨的單子）。由電腦的編程來說，就是數碼。

2、把數碼編好代表某一物的概念後，要將它們分門別類。我們人類的認識能力可以分出「金、木、水、火、土」，分出植物、動物、微生物、無機物，數學、化學、物理學、哲學、人文社會科學等，這個經驗認識證明心性是有分門別類功能的。即純粹概念在心性中是種類編排的，那套先驗邏輯有種類分別的功能。亞里士多德的科學分類：哲學、數學、物理學、化學……等，就證明心性認識程式是分類排列編程的。

3、先驗邏輯有想像、連結、綜合、統一的功能。他可以把一個個具體的知性概念，再創造新的複合性概念，直至最高的理想、理念等。種與類，是可以連結、綜合、統一的，這個先驗邏輯的認識發展，在人來說，是有區別的，就是聰明與愚蠢之分。也就是康德所說判斷力是天生的（智商）。一般人的認識，像《易經》所說的二進位數發展，而聰明人像電腦編程的十進位數（有說十二進位）發展。這個十進位數的發展，得出的驗後知識是不可想像的，而且還有超驗的出現。這就是通常人們說，編程人雖然編出了這個方程式，但方程式會往什麼方向發展，出現什麼結果，他也無法預估。因為方程式設計的運作，是以十進位

的數學程式去發展的，加上人還有一個想像力和情感，對認識的方程式是有影響和作用的，得出的概念（經驗後的概念）就更加複雜和難以想像了。人的這個認識方程式，是否是以十進位的思維向前發展？智商的高低有區別，有些人的編碼程式連結搭錯線也有關係。但心性的認識方程式有一套先天（先驗）的邏輯思維是可以肯定的。這就是康德稱判斷力是天賦智力，不可以用教導出來的人生智愚。我見過不少學了點邏輯形式的人，經常拿邏輯來說事，對事物進行多方狡辯，說別人沒有邏輯，就他懂邏輯。實則人人心性裡都有一套天生的邏輯。他是有法則與規律的，判斷出來的無論對錯，都包涵一定的先驗邏輯，只是他不知道罷了。假如說沒有先驗邏輯的存在，在亞里士多德沒有創造邏輯學之前，人們就說話顛三倒四了？沒有一點真理性、知識性了？宋儒陸象山先生說「六經注我」，就是古今中外的人毫無例外，其內心都有一套先驗邏輯。我內心思維的那套形式，與寫六經的人是一樣的，都可以說出那個道理。只是前後不同，表達的語言方式不同而已，道理是一樣的。康德說一個人自稱為哲學家，未免太自負了，哲學只是發現，不是發明創造。「吾心即是宇宙，宇宙便是吾心」，陸象山此話實至名歸。人人心性都有一套先驗邏輯。低等級的是「兩儀生四象，四象生八卦」；高一級的是以十進位或十二進位發展，這就是「超驗的」（transzendental），康德稱之為「幻相邏輯」的純粹理性發展。

從認識的範疇來看，我們也可證明出先驗邏輯的存在。如果說，心性沒有一套先驗邏輯，要說範疇如何成立是不可能的。就如

電腦計算機：1+2=3，這個數學計算，它裡面是否裝有一套數學邏輯？怎麼打出1+2，它就可以顯示出等於3來呢？這個計算程式，雖然還要具備一些功能，如連結、綜合、統一、顯示等功能，但一定要有算術邏輯功能，1+2一定是等於3，不能是等於4或5什麼的，這個計算是必然的，不得不如此的結果。即符合數理結果。這套計算機方程式，必定有一套算術邏輯。所以我們說，認識範疇，明顯包涵一套先驗邏輯在內，否則認識不可能按照範疇來運作。

還有一個事物的運動變化，也可以證明出心性先驗邏輯的存在。我們直觀到事物的運動變化，有一個空間、時間的條件，變化是在時空中的。而無論如何變，它一定有一個原始物做為基礎，即事物的永恆性。綠葉變黃葉，冰變成水，水變成氣，等等，心性裡面一定有一個原始物的純粹概念，以此與經驗後的概念相對應，才能顯現出變化來，沒有一個原始純粹概念做基礎（永恆性），所謂的變化就無從談起了。就是說，只有單子（純粹概念）在心性永恆性的存在，才有運動變化的可能。人觀察現象的變化，是以時間、空間為條件的，時間是感性的內在條件，空間是感性的外在條件。知性如何得到變化中的經驗性概念？心性肯定要有一個純粹的概念做比較，才能顯現出變化來。否則，所謂的變化就無從談起。

再有一個能證明純粹概念存在的是先驗邏輯的運作方式。康德說的先驗邏輯是如何運作的？即先驗的綜合判斷是怎樣成為可能的？他的連結、想像、綜合、統一概念是如何形成的？沒有一個基礎性的東西，如何連結？想像從何而來？又拿什麼綜合、統一？如何進行判斷、概念的？那個經驗性概念是怎樣得出來的？這個先驗邏輯的法則、規律是如何而來的？那個對象「不能不如此」的必然、普遍意義是如何得出來的呢？這就需要一個最基本的東西做基礎，不能從單純一個空殼的Form（方式）來無中生有，方式裡一

定要有內容來構造。這就是心性裡的純粹概念。即電腦程式所說編碼（代碼），沒有「萬物皆備於我」的心性構造，沒有「人心至靈，此理至明；人皆具有心，心皆具是理」；「宇宙便是吾心，吾心即是宇宙」；「宇宙內事是己分內事，己分內事是宇宙內事」（陸九淵語。見上註）的編碼程式，這個先驗邏輯是不能成立的，也是不能運作的。愛德蒙・胡塞爾在其《邏輯研究》一書提到「純粹邏輯」一詞。這個純粹邏輯，我認為也就是康德的先驗邏輯。即先天在人類心性裏就有的一套認識邏輯。它有別於經驗性的「形式邏輯」。這套純粹邏輯，沒有純粹概念做基礎，是不可能運作起來的。我們現在有電腦編程技術來關照，對人的「萬物皆備於我」的純粹概念存於心中，就不會感到奇怪了。人的認識，一定有一個基因做基礎，否則，這個先驗邏輯就不能成立，他的「先驗的綜合判斷」就失去了判斷的基礎。人的認識是如何成為可能的就說不通了。這個基因，就是認識方程式的代碼，或稱單子，這就是純粹概念。康德的「先驗的綜合判斷是怎樣成為可能的？」，就是「認識的方程式是如何成為可能的？」，認識的方程式有一套純粹的綜合判斷原理。

人的心性，存有一個認識方程式。這個方程式有向後回溯，打破原有純粹概念深入發展認識的功能；也有向前推進發展認識的幻象功能。這，就是純粹理性的奧秘所在。可知與不可知交織在一起，構成幻象邏輯的悖論。實則，認識方程式是一個圓，從感性到知性，抵達理性。最後又從理性回到知性、感性之中。繞了一個圈，認識有所突破也無所突破。程式的功能已有所限定，是不能捅破天窗的。

由於方程式基礎編碼的工程非常龐大，大到包涵整個自然宇宙世界。而且這些純粹概念（單子）是分類排列於認識方程式之中

的。一旦他打開認識的窗門,認識就會意向性地發展。又由於先驗邏輯的特異功能,他以十進位或十二進位的速度進行認識的時候,就會出現超驗性。即,康德說的「純粹理性的幻相邏輯」就出現了。還有一個超驗性是:通常認識方程式的運作,要有出現對象,即經驗才能再認識。如拼音中文輸入法:我打W,出現:「我、玩、王、文……」等,我用「我」字;然後我打M,出現:「們、夢、美、明……」等,我用們字;我再打WM,就會出現「我們」的詞組。這是因為有經驗性的「連結」(聯想)所給予。但是,由於謀些人的先驗邏輯特殊性,他不會像電腦程式那樣死板,他極有可能認識出「文明」兩字。也就是說,「文明」兩字,是沒有經驗依據的。這,也是超驗的。你不知道,先驗邏輯,不須任何經驗,會在自己的方程式裡(自我)運作起來。有時我們說的天才,往往會出現這種情況:你無法想像,他怎麼會冒出這個認識來。而這個認識,當時人們會認為他是瘋子,所說的東西是不可理喻的。可是,若干年後,一切都應驗他所說的是真理。這就是天才。

再說認識程式編碼的分類排列組合性,加上認識程式可以打破原有基礎性的純粹概念,即可以往下探索,也可往上提升。又由於認識是一個圓的方程式,各種理論都能自圓其說。有神論、無神論、進化論、宇宙大爆炸論,甚至什麼胚胎學、基因學、數學、量子力學……等等,都能將世界解釋得頭頭是道。以我看來,這都是認識方程式所造的孽。只要你往一個意識的方向前進,就可九九歸一,得到你的自圓其說理論。孔子的「吾道一以貫之」就是。現代很多人喜歡量子力學,覺得它很神奇,可以解釋世界變化運行的一切。實則它只不過是認識方程式的一個類別科學,都是先驗邏輯導出來的結果。

# 十三、宇宙心的證明

　　康德已證明出人類心性有純粹的知性概念，但他沒有直接宣布人的那個認識形式，包含所有具體的純粹知性概念，只是說這些純粹概念「先行於經驗對象」。他說，「我們將追溯純粹概念在人類知性中的原始種子和最初傾向，這些種子與傾向原來就在人類知性中備有，等到最後有經驗發生，它們才得到發展。而且這同一知性在它們擺脫了附加上的經驗性條件之後，其純粹性乃顯示出來」（見前註釋）。可以說，整個心性，他是包涵所有自然宇宙世界的純粹概念的，否則，我們就不可能每認識一個事物，都有一個概念先行於對象。我們在「對純粹知性概念的分析」一章中，以中文拼音輸入法做例證，已證明出這個純粹概念的存在。但康德沒有直接說明認識的形式包涵所有自然世界的純粹概念，但他說這些純粹概念在人類知性中備有，而且我們認識某一事物，那個純粹概念又是「先行於經驗對象」的，這就說明，人類心性是存有自然宇宙世界的一切純粹概念的。人，是有一顆宇宙心的。

　　康德沒有直接宣佈宇宙心的存有，是因為他過於嚴謹的科學態度捆住了他的思維，那些看不見，摸不著的純粹概念，你要拿什麼證據說出來？這是非常困難的。因為人本身不是創造者，要他來說創造者的事，是很難說明白的。康德認為概念不能通過感性直觀而得到，要通過思維判斷才能得到，那經過判斷得出的概念，只能

是經驗性概念而不是純粹概念；加上他把空間、時間作為感性的條件，我們認識的都是現象，不是物自體，因此他就沒有充足的證據說心性包涵所有自然的純粹概念了。而且康德只是將他驗前的知識以「方式」（Form）來關照，沒有將方式進一步推上「方程式」（Formel）來關照，他就不可能說明每個具體的經驗性概念都有其純粹的概念。若果沒有現代的電腦發明，我們也很難舉出例證，去證明這個先天性的純粹概念原理。其實，康德的認識方式（Form）和認識範疇、以及他的「驗前的綜合判斷是怎樣成為可能的？」的先驗邏輯原理，已具備證明人類心性這個認識方程式的存在。這個認識的方程式，理所當然就包涵自然宇宙世界的純粹概念以及它的運作規律與法則。這就是陸象山先生所說的：「人皆具是心，心皆具是理」；「宇宙便是吾心，吾心即是宇宙」；「宇宙內事是己分內事，己分內事是宇宙內事」（見上註）康德在認識範疇演繹時，就說出了宇宙心的存在。他說：「所有範疇都是對出現驗前地規定其規律的概念，因而也就是對自然，即一切出現的總和（natura materialiter spectata從物質方面看的自然）規定其規律的概念。因此就發生了這個問題，怎能設想，自然會按照範疇而進行，而範疇卻不是從自然得出來的，也不是模仿自然的模型的？就是說，範疇怎能在驗前確定自然的雜多的聯繫，而卻又不是從自然得出來的？

下文就是解決這個表面上的迷的。

自然中種種出現，其規律必須與知性及其驗前形式相一致，與其聯繫一般雜多的能力相一致。它和出現本身必須與驗前感性直觀的形式相一致是同樣的，都沒有什麼可令人驚奇的。因為，出現並不存在於自身中，就主體具有感官而言，出現只是相對於它們所依附的這種主體而存在。規律也是這樣，規律並不存在於出現中，而

只是相對於俱有知性的這同一主體相對地存在。物之在其本身必然在認識它們的任何知性之外，符合它們自己的規律。但是出現只是事物的表象，至於事物就其本身來說究竟是什麼，則是不可知的。僅僅作為表象來說，出現除聯繫的能力所規定的規律以外，不受其規律所支配。」[102]康德這個說法，就等於說，宇宙是由吾心生成的，吾心是按照自然規律、法則建造的。那套知性認識的先驗邏輯為什麼能與自然規律、法則相一致？特別是我們看自然的因果律，你就明白康德所說的先驗邏輯的道理了。自然種種出現的雜多，這個雜多的現象是不會自己連結、綜合給出因果關係的，只有心性有這個先驗邏輯機能，才能給予這些因果關係來。我們說乾木柴遇到火是會燃燒的。我們用火去點燃它，果然著火了。這個因果關係是如何得到的呢？表面上看，是大自然的物質運動變化規律、法則，但如果我們的心性沒有裝有這個規律、法則的先驗邏輯機能，我們是悟覺不出這個因果關係的。這就是人們常說的，其它動物、植物都沒有的，唯有人才有的理性思維。這個理性思維，就是康德說的先驗邏輯思維。有人批評華夏文化，說孔孟的儒學，沒有邏輯。其實這些人也不懂得想一想，為什麼沒有邏輯，人們還是覺得他們的話說得好，說到心裡去了？因為人的心性，都有一套先驗邏輯。天下的道理，都走不出吾心這個理。形式邏輯的知識，也是亞里士多德總結出來的邏輯形式。實際上，人的腦袋，其先驗邏輯就存在於心性之中。

就人類認識方程式上看，心性包涵自然界的純粹概念。而心性的純粹邏輯（先驗邏輯）又統攬宇宙運行的規律與法則。自然與心性是相通的。這樣說來，不正是陸象山所說的，「宇宙便是吾心，

---

[102] 康德〈純粹理性批判〉韋卓民譯。華中師範大學出版，2002年7月第二版177~178頁。

吾心即是宇宙」嗎？

我們還是以中文拼音輸入法這個程式做列舉。

首先，它要有一個形式。二十六個英文字母作為基數，按中文拼音讀音打頭字母進行分類，將所有字典的中文字純粹概念（數碼）都植入到這二十六個字母中。也就是說，二十六個英文字母，包涵所有中文辭典字的純粹概念（即程式裡的編程概念），然後，這套程式要有連結、聯想、綜合、統一、概念的功能。這套功能就是先驗邏輯機能，那個字與那個字可以結合，組成新的詞，這個字與這個字不能結合，組合不出新的詞，它都有一套規律和法則，所以它是有一個認識的範疇的。整套程式，它是一個有機的統一體。如何運作？即它是有一套運作的方程式的。

從中文拼音輸入法這個方程式我們可以看出，要編寫一套程式，其一要有形式做基礎的架構，這個形式包涵這類知識的基礎性純粹概念。即整部中文字典的字都要包羅進去作為基數編碼。然後這些基數概念可以在一個認識的範疇中進行發展。即方程式必須具備一套先驗邏輯機能，如連結、想像、綜合、統一等等的邏輯機能，這套邏輯機能可以使方程式有機地向前發展。也就是說，方程式要能給出我們所要的知識。那麼，方程式就要具備兩個條件：一是包涵這類知識基礎性的純粹概念；二是認識的範疇要有法則與規律。不能是亂七八糟，沒有法則、規律可循的。就是說，經驗後的知識，要能做到「心皆具是理」。這就是康德所說的，「自然會按照範疇而進行，而範疇卻不是從自然得出來的，也不是模仿自然的模型的？就是說，範疇怎能在驗前確定自然的雜多的聯繫，而卻又不是從自然得出來的？」所以，心性認識的方程式，可以證明出人類有一個宇宙心。

康德的先驗認識論給我們四點啟示：一是我們人的頭腦有一套

驗前認識基本形式的裝置；二是這套形式裝有一套自然世界先天的純粹概念，三是他有一個認識的範疇，有一套先驗邏輯機能。即它必須具備一套認識的規律和法則。四是這套認識的方程式有概念、想像、連結、綜合、統一的功能，形成一套有機的認識系統。

如果我們認識的方程式與自然的出現不相一致，認識出亂七八糟的東西，就說明我們的思維規律、法則與自然不相一致了。這就說明，我們人類認識的方程式，是與自然的物質運行是相一致的。這就是宇宙心。

從康德這個先驗感性論、先驗知性論，我們悟覺出人類這個認識的心性。我們將康德的認識form（方式）、認識範疇（Kategorien），以及先驗邏輯機能，根據電腦的方程式，推論出認識的方程式（Formel）。以此方程式去關照，去探討我們的認識根源，我們就明瞭哲學家陸象山所說的「宇宙便是吾心，吾心即是宇宙」的道理了。

要證明宇宙心的存有，我們就得承認有感性認識。感性直覺是與心性的純粹概念相照應而得出的經驗性概念。具有真實性和可靠性。康德曾批評萊布尼茨的感性認識論，認為萊氏的感性論不能成立。我倒覺得萊布尼茨有先見之明，他已看到人類認識程式最基礎性的構造：單子（Monads）。這不就是現代電腦程式裡的數碼麼？據說電腦的編碼程式，也是運用萊布尼茨的微積分數學原理。萊氏的「單子」，就是認識方程式裡的純粹概念（基礎編碼）。只是萊氏沒有康德的先驗論，把驗前的與驗後的的知識混為一談，就使得他的「感性認識」有點說不清楚。現在我們將康德的驗前知識以方程式來關照，就把感性認識說清楚了。這也為胡塞爾「回到事物本身」的現象學奠定基礎。

而根據經驗性概念的出現，它就以一種組織性原則，以數學式的擴張，發展出各種各樣的復數概念，以此無窮式推演下去，就

得出康德物自體不可知的主張。所以經驗性的推理、判斷出來的概念，就值得懷疑與質問了。佛家的所謂「實相、假相、幻相、虛相、無相」就出來了。因為那個認識的方程式，其本身就存在這樣追綜探究的先驗邏輯法則，他要對事物追根問底。由於時空的無限性，加上物質的無限可分，我們人的認識就無法找到絕對。沒有絕對，理性的二律背馳就出來了。是否是真？有沒有真實的東西就值得懷疑了？因為那個因果律的鏈條是不能中斷的。如我們追蹤人是怎麼來的？有張三的存在必定有生他的父母，有父母必定有他的祖父母，祖先的祖先，一直追究下去，追到最後的祖先－亞當與夏娃，還是不能解決問題：亞當與夏娃是哪裡來的呢？只能說是神造人或是物質演化自變而來的，有人歸之於無中生有。任何一個物象，都可以無窮無盡地追蹤下去，這就是康德所說的「物自體不可知」，我們所認識的只是現象而已。康德認為理性理念是由邏輯的三段論推理、判斷出來的，理念是個假設的命題，是不可以實證的。然，如果說我們認識的都是現象，那就沒有真實了，我們的一切知識就值得懷疑了。甚至連我們人也懷疑自己的存在。我說你這個人不是人，只是一個現象，能說得通嗎？他不把你痛打一頓才怪了。所以，我們根據康德這個純粹知性概念，以及他的先驗論來追蹤認識的根源，我就得出人這個認識的方程式：他是有一個宇宙心的，有一套宇宙純粹自然概念做基礎的程式，是經驗性的知識將這根基打亂了，使我們懷疑我們的知識。也可以這樣說，人人都裝有一個自然世界的基礎性驗前純粹概念，有一個人類共同的認識方式，但發展到復合性概念（經驗後復合性概念），就人人有所不同了。一則是人的先驗邏輯不同了（愚智的區別），二是經驗性的出現不同了（包括接受觀念性的教育不同），他的意識就意向性地向前發展，一直沒有一個絕對，沒有一個可認識的絕對彼岸。

我們以此認識方程式，再檢討這個方程式的構造，他本身，就是一個圓的認識方程式。從感性到知性再到理性，然後從理性反轉回到知性、感性。認識方程式就是一個圓，逃不掉他的宇宙心。也就是說，認識方程式是天生設計好的，誰都不能突破，只能在他的認識方程式上轉。物自體是不可知的，上帝存在、靈魂不死以及意志自由等，是不可以實證的。

　　我們再來看電腦本身，我們用的電腦病毒太深，無法解毒時，我們要使電腦恢復正常，通常是洗去電腦所有輸入過的東西。在作業時我們就看到電腦有很多密密麻麻的格子，這些格子有的是實的，有的是空的。這就說明空格子是沒有東西的，實格子是裝有東西的。那些空格子就是驗前的概念，而實格子是驗後的概念。心理學家說人腦有多少千千萬萬個億神經細胞，我看這些細胞就如電腦的空格子。你有一的出現，他必定會有二在等候出現；有二的出現，四也就接著而來。這些概念是有機的組織，而且是必然產生的。就是說，認識產生什麼概念，如何產生，它必然在先驗邏輯的機能和認識範疇之下。我們通常以為，人首先通過推理、判斷，然後才得出概念。我則認為是概念在先。康德已證明出「純粹知性概念」在驗前就有的。康德稱為「先驗或說超驗（Transzendental）」的東西就是人頭腦中的那套認識方程式有一套超驗的邏輯機能。康德說的先驗邏輯，與形式邏輯是有區別的。形式邏輯是分析的判斷，而先驗邏輯是先驗的綜合判斷。可以說，我們人所有的知性概念，早就包含在這個先驗或說超驗的認識方程式之中。我們如今用電腦實例做對比，康德的論述就清楚了。那個先驗或說超驗的概念，總是在出現的前面等著你經驗的東西與它相結合。在新娘子沒有出現之前，先生已在門口恭候了。

　　可以說，複合性概念，也有其先驗邏輯法則，也有其純粹的

知性概念，是推理、判斷將其連結在那一個概念的位格而已。這就是為什麼會有概念的對錯，會有理性的錯誤。人的頭腦，裝有千千萬萬個億的所謂神經細胞，這就是概念的空位格（純粹概念）。那些經過推理、判斷出來的知識，表面上看，這個概念是由推理、判斷出來的，實則是推理、判斷把對象放在哪個概念的位格，或是將這個與那個概念相結合，產生新的復合性概念（經驗性概念）。這個先天的概念，肯定有在我們的腦袋裡。因為假如沒有一個純粹的概念，這個驗後的對象不可能有一個安住所。沒有一個位格安放，它就流離失所了。也就是說，沒有一個位格來固定這個知識，它就不能成為知識了。我們之所以對人的思維不可理解或作唯物、唯心的辯證都無法解答這個意識，就是因為這個先驗或說超驗的邏輯機能在作怪。比如說谷歌（google）搜索網絡，我們打一個作家或著名人的名字進去，就會出現這個人的有關資料。在這裡我們提出一個設問：是谷歌那個設計者早就認識這個作家或名人嗎？不然他怎麼預先就有這個人的概念了呢？這就是康德所說的超驗認識能力。那個設計谷歌搜索程式的人，他早就把一切在互聯網出現過的概念包涵其中，就是說，這個程式先驗地包涵這樣的概念：只要你這個概念有在互聯網出現過，它就可以搜索出來。這種聯想力，包含著先驗邏輯法則。也就是「先驗的綜合判斷是怎樣成為可能的」的法則。電腦的很多運用程式，都是用先驗論的原理來設計的。在我們人來說，能發出先驗或說超驗的東西，就是莊子稱為「心機」的東西。這個所謂人的「心機」的東西，就是認識的方程式。一切都是由它與出現交互作用生出來的意識。他有一套超驗的邏輯機能，即康德稱為「想象力」與「綜合統一能力」的東西。實則，那個「心機」，在它還沒有與外界現象發生關係之前，早就包涵宇宙世界的一切了。陸象山先生說「宇宙內事是已分內事，已分內事

是宇宙內事：人心至靈此理至明，人皆有是心心皆具是理。」[103]。

可以說，因沒有客體的進入，而那個心機沒有出現意識，我們就不知道那個宇宙心而已。就像電腦一樣，沒有向它輸入東西，當然它就沒有東西顯現。但我們說，電腦它早就有一套認識的方程式在裡面，在這個認識的方程式，包涵各種各樣的驗前概念。我們向它輸入什麼，它就給我們一個結果。通常我們很多人，沒有想到這一點，總是用兩分法去看問題，沒有桌子的出現，我就沒有桌子的概念。想當然就否定有驗前的純粹知性概念。實則電腦的知識告訴我們，在我們沒有打開電腦運用它之前，它本身一定要有一套程式裝在裡面，只有它預先有一套程式在那裡，而且這套程式規定著它的認識範圍和法則。電腦才能發揮它驗後的作用。而且那套程式包涵著我們認識的範圍與限度。輸入甚麼對它起作用或不起作用，它的程式是有範疇和限度的。我們明瞭這個原理，就明白我們人腦這個靈魂性的東西。在經驗意識的概念沒有出現之前，人腦就包含有這個認識的方程式。這就是康德的先驗論。我們以前將康德所說的認識「Form」（方式）來理解，這就給我們一個錯覺，認為方式是沒有內容的，它只不過是一個架構，一個形式而已。因此有人就把康德的先驗論稱為是講認識規律、認識法則的學問。這就容易使我們誤讀康德的哲學，康德早就指明他的先驗哲學知識：他在其《純粹理性批判》「導言」中就指出：「凡一切知識不和對象有關而和人們知道對象的方式有關，而這方式又是限於驗前有其可能的，這種知識我稱為先驗的知識。」[104]康德這個「先驗「的知識，很容易讓人忽視和難以理解。「不識廬山真面目，只緣身在此山中」，人本身的思維，要有對象（客體）纔能產生知識，而這個認識的方程

---

[103] 陸象山：《雜著》卷二十二，273頁。
[104] 康德〈純粹理性批判〉韋卓民譯。華中師範大學出版，2002年7月第二版54頁。

式，就在其本身之中，人們就很難拿其本體作為對象來思。我們要理解康德這個先驗知識，就得反轉，將自己提升到電腦程式設計人的位置上，或說提高到上帝的位置上。由此而提出：這個認識的Form（方式）包含有甚麼東西？這個看不見，摸不著的Form，與認識範疇的功能結合在一起，就是一個認識的方程式（Formel），用當今電腦的方程式一對照，它所包含的內容就顯示出來了。那個方程式，如果不包含有驗前的純粹概念，驗後是不可能出現這些概念的。而它是如此，不能不如此的知識，是那個方程式早就預先所包含的內容所決定的。也就是說，是那個方程式所編寫的內容和它的功能所決定了的。形式是沒有內容的，程式是有內容的，康德所說的Form以及他的認識範疇，都是有內容的，他要說的「驗前的綜合判斷是怎樣成為可能？」的心性活動，包涵先驗的知識。我們從康德的《純粹理性批判》的「先驗原理論」，就看出人類認識方程式的大部分內容。他的一切先驗知識，如這個方式有甚麼東西？有甚麼能力？如何進行連結、想像、綜合、統一、概念等等？整套「驗前的綜合判斷是怎樣成為可能的？」的知識，都具備方程式所編寫的內容。只是康德沒有將它放在方程式來關照，而是以方式和認識範疇來論說。這就使得康德沒有看到一個方程式必須具備一個基礎性的東西：所有自然的純粹概念必須包含其中，然後才按照先驗邏輯有組織性地深入發展。所以康德就認為所有的認識都是現象，物自體是不可知的，而且他還把感性與知性分開而論，感性直觀是得不到知識的，只有知性與概念相結合，纔能產生知識。我們解讀康德的Form（方式）以及他的Kategorien（範疇）所包含的內容後，就可看出人類這個認識的方程式了。而我們明瞭這個方程式所必須包涵的內容後，就能體會出哲學家陸象山所說的「宇宙便是吾心，吾心即是宇宙」的悟覺了。原來人的認識程式，它有一個字

宙自然界實物的純粹概念做方程式的基礎編程，這些純粹概念有一套先驗邏輯有機地組成一個統一體，經驗後，哪些被意識出來了，哪些還隱藏在心性裡，他是有分類、所屬和統籌安排的。即它有一套概念、連結、想像、統一、綜合的先驗邏輯機能。而經驗後的概念，又可通過想象力的連結、綜合、統一，根據先驗邏輯的組織性原則，以數學式的擴張，有機地組成新的復合性概念。如此不斷地認識下去，沒有盡頭，最後則得出物自體不可知。人們常說人的愚智是天生的，就是他那個「認識的方程式」是天生的。就如我們說幾期的電腦。以前的舊電腦沒有新電腦聰明，就是它裡面的先驗邏輯功能不同了。康德說人的「判斷力卻是只能得到練習而不能得到教導的一種特殊才能。判斷力是人們稱為天賦智力的一種特質。缺乏了這種特質，就不是教育所能補救的。」[105]。我們明瞭這個人的認識能力，就會對人不斷發現新東西不會感到奇怪，每時每刻都有新世界發現是可能的，說人的認識無窮也是可成立的。這個人的「三生萬物」的認識程式，是可以無窮盡推演下去的。但從認識的方程式來看，沒有出現，（沒有對象，即沒有給認識方程式輸入東西）認識方程式就不起作用。如此看來，他的認識又是有限的，他受到出現的限制。而出現是受時間、空間限制的。那麼我們的認識也是不全的。所謂知性概念是具體的，就是我們認識什麼什麼？都是意有所指的。從這點來說，認識又是有限的。另一個問題是康德沒有注意到的，是否有一種出現，是純粹的知性能力不包涵在內的，從而其先驗邏輯起不到作用呢？如電腦的中文拼音輸入法，它是以26個英文字母作為基數編出的程式。如你打一個（＾.＾），它不可能出現謀個中文字。因為這個方程式根本就沒有（＾.＾）的轉

---

[105] 康德〈純粹理性批判〉韋卓民譯。華中師範大學出版，2002年7月第二版182頁。

換形式。也可以說，（＾.＾）在那套方程式中，沒有任何中文字的驗前概念，它當然就沒有中文字顯現出來。那麼，我們人的世界，是否有一種出現，與我們的認識方程式不相作用或說轉換不到知性的形式？康德的認識範疇，看起來很圓滿，可是有些出現對認識範疇不起作用是存在的。如《易。系辭傳上》所說的，「易，無思也，無為也，寂然不動，感而逐通天下之故」[106]。這是有感而無知性概念的表現。他沒有思，又不作為，一動不動地木然在那裡，就感而逐通天下之故了。這種感性，認識的方程式是不起作用的。又如康德說的審美判斷，它是與概念無關的，也是沒有利害關係的，無目的性但符合目的性的一種感性直觀。這種直觀對象與知性也不起作用，它只與感性發生關係。這種現象，我稱之為現實與心靈的直接通照，即所謂的感性直覺。這一點我在後面論道時，將加詳細論述。

我們從電腦中文拼音輸入法這個方程式就可以反思到，假如電腦沒有預先裝有這套方程式，我們無論如何輸入字母，電腦是不會出現某個中文字的。這就說明，我們向電腦輸入某東西，它的視頻要出現某某知識，不能不如此的知識，就是因為驗前它必須有一套這樣的方程式，而且這套程式必然要包含這種知識的純粹概念。沒有這個純粹概念，要說驗後它能顯現出來這樣的知識是不可能的，如有可能，也不是康德說的「不能不如此」的知識。這個必然性，普遍性，是純粹概念和先驗邏輯功能所決定了的。

回頭來看人腦這個認識功能，何以會「兩儀生四象，四象生八卦」直至超驗呢？康德在其《純粹理性批判》的「先驗邏輯論」早就有分析。我們人認識這樣那樣的事物，不斷推理、判斷出新的

---

[106] 《周易正宗》華夏出版社2004年1月北京第一版631頁。

概念，原來人腦中有一個純粹知性的認識範疇。這個認識範疇包涵人的先驗邏輯機能。這套認識邏輯機能保證我們不斷產生知識，並使知識有其必然性和普遍性。但其也有一個認識的範疇的，也不是天馬行空般無規律、無法則的。正如上面我們指出電腦「拼音輸入法」所說的例子一樣，其得出的知識看似雜亂無章，實則其是有規律和法則的。這套法則就是康德指出的認識範疇。他的知識擴張，是有一套組織性原則的。我們根據康德「純粹知性概念的先驗演繹」，對我們的知識追根問底，我們就會發現，原來這些知識的發生，都是「易有太極」的那個「太極」所起的作用。根源都來自那個「太極」。在電腦來說，就是那個方程式。人這個「太極」，當然不能完全與電腦方程式的編程類同。人的認識方程式還受到想像、情感、意志、愛好、意向性等等的干擾，有概念與概念的關係，並非像電腦程式的數學式擴張那樣明顯。但其「兩儀生四象，四象生八卦」知識擴張的類推形式是一樣的。經驗性越多，他的知識就越多。一個聰明人，見多識廣，他能產生多少知識我們是很難想像的。但就人的認識來說，你沒有一，不可能生出二，沒有二，不可能生出四……，這個擴張是有前提的。就是那個知性的先驗邏輯機能所決定了的。因此我們可以說，不僅知性概念，甚至連理性概念，都在驗前包含在「太極」之中。就是說，「太極」早就裝有宇宙世界一切概念的位格，你打開一個認識的門，他就意向性地「三生萬物」地認識下去。所謂的行業無止境，不可能做到盡善盡美，這就是康德指出的「物自體不可知」，太極心機只是根據出現而進行認識活動，他所起的作用只是宇宙心的某一部分，某一點滴。就這個浩瀚無際的宇宙心來說，我們所認識的只是一點點而已。根據人類解剖學家說，我們人腦有多少個千千萬萬億神經細胞，我們用到認識的最多只佔人腦總量的10%而已。這就說明，每

個人生在這個世界上，一直到他死亡，認識最多只用到10%，還有90%的神經細胞是沒有用到的，即大部分是閑置存放在腦袋裡。也可以這樣說，我們人認識的方程式所包涵的內容很龐大，我們所用到只是很少的一部分而已。這個宇宙心，若果他沒有啟動認識的方程式，沒有展開經驗後的認識，我們是很難理解這個宇宙心裡面有甚麼東西的，是康德用反轉、驗前的方式，才探究出這個認識的方式的，但他沒有探究出方程式。原來這個宇宙心是一個龐大的系統，他是一個統一體，吾心與宇宙是相通的，他是按照自然宇宙運轉的規律、法則而生成的。這就是宋代哲學家陸象山先生說的「宇宙便是吾心，吾心即是宇宙」的悟覺。即吾心有宇宙世界的純粹概念，吾心有宇宙世界運轉的規律和法則。康德說，「先驗分析論已對我們表明，我們的知識的純然邏輯形式，在其自身中，怎樣可以包含本源的純粹驗前概念，而這種概念是在一切經驗之先表現對象的，或更正確地說，它們指示綜合統一性，而只有這種綜合統一性才能使關於對象的經驗性知識成為可能。判斷形式（轉變為綜合直觀的概念）產生在經驗中指導知性的一切使用的範疇。」[107]我們用電腦的方程式做列舉，已充分說明康德這個先驗論的純粹知性概念。早在幾千年前的《易》，就發現這個人類的機心——「太極」，「太極」即宇宙心，它是按照宇宙的規律、法則而生成的，也可以說，宇宙的自然規律、法則是由太極而決定的。我們人類的知性、理性，只不過是這個「太極」形式的展開而顯現的現象內容而已。正所謂的「道生一，一生二，二生三，三生萬物」[108]的老子道無邏輯形式，也就是康德所說的先驗邏輯形式所起的作用。《易》的擴張形式，是「兩儀生四象，四象生八卦」，是二進位

---

[107] 康德〈純粹理性批判〉韋卓民譯。華中師範大學出版，2002年7月第二版334頁。
[108] 老子《道德經》「42章」。安徽人民出版社2001年10月第一版，270頁。

的，而電腦的許多編程，是十進位的，或是十二進位的，那就是說，它的擴張是超驗的。而人的知識擴張是否也與電腦程式一樣，有超驗的功能？根據康德《純粹理性批判》的先驗論，完全具備一個認識方程式的理論基礎，人的思維能力，是可以超越《易》所說的二進位的，是否能達到十二進位？目前來看，人比不上電腦的運算能力，但人可以創造電腦。說明人是有超驗能力的。智商極高的人，可能有十二進位的能力。可以說，康德純粹理性的幻相邏輯就是一個很好的證明。

# ▌十四、對認識方程式的檢視

　　我們知道康德認識的方式（Form），包涵著純粹知性的概念；又知道認識有一個範疇，而這個認識的範疇有一套先驗的邏輯機能，它規定著認識的規律和法則。康德這個先驗認識論，完全具備電腦運作的一個程式條件。因此，我們將人類的心性，包含有一個認識的方程式。我們對這個認識的方程式進行檢視，看看它對我們的認識，起到甚麼樣的作用？它的範圍和力度，能夠給我們人類帶來甚麼後果？

　　1、人的認識的方式，包涵有純粹的知性概念（萊布尼茨的單子），這是認識方程式最基本的裝置。也就是說，認識的方程式，包涵有具體自然物質的純粹概念。我們看到甚麼，聽到甚麼，觸摸到甚麼，其量達到與心性的純粹概念相結合，我們就能確認這個事物。它在我們的心性中，是確切無疑的，是真實存在的。如此，我們就可排除康德認為我們認識的都是現象的說法。這個真實感，是由這個認識方程式基礎性的純粹概念所決定的。西方哲學發展出現在的「現象學」，專以研究現象為深入，大概是受康德這個「現象」與「物自體」的劃定。「物自體」是不可以認識的，因此我們認識的東西只能以「現象」來審視。這是西方哲學誤入歧途的哲學分析方法論。如果我們都以現象

或說表象來審視這個世界，那我們人類世界就沒有真實可言了。也可以說人類就失去誠信的憑據，失去道德倫理的底線。那麼，所謂的真理是從哪裡來的呢？從「現象」中得來的東西如何可靠？實踐也是在這個表象的世界實行，甚麼是真正的真理？就沒有一個絕對的結論來。如以認識的方程式包涵的內容來說明，我們就可以解決康德這個「現象」與「物自體不可知」的問題。原來方程式的基本形式有自然世界各種事物的純粹概念（如電腦程式的編碼），人在這純粹概念的層面上認識的事物，都是真實存在的，它與我們頭腦的純粹概念是直接相照應的。得出的認識具有必然、普遍的意義。他再經過經驗得出的復合性概念，就有懷疑、討論的餘地了，因為這些概念，是經過想象力進行連結，綜合，統一，由先驗邏輯判斷出來的，是再生的經驗性概念，是方程式的先驗邏輯根據現有的經驗性概念進行組織再生出來的概念。由於方程式有「三生萬物」（據說電腦程式是十進位）的功能，它離原初那個純粹概念就越來越遠，甚至可以超越經驗進行新的概念（如理性理念），找不到那個純粹概念的源頭，這就得出「物自體不可知」的結論。

我們以認識方程式來看人的認識，何以會有真實、誠信、公理、普遍價值等？就是方程式有這個純粹知性概念做基礎。方程式必定要有一套基礎性的純粹概念做編程的編碼，這套純粹概念就是我們這個物質自然世界。

2、確認人類這個認識的方程式，我們就知道我們的認識能走多遠和認識到甚麼程度？通常一個方程式都有一個運作的範疇。認識的範疇就給我們一個範圍與限度。我們能知道

什麼？不能知道什麼？都是有一個規律和法則的。我們理解了這個認識方程式：首先他要有對象進入到心靈，方程式才起作用，沒有對象的出現，我們就沒有認識。也就是說，沒有經驗，我們就沒有辦法得到知識。而方程式得到一，他就產生二，而得到二，他就產生四，而得到四，他就產生八……甚至產生超驗的概念。雖然方程式有超驗的邏輯功能，可以逾越基礎性的程式編碼（純粹知性概念），但由於宇宙無限，時間、空間無限，先驗邏輯可以將基礎性的純粹概念進行分解，否定，深入地更詳細的認識。但不能分析到絕對，物自體還是不可知。因此，認識方程式走到理性的盡頭後，不得不產生一個無條件的總概念來包羅萬象，統籌這些認識為止。否則他就被他的知性所困擾而不得安寧。所以理性一定要有一個觀念信仰來做我們人類的主心骨。有神論也好，無神論也好，他最後總要有一個將認識的東西歸於一的出處，有一個安住所，這是先驗邏輯機能運作必須要達到的目的。我能認識這些東西，都是神的意旨，或是物質所造成。這個認識的方程式，他本身就有打破砂鍋問到底的先驗邏輯功能。然，時間、空間無限，宇宙無限，物質無限可分，我們又如何將事物認識完畢？如此，就出現理性的二律背馳。我們知道方程式如此認識下去是沒有圓滿的結果的。那個理性的理念，只不過是知性迫使理性做出綜合、統一的一個總概念而已，它是一個不可實證的概念，是認識方程式經過三段論推理、判斷出來的一個概念。這是方程式的一個必然邏輯功能。你有了具體、雜多的知性概念，方程式必然要做出綜合統一，這就是我們常說的理性。他要將所有認識的

知性概念，安排得有條有理：這是張三、李四；這是豬、狗、牛、羊；這是動物、植物、微生物；這是有機物、無機物等等。那個認識的方程式有一套運作的系統，你能認識什麼？不能認識什麼？隨後又能再生什麼知識？最後的結果是什麼？方程式都有一個運作的機制。即他有一套先驗邏輯機能。這個認識的方程式，他必定要有一個目的論來統籌這些認識，這就是理性理念。所以我們說，理性理念也是個不可靠的東西，它是心靈的慰籍濟，是知性認識迫使他作出的決定。如果我們明瞭這個人類認識的方程式，我們就能很好地反思理性了。有人很崇尚理性主義，很愛拿邏輯證明這個東西來話事。實則邏輯只不過是人們經驗後總結出來的一套法則、規律。它不可能是萬能的，只是思維的一種方式，推論出來的東西，也不是千真萬確的。運用邏輯推理，是一個意中之意，與真實是有距離的。理性概念也是這樣的概念，是運用邏輯推理、判斷出來的概念。

因此，我們可以推論出：認識方程式是一個圓圈式的運轉：開始與感性直接認識事物。此時的認識都是自然可靠的，是真實不可懷疑的。待到知性的十字打開，復合性的概念不斷湧現，就產生一種認識無限的邏輯幻象，以為世界是可以認識的。先驗幻相邏輯在想像力的推動下，進入理性，理性以知性為基礎，進行綜合、統一，得出一個總概念（理念），再也不能上了，就是說，到了天花板了，目的論就出來了。「道是一」的觀念就在認識方程式固定下來。孔子的「吾道一以貫之」，耶穌的上帝是唯一的真理，穆斯林的阿拉真神，唯物主義者的物質存在……

就產生了。甚至，在科學的分工上，都出現不少尋找宇宙世界生成的源頭學說：生物學胚胎學說，物理學的量子力學，達爾文的進化論，天文學的宇宙大爆炸，還有少量的中國學者，以人的氣功意識場來尋找世界的源頭……他們就不懂得：這個人的認識方程式的偏限性。他再怎麼努力，理性也無法捅破宇宙這個天窗，無法解開「物自體不可知」這個謎團。因為構成這個認識方程式本身就是一個宇宙圓，十字打開是有限的（直線伸延沒有終點）。上到理性最高點後，就得返回感性與知性作實踐檢驗。人，無法逃離天地之間。而宇宙無限，物質無限可分；人用來認識的條件：時間、空間也是無限的。這就決定認識只能以「道是一」而告終。

3、認識方程式以自然世界具體物做基礎性編碼。這就是純粹概念，萊布尼茨的單子結構。但是，方程式的先驗邏輯運作，是可以超越這個純粹概念底線的，它以時間、空間為條件，在純粹概念上下可以再分析。即，可以追蹤溯源，單子物可以分析出分子、原子、原子核、基因……等，向未來也可預測更遙遠的東西。太陽系、銀河系、宇宙無限等。在時空條件的作用下，先驗邏輯是如何運作的？它不全是數學式的運算，機械式的分析。這種概念與概念的關係是如何得來的？因為它的超驗性，帶有一定的神祕色彩。這就是康德所說的「超驗的」（Transzendental）奧秘所在。我在研究這個先驗邏輯時發現，人的認識方程式，最難解的是他並不全是數學的，康德已指出數學的先天有效性。人們運用數學原理，可以有效地編排設計出電腦這樣超強的運算技能。可是人這個心性認識方程式，單用數

學程式，是不可能解開先驗邏輯的功能的。因為人的認識，是概念。再認識，就是思想的思想，也就是概念與概念的關係。這種關係是如何發生？再相連結、聯想的？數學的直觀就可以證明：1+2=3，用手指頭就可以算出來，它的先天有效性一目了然。但我們人看到一片秋天楓樹的黃葉，既把它當作相思品。這個概念與楓葉概念根本沒有自然關係，是想像力加情感的結果。因此說，我們要尋找先驗邏輯的功能、法則、規律，從數碼編程的電腦程式破解是不夠的，心性應該還有更大的功能。它有一個基礎的單子數碼編程，但是先驗邏輯又可以在基礎單子之下運作。譬如水是一個自然單子，人的認識程式裡有水的純粹概念。但經驗認識後，他又可以繼續再認識水，把它分析出分子，在分子下又可以分析出原子、原子核等……直至無窮。人的認識，他是可以在單子下再認識的，也可以在單子上再認識。這就是先驗邏輯的超驗性，也是人們無法理解的神祕性。這個概念與概念的關係是如何得來的？我們用認識的方程式來解構，人的先驗邏輯就顯現出來了。程式由自然世界的純粹概念構成，先驗邏輯的功能可以形而上，也可以形而下地開展認識。它是概念與概念的關係，並非全是數學式的直觀。有人引進量子力學，對意識解釋得頭頭是道，似乎破解了人類最基本的意識密碼，但我還是認為，這種理論，也不過是傳統現象學分析論的一支。

4、認識方程式有一套完整的體系工程。即他是一套完整的宇宙心。這套方程式就是「自我」。這套方程式有自然世界的純粹概念，「吾心即是宇宙」。而我們的認識，是以個體的人而進行認識的；即自我認識。而認識則是在時空的

形式條件下進行的，而人，所佔的空間、時間是有限的。這樣看來，我們的認識，就是在方程式打開一個窗，一扇門，一個小洞，認識什麼？不能認識什麼？就由這扇門這個洞或說這個窗口進入的客體對象所決定的。這就是現象學所說的「意識的意向性」。如果我們從方程式的完整性來看我們打開認識方程式這扇門，我們就知道，恰恰是認識破壞了方程式的完整性，因為整套方程式是純粹的，他是一個完整的宇宙心。你將客體對象放入方程式與純粹的概念相結合，使他的方程式有了部分的經驗性概念，他就不是純粹的了。用現代人的說法，就是他已沒有了童真，他有了經驗性的知識。所以知識是破壞人的圓融性，是使人產生坎陷、不全、不能滿足、情志不寧的幕後推手。一旦我們開啟認識的方程式，他就必然運作下去。就如電腦象棋，你走這一步，它必然要走另一步來對應你，這是方程式的邏輯功能所起的作用。康德的目的論，就是純粹理性所要求做出的決定。他必然要有一個目的性來圓滿他的所有認識。這個世界何以會這樣？何以會這樣有機地運轉？何以它會這樣奇妙而深不可測？我們人生何以會有此理性？等等，他一定要產生一個目的，即產生一個總概念，來統領所有的認識。我認為，這是認識方程式運作的必然綜合統一。他一定要有一個終極目的來統領他的知識，上帝、物質、自然、宇宙、靈魂不死、意志自由等理性理念，就是認識方程式根據經驗認識所進行推理、判斷而得出的總概念。從這來看，所謂的信仰也是不可靠的，它只不過是認識方程式的先驗邏輯作用而推出的人生目的論。實則所謂的無神論、有神論，甚麼上帝、佛祖、阿拉

以及物質決定論等，都是人類打開認識程式這扇門後所得出的一個結果。這個結果是無法實證的，人們只有用感性去感應，我實實在在感應到神與我同在了；或是用知性推理、判斷。在我身上發生那麼多神奇、奧妙的東西，你說沒有一個神在主導，我不能不信。這一切，都是打開認識方程式這扇門所帶來的後果。即，我們人生經驗認識後所產生的意識，也就是認識方程式必然產生的結果。

5、我們知道認識的方程式先天地，完整地安置在我們的心性裡。是我們啟動了它，用它去認識事物，從而得到經驗性知識，因而使得方程式意向性地、部分地向前發展，這就使我們的心智變得不全了。方程式原來是一個圓滿的、無雜質的純粹程式，因我們開啟了方程式，其某一部分功能就與客體對象發生了關係，對象與方程式的純粹概念形成了經驗性的概念，因此經驗性的概念就充實了方程式的某一部分，以此來說，整個方程式就不是純粹的了。也就是說，我們的心性有了某些客體現象的經驗性概念，那個心身就不是純潔無瑕的，而是帶有思想性的東西。這就促使我們一個反思：我們如何保持心身健全呢？那就是恢復方程式的純潔性。即把原來我們認識的知識去掉，這就是老子說的「為道日損，損之又損」的工作。「直至無為」後，方程式就回復到原來沒有經驗性概念的純粹性了。這種說法，正好應證《舊約聖經》中所說的亞當與夏娃生活在伊甸園是無憂無慮的，因為偷吃了智慧之果，有了知，災難就來了。有了知，罪惡就降臨了。就是你開啟了認識的方程式，方程式不能停下來，他對現象做出經驗性的概念，他必然要啟用方程式裡的純粹概念來與對象相結合，

這樣，心性有了經驗性的概念，就使那心性變得不純潔了。心性混雜著經驗性的知識，其就不是其所是，就是說，這個心性就不是純潔的了，他是參雜有認識的東西（經驗性的知識）在裡面，已不是純粹的心性了。有了認識，心性就被客體對象佔據了，有了新的內容（思想）。這樣人就有了是非、善惡，有了價值觀念，心身就不安了，心志就不寧了，他總是要有所判斷，有所決定。所以，亞當與夏娃被上帝驅逐出伊甸園就不奇怪了。不是上帝趕走他們，而是他們自作自受，自我放逐。伊甸園是純潔的，容不得有知的存在。

我們對整套認識方程式進行檢視後，我們現在來看我們所得到的經驗性知識是否可靠？為甚麼我們求知到一定的階段時，會發生理性悖論？這對我們破解獨斷論和懷疑論很有用處。下面我來說說理性的錯誤。

# ▌ 十五、理性為什麼會出現錯誤？

　　我們用康德的先驗論，檢視出我們的心性有一套認識方程式。這套方程式有一個基礎性的構造：即我們的心性，早就包含宇宙自然世界的純粹概念，而且還包涵一套運作的先驗邏輯機能（即人的先驗綜合判斷如何可能的機能）。可以說，他本就是一個完整的系統，你把這個認識的方程式打開來，展開認識，反而使它發生錯誤和混亂了。下面我們來談談理性是如何出現錯誤的。

　　理性，一般來說，它是在人類知性的基礎上，通過邏輯形式，進行推理、判斷、概念的能力。它被譽為人類最高的智能。在黑格爾的哲學，沒有知性，一般由感性上升到理性。康德的知性則被忽略掉了。中國的唯物辯證法，則把理性認識稱為對事物本質的認識。即對事物進行推理、判斷，推導出對事物本質的認識。按照唯物辯證法的說法，理性認識就是正確了，也是科學的了。可是，唯物辯證法卻有一個實踐檢驗真理唯一標準的理論。他們特別強調實踐。以此來說，那麼理性認識，也不一定是對事物本質的認識，不一定是正確的，可能也有違反科學的，也可能是錯誤的。因為如果我們說理性就是道理，就是正確，就是對事物本質的認識的話，他認識出來的東西就是千真萬確的，根本就不需要放回到實踐去檢驗。需要檢驗，就說明這個理性得出的結論不一定是正確的，有可能是錯誤的。理性也有錯誤，這是可以肯定的。

理性為什麼會發生錯誤呢？德國哲學家叔本華認為「謬誤作為理性的蒙蔽，與真理相對；假象作為悟性（知性）的蒙蔽，與實在相對。」[109]他並指出，「謬誤總是由理性來的，也就是理性在真正的思維中按因果律所有的形式，最大多數也可以是按因果律造成的。」[110]

　　叔本華把理性的錯誤肇因於因果律。人們按照因果關係來推理、判斷得出概念，但因事物的發展，並不全是一因一果，有可能是一因多果，或是一果多因。又因時空形式的無限性，加上「物自體」的不可知，因果律是不可窮盡的，因此，這理性的錯誤就造成了。

　　叔本華將理性的錯誤肇因於因果律，他是如何解決這個理性的錯誤呢？他認為認識事物不是用因果律，而是用「根據律」。他在他的博士論文《論充足根據律的四重根》中，有對「根據律」作詳細的論述。他在他的論文第一章「引論」第三節「本探索的用處」就明確指出，「這樣做既是為了避免錯誤，也可防止有意的蒙蔽。」[111]叔本華這個「充足根據律」對認識的清晰性和明確性很有幫助，不失為一科學的方法。但是，要說此一方法可以杜絕理性的錯誤，那是太過於天真。叔本華這個「根據律」雖然列出「充足根據律的四重根」，但以康德「物自體的不可知」論以及「沒有出現，就沒有知識」這兩條而言，它是不可能杜絕理性的錯誤的。一是物體的不可窮盡性，何來充足的根據？二是有些事物的變化，它的條件根本就沒有出現，或是出現我們根本就不知道，你又

---

[109] 叔本華：《作為意志和表象的世界》石沖白譯，青海人民出版社1996年9月第一版30頁。
[110] 叔本華：《作為意志和表象的世界》石沖白譯，青海人民出版社1996年9月第一版56頁。
[111] 叔本華：《作為意志和表象的世界》石沖白譯，青海人民出版社1996年9月第一版56頁。

如何「根據」？這就是事物變化的多樣性、複雜性和不可理性性。為什麼會出現這些問題呢？我們還是回到康德的「先驗論」去考察，我們就會明白，原來我們認識事物，走不出康德所說的「認識範疇」。康德的「範疇表」列出的邏輯法則，就是《周易》所「易演」的不斷擴大的宇宙概念法則。有了「一」就生「二」，有了「二」就生「四」……如此一直生出千千萬萬的事物。事物的發展，它的因果鏈是不能中斷的，一個接一個，根本無法追到本源上去，也就是說，我們無法追到事物的本質。康德就把我們認識的對象稱為現象。我們還是以上面所說的電腦中文拼音輸入法來說明這個問題，就知道理性如何發生錯誤了：

　　如上面我們說過，我們用拼音輸入法打字，我們輸入「WM」兩個字母，它就出現「我們、文明、外面、完美、網民……」等詞，這些詞的出現，它不是毫無根據的，它是根據「W」的詞和「M」的詞進行聯想而組成新的詞組。就是說，這些新的詞組是有邏輯根據的。用我們人的思維來說，它是有理性的。但是，我們知道，我打出這麼多的詞組，我只要使用一個詞組，其他的除去。我打「WM」，是想要「文明」這個詞，但它既出現「我們、網民……」或其他的詞組。在現實中我們應用概念時，用「文明」是正確的，但我卻用了「完美」這一概念，這就出現錯誤了。原來人的腦袋，有一套先驗的邏輯功能，這套先驗邏輯對現象進行推理、判斷，然後得出經驗性概念。但人有點與電腦不同，他不像電腦那樣一下出現所有邏輯推理、判斷出來的詞組，人有意識的意向性，這個意向性根據邏輯的功能推理、判斷出一個概念來，其他概念就被虛無了。我們看這個概念貌似正確，是不會有問題的。因為他是按照理性的邏輯形式，一步步推理、判斷出來的。但是，正如電腦打字所顯示的，用「文明」這一概念可能是正確的，可是我偏偏推

理、判斷出「完美」這一概念，我把它意識出來。於是，錯誤就出現了。但是，你不能說我用「完美」這一概念毫無邏輯性，沒有理性。它是有其驗前的邏輯形式在起作用的。這個「完美」，也是根據邏輯形式推理、判斷出來的，也就是說，我是有根有據地推理、判斷出來的，只是它套錯在另一事物的概念上了。因為事物發展到「三生萬物」的階段，已是紛紜複雜多因多果現象，我們要分辨出真正的因果條件是非常困難的，正如樂透獎的號碼，幾十個數字要選出中獎的幾個號數，如大海撈針。可以說，理性的錯誤是因為他堅信邏輯的形式不會錯，從而認為自己的推理、判斷不會錯而造成的。我之所以對黑格爾的辯證法不以為然，就是覺得黑格爾太過於信賴邏輯功能，他認為思維俱有客觀性，現實與思維是同一的，這樣他就可以辯證對立統一了。殊不知，依認識的方程式來看，開始原初的自然世界事物確是真實可靠的，但發展深入到一定的程度時，懷疑論就出來了。

此外，還有一個造成錯誤的原因是詞組是靠經驗進行聯想組合的，如我打字經常用到「w」字母的字，而沒有用過「m」字母的打字，如果我想將「wm」組成新的詞組，它可能就沒有新的詞組出現，或是出現很少。因為「m」的詞我沒有用過（在人來說是我沒有經驗過），所以它就無法聯想組合出新詞組。這種情況，在我們人來說，叫做少見多怪，信息量少。沒有經驗過，就沒有新的概念。只有經驗越多，它聯想組成的詞組才越多。以此來看，理性的錯誤，部分是因為信息的太少所造成的。他本身就得到那麼多的經驗對象，他只能根據那些經驗現象作推理、判斷。原來我們的大腦，他早就有一套像電腦那樣類似的程式功能，一旦他與現象接觸，他就產生意識，得出概念。而人的意識，並沒有就這樣停止了，他還會繼續思考，產生聯想，按照他自己特有的邏輯

形式，將原先的意識，再組合成新的意識，形成許多新的概念。正如我們上面所舉的拼音輸入法中文視窗，「W」有一系列的中文單詞，「M」也有一系列的中文單詞，而將「W」和「M」放在一起，「WM」又產生許多新的詞組。如此下去，就產生《周易》演「八卦」的效應，新的概念不斷出現。這就是人們常說的「思維的無限性」。實際上，我們追根問源下去，就會發現，所謂的「思維無限性」實際上它是有限的。一是沒有經驗出現，思維就沒有作用，正如康德說的，「思想無內容則空」，他肯定沒有什麼概念的反應。就像一台電腦，你沒有向它輸入任何東西，它當然就沒有什麼結果反應出來。二是輸入的東西多少，也對邏輯功能發生影響。即出現的經驗次數多少，對先驗邏輯的作用也受到影響，這就是康德說的量決定質的關係。三是人的意識的意向性，意識的出現也是意向性的。他不可能把所有的純粹概念都顯示出來。他只是意向性的思索，按照腦袋的某一邏輯形式，把某一概念意識出來。而人的認識源泉──感性，它是以空間、時間為形式條件的。作為個人的自我，他所佔有的空間、時間是有限的。因此，出現也是有限的。在這有限的出現，認識看似無止境，他根據經驗不斷擴充其知識，實則我們的認識是有限的。根據電腦所顯示的功能，我們可以看出一個最基本的東西：就是它是根據出現的經驗次數而形成知識的。沒有出現（不輸入任何東西），電腦不可能有反應。同樣道理，沒有客觀現象反映到我們的腦中（沒有感性直觀），我們的頭腦不可能有形成知識的可能。這就說明，感性是知識的源頭。沒有出現的給予，一切知識就免談了。所以說，前意識出現的多少對人的理性推理、判斷很重要，這就是掌握資料多少而導致結論不同的問題。這一原理就給我們提出一個設問：這個世界，或說這個宇宙，有些東西它永遠都沒有出現，或說它有可能出現，但永遠也沒有機會納

入到我們的感官、意識中，那麼我們就永遠沒有形成這種東西的知識。這是人類認識的缺陷，他必須經過第一步感性，然後才有知性，再由知性發展出理性來。沒有感性直觀，知識的第一步就沒有源泉。一個東西，它不出現，我們就無從知曉這個東西的知識。我們知道，我們認識事物，是根據因果律來確定的。假如說，有些事物的因沒有出現，或是出現我們不知道，就誤以為某一事物的因，是唯一造成某一事物的果。實際上它可能有多種因素，或多種的果。如冬天我們在房子生火取暖，我們感到溫暖，通常我們認為是火使房子變暖的原因，實際上它還有其他原因導致這個結果，沒有空氣對流的散熱，整個房子的溫度不可能升高。而這個火能生起來，它要有足夠的氧氣或達到一定的溫度；再追而問之，這個生火的原料必須是含有碳元素能著火的木材或汽油等。------原因多多，結果多多，我們在作出此等結論時，就會有不同的判斷：有說是火導致我們感到溫暖的原因；有說是空氣溫度升高使我們感到溫暖的原因；有的甚至說是木材與空氣的氧發生化學作用而導出一系列原因。這是我們根據經驗後而推導的一系列原因和結果，而有沒有別的原因和結果呢？或許有些東西它根本就沒有出現或說我們不知道，因為因果律的鏈條是無止境的。就我們分析叔本華的充足根據律來說，也不可能避免判斷錯誤。因此我們可以說，人類種種的理性錯誤，是因為理性根據出現的經驗性意識而運用邏輯形式進行推理、判斷所造成的。也可以說是出現的侷限性和邏輯形式的選擇性所造成的。理性主義者通常崇拜邏輯功能，以為經過縝密的邏輯形式進行推理、判斷，就會得出正確的結果。實則有些導致結果的現象根本就沒有出現，或是其出現我們沒有將它納入我們的邏輯思考之內，其結果就造成所謂的偶然性、不可預測性，即不可理性性。當今所謂發生的「金融風暴」、某一人的死亡或作為，突然改變整

個世界的秩序等等。這種事情的發生，超出理性的推理、判斷，就被人稱之為「非理性」。實際上可能是它的因沒有出現所造成。它不出現在理性的範圍之內，理性就起不到作用。還有一個讓理性防不勝防的是：人的意識，他有一個意向性。他是一個意識一個意識地出現的，不像電腦那樣可以一下出現所有的結果。如上面提到的拼音輸入法打字，我們輸入「WM」，它的所有詞組都出來了。而人的思維方式不是這樣，他用「WM」進行思維，他經過邏輯形式進行推理、判斷後，得出「我們」這個詞組，那其他的「文明、完美、網民、誣衊──」等等詞組就不出現了。如若要出現，又得作另一思維（重新思考）。而人不僅有聯想力，還有電腦沒有的想像力以及情感、愛好、意志等左右意識的意向性，這個想像力和情感、愛好、以及意志的堅持意向性也會影響理性的推理、判斷。如所謂的陰謀詭計，他就是利用對方的情感、愛好、興趣等施於反間計，造成對方推理、判斷錯誤。因此我們看到，人類所有稱為「理性」的東西都有它的道理，看似都不會錯，實則可能錯置了，它就出現理性的「強詞奪理」。如我們把趙高「指鹿為馬」來證明鹿就是馬：馬，有四條腿，兩隻耳朵，一條尾巴，鹿，也有四條腿，兩隻耳朵，一條尾巴；馬，吃草葉，鹿也吃草葉；馬可以跑，鹿也可以跑……，甚至我還可以用馬與鹿的生理結構做同類比較，如此得出馬與鹿沒有什麼兩樣的理由。因此我證明鹿就是馬，馬就是鹿。這個證明，我也在應用邏輯，也說出一大堆理由和條件，可是為什麼連小孩都會說你這是錯誤呢？因為我把馬與鹿最大區別的特徵故意隱去了，專找一些同質的東西來證明。這是一個最簡單的例證，如果我們深入到理性中去，就會發現理性類似的錯誤。在大千世界中，所謂的變化，是多種多樣的，也就是說，每一事物的變化，可能有多種原因和多樣的結果。到底什麼是真正的原因和結果呢？物

質的不可窮盡性以及物自體不是現象這個原理來說，理性不可能全面地考究問題。理性概念也只不過是根據邏輯通過知性概念進行判斷、推理出來的東西。唯物辯證法有一個理論，叫做「聯繫地看問題」，他們知道一因多果，一果多因。因此他們要聯繫看問題。但是，無論你如何聯繫，它總是有遺漏的。把這個「聯繫」引入理性辦證，反而橫生許多詭辯論。明明一個常識，道理很簡單，你一「聯繫」，問題就出來了。譬如某人放了個臭屁，我們說這是一個臭屁。你把它聯繫到其他方面去，說，對於某些有特殊味覺的人來說，他未必就覺得臭；又說，這雖然是個臭屁，但他排解廢氣對他身體來說是有好處的。等等，你聯繫起來看問題，很多東西就變得似是而非了。

所以我们说，理性的錯誤，全因理性的邏輯形式，根據知性概念的出現，而進行推理、判斷的結果。康德在他的《純粹理性批判》批判辯證法时，已点明这种幻相逻辑的錯誤。他在「先驗邏輯論」一章就對辯證法作出嚴屬的批判。他說，「古人在使用」辦證術「這個名詞作為一種科學或技術的名稱時，不論其意義怎樣各有不同，我們從他們實際使用這名詞的用意來看，可以斷言，就他們來說辦證術始終不過是幻相的邏輯而已。這是一種詭辯的技術，使無知和詭辯手法有其真理的外形，其方式就是模仿邏輯所規定的、按一定方法所得到的徹底性，以及用邏輯的「辯論常識」來掩蓋其主張的空洞性。

「現在我們可以注意下一點作為可靠而有益的警告：如果把普通邏輯看作一種工具，它就總是一種幻相的邏輯，即辦證術的邏輯，因為邏輯所教人的并沒有任何關于知識的內容，而是只規定知識和知性相一致的形式條件。而這些條件卻不能告訴我們任何關于所談的對象的東西。那么，想要用這種邏輯作為一種推廣和擴大我

們的知識的工具就勢必以空談為其結局——在這種空談中，我們可以用某種貌似有理的話來堅持任何可能的主張，或者如果我們願意的話，又來抨擊任何可能的主張。」[112]

原來，邏輯只是一種方式，它「並沒有任何關於知識的內容」。應用不同的邏輯方式，對於知性概念進一步的推理、判斷，就會得出不同結果。如中國某些人士宣稱的「人權就等於吃飯權」來說，他的邏輯是這樣的：人的最大權利就是生存權，沒有生存，一切都免談，人生存都沒有了，人還能做什麼呢？人死了，一切都完了。因此，只有在保證人的生存權情況下，才能談其他的權利。政府致力於解決人民的溫飽問題，就是在維護人民的人權。最後的結論就是：人權就等於吃飯權。

人權在政府某些官員的邏輯演繹、推理、判斷下，最後則變成了吃飯權。為什麼會這樣呢？這就是康德說的「幻相邏輯」，他用不同的邏輯形式，套上不同的內容，就會出現貌似正確的理性結論。

原來，人有一個認識範疇，這個認識範疇就是康德根據阿里士多德的形式邏輯整理出來的十二大原理。我們的辯證，就是用不同的邏輯形式，套上一些內容，從而得出一些結論。如上面說的人權等於吃飯權，看似正確，但我們稍加分析，就會看出他以偏概全。我們說人不吃飯會餓死，但人沒有空氣呼吸也會死；沒有水喝也會死；沒有陽光，長期把他關在黑暗裡也會得病而死；而人沒有自由，不讓他思想，他也會發瘋而死。為什麼單單說吃飯權才是人的最基本權利，而其他的基本權利則被抹去了呢？這就是康德所說的，利用邏輯形式，套入不同的內容，進行的「幻相」辯證，它會

---

[112] 康德〈純粹理性批判〉韋卓民譯。華中師範大學出版，2002年7月第二版99頁

得出貌似正確的結論。我們不能說吃飯權不重要，沒有飯吃，肯定會餓死。但吃飯是人生存的基本條件之一，不是全部。你不能把一項的突出，掩蓋其他必須的條件。我們明瞭這個幻相的辯證邏輯，就知道辯證法是怎麼一回事了。他是利用不同的邏輯形式，套入不同的內容進行辯證的。而且他的辯證邏輯更詭辯，他說「有」的對立面就是「無」，他可以從無辯出有，從有辯出無。他可以不講究形式邏輯的因果律。有人研究出說辯證法是「關係邏輯」，以矛盾論來進行辦證，這並無道理。從而你可以看到，辯證邏輯就是康德說的「幻相邏輯」，它只是利用邏輯的形式套入不同的內容進行辯證。黑格爾說，「凡是現實的就是合乎理性的，凡是理性的就是合乎現實的」[113]

現實出現的東西，我們的思維知道它是真的，那當然這種東西是合乎理性的了；而我們的理性是根據邏輯的形式來思考的，邏輯的形式不會有錯的，那肯定不會與現實相違背的，所有理性肯定合乎現實的。這種互相折騰的辯證，就達到他的對立統一了。有人指出，惡也是現實存在的，它是否是合乎理性的呢？黑格爾則否定惡不是現實的。以前我讀黑格爾的「小邏輯」，覺得很奇怪，一般來說，思維是主觀的，怎麼到了黑格爾那裡，思維則變成客觀的了，並且他還說思維無限性。直到後來我讀了康德的「純粹理性批判」，他指出辯證法是「幻相邏輯」，纔明白是怎麼一回事。原來邏輯這個東西，是人們根據經驗後的知識所總結出來的科學規律、法則。只是代表一種形式，並非現實內容。如經濟學中的基尼係數等。經濟學家說，基尼係數超過多少就會引起社會動亂，這種論斷是如何得來的呢？當然是經濟學家根據社會經濟活動的經驗知識總

---

[113] 黑格爾：《小邏輯，商務印書館，賀麟譯1980年7月第二版43頁。

結出來的一條法則。這條法則，看似百分之百正確，是沒有甚麼錯誤的。但一放入內容進行辯證，它就會有錯了。如上面提的基尼係數，一個社會控制得太嚴、太殘暴，即使基尼係數超過經濟學家說的臨界點，也不會發生社會動亂。也就是說，在專制高壓的極權社會，基尼係數這一法則可能就不起作用。「因為邏輯所教人的并沒有任何關于知識的內容，而是只規定知識和知性相一致的形式條件。而這些條件卻不能告訴我們任何關于所談的對象的東西」。

　　中國大陸哲學界，為了維護黑格爾辯證法的尊嚴，有人將康德和黑格爾做一個分野：說黑格爾用的是辯證邏輯，康德用的是形式邏輯。其意是想說康德的哲學沒有黑格爾哲學的先進，所以康德哲學是落後了。這裡我不想再對辯證法指三道四，我想指出的是，康德是有應用形式邏輯，但其整套哲學，運用的是先驗邏輯。不懂得康德的先驗邏輯論，就無法理解康德的先驗哲學。如果我們了解康德的先驗邏輯，也就明白辯證法是怎麼一回事了。我稱辯證法為「自欺欺人」。他的無中生有，有中生無，不需要形式邏輯的條件，只講矛盾的對立面，即所謂的抽象的抽象，否定之否定，就這樣來回辯證。最後以一個意來包含另一個意達到他的對立統一。這就是康德所說的「幻相邏輯」。我稱此辯證法為「意中之意」。用一個邏輯的道理，放入一個內容，再辯證出他想要的一個意，如有的對立面是無，我們之所以有這個世界，它肯定有一個無的世界，那麼，這個世界就在無中生出來了。道理說得頭頭是道，但世界是否是從無中生出來，誰也不知道，也無法証實，這只是邏輯形式在起作用。

　　我們從康德的先驗邏輯論來看人的認識，就知道理性的錯誤是從何而來的了。一是物自體不可知，它的出現只是現象，先驗邏輯只是根據出現而起作用。出現的多少，以及出現什麼，決定著這

個認識。對象有些東西它根本就沒有出現，從而我們就無法全面認識這個對象。其次是對象有些東西是出現了，但我們沒有注意到，或是它出現的量沒有足夠影響我們的心靈，這個先驗邏輯也不起作用。因此，我們的認識，只是事物的一部分，只是先驗邏輯根據出現作用所形成的結果。我這裡說的出現，不單是指客觀事物現象的出現，還包含主觀意識的出現。即知性為理性提供多少經驗意識。這個出現的多少，或是出現什麼，往往是造成我們認識的不全和錯誤。其三還有一個造成認識錯誤的原因是，有些東西的出現，不符合先驗邏輯的規則，其邏輯機能起到另外的作用，得出的結果則是出乎意外。如出現的所謂幽靈、鬼怪等等。這種現象是不符合邏輯分析、綜合的，先驗邏輯就把它放入偶然性的範疇作概念。這種反常現象，宗教信仰者最愛用它來作神靈的見證。呀，我們的神多靈啊！你看，他從幾百米的懸崖掉下來不死，就是因為他身上掛著佛像，佛主保佑他了；他得了癌症，每天向上帝祈禱就病好了……。如此的結果，就是出現不符合先驗邏輯規則，他則以一種不可理性、神祕性以對。

我們說明理性是如何犯錯誤的，是為了說明，思維擴展到理性的階段，它已超越原先認識方程式基礎性的純粹知性概念的範圍，即以三段論的邏輯形式進行擴張知識。也就是所謂的「三生萬物」形式。而由於先驗邏輯形式以及出現的侷限性，加上物自體的不可知，他就無可避免出現錯誤。

# 十六、意識意向性的分析

　　我們以宋代哲學家陸象山說的「宇宙便是吾心，吾心即是宇宙」證明出心性早就包含宇宙世界的一切。就是說，你的心性本就是一個整體，是整個宇宙的統一體，有一個周全而自我圓滿的宇宙統一體，他與宇宙世界的一切是相通的。而我們將這個心性打開來接收外界的現象，就使他發生變化了，就變得殘缺不全了。為什麼這樣說呢？

　　我們再拿中文視窗拼音輸入法來做例舉。

　　視窗中文拼音輸入法，它是以26個英文字母做基礎的。這26個字母，包涵著整部中文字典的中文字驗前概念（方程式裡的純粹概念），只要想要那個字，你打拼音開頭那個字母，那個字就可出現了。就是說，這26個字母，包涵所有中文字的純粹概念（代碼）。而且它形成一個有機的系統。這個字與那個字可以組成一個詞，那個字與這個字不可以組成一個詞，它有一套有機運作系統。就是說，它是有一個範疇的，有純粹的邏輯法則與規律的。但是，你的使用是有意向性的、選擇性的，不是每一個中文字你都用到。有些常用字你可能用多一些，有些偏僻的字你從來都沒有用過。有時你用兩個、或幾個字母連在一起，也可打出許多詞組來。這就是說，這套拼音輸入法，它本來有一個系統，也可說是一套完整的方程式。裡面有多少中文字的驗前概念？可以產生多少聯想詞

組、句子？他都一一設計好了。這套方程式，不管你用不用它，它是完整裝置在電腦裡的。你打開這個視窗，開始用它打字。這就是經驗後的運用。運用多了，出現很多單詞和詞組，它就意向性地往那方向應用下去，這就是電腦聯想功能的作用。但是，我們必須注意下列情況的發生：其他字母你都用過打字了，但你從來就沒有打過Y字母的字。那麼，Y的中文字就理所當然沒有出現過。那些「要、也、有、因……」等中文字根本不會出現在電腦視頻上。這樣看來，那套方程式本來就包含有Y字母的中文字純粹概念，是你沒有打過Y字母，所以它沒有出現Y字母的中文字。這就是說，那套方程式它是很完美的，樣樣俱全的。它包含所有中文辭彙的純粹概念。是因為你沒有給它經驗（沒有打過Y字母），而它就沒有顯現Y字母的中文字。如果按你視窗顯示過的中文字來看（意識出來的東西），你就否定說，這套拼音輸入法沒有「因、有、樣、也……」等中文字。這看似正確，確實視頻沒有顯現過。但是，在那套拼音輸入法的方程式裡，它確實有這些中文字的驗前概念存在，只是我沒有打過Y字母，它不出現而已。因此我們說，這套拼音輸入法，它本身有一套周全而圓滿的系統，你應用它，就如打開一個缺口，反而使它不全了、有遺缺了。你經驗（打字運用）只是一部分，不可能面面俱到，總會有遺漏的。你不可能把方程式所有的驗前概念都經驗出來。而且它組成新的複合詞又是根據經驗過的單詞而組合向前發展的。這個說法，就證明我們的頭腦，意識出來的東西是不全的。你所意識出來的東西（即經驗過的東西），只是那套方程式意向性的顯現。它只是一部分，一個意向，一個方面的知識而已。它還有很多純粹的概念包含在那個方程式裡，是你某一意識的顯現，把其他的虛無了。也可以說，由於你沒有機會讓它出現，它就永遠埋沒在那套程式裡無法知道了。而認識的方程式還有

一個法則，你經常運用經驗性的概念出現次數越多，方程式的職責就往這方面運作，對這些出現的聯想組織能力就越強。他就專為這幾個出現而起作用，而其他的就沒有被意識出來了。如拼音輸入法，他用WM字母的中文字多，它就顯示「我們、文明、完美、外面⋯⋯」等中文詞組，在這兩個字母的中文字組詞就越來越多。那個邏輯功能一直往這個方面作用，就這兩個字母的中文字也可組成很多詞組，而其他的沒有機會運用，那些純粹概念也就沒有機會出現了。說來這套拼音輸入法，它本身就包涵所有中文字的純粹概念，26個字母基本包含整部中文辭典，那個方程式本身就有那些中文字的純粹概念。但由於我們運用的侷限性，它所顯現出的中文詞只是一部分、一個小點而已。就是說，大部分的中文詞都埋沒在那套程式裡，而沒有得到應用。而其他字母的中文字也可與其他字母的中文字組成新的複合詞組，但因為我們沒有應用過（經驗過），那些新的複合詞組當然也不會出現。也就是說，由於運用的意指性，其他中文字的純粹概念就被虛無了，而認識方程式根據經驗性概念向前運作，也就意向性地認識下去。當今的科學分析，就是意識意向性的發展。

　　我們說明了這個電腦視窗的拼音輸入法的應用情況，再來看我們人這個心性。本來我們人天生就有一個宇宙心，宇宙的自然法則、規律他都包含在內。他裝有宇宙自然世界物體的純粹概念。前面我們已作過證明，「宇宙便是吾心」。但我們開啟我們的人生，就打開了那套認識的方程式。由於人是個體的人，他所佔的空間、時間都是有限的。這樣，他的認識就是某一空間，某一時間的認識，可以說是不全的。認識的方程式只對出現（客體）起作用，而出現也是某一空間、某一時間的出現。而作用出來的知性概念就只能是具體的，意有所指的。他經驗得來的知識，是不可能包羅所有

方程式裡的純粹概念的。就是說，他不可能把心性中那些所有的純粹概念都經驗出來。而新的複合性概念也是在概念與概念中聯想產生。而在人生中，意識又會受到情感、愛好、志向等的影響，人生的意識就意向性地發展。如一個人非常愛他的妻子，突然間他的妻子病故或出走，他的精神就崩潰了。他所認識的這個世界，都是灰色的，毫無意義的。又如你今天的情緒很不好，一件很容易處理的事情，你卻下了相反的判斷，把事情搞砸了。這是情感改變人的認識程式，使人做出不同的推理、判斷，從而改變自己的思想和行為方式。而愛好也將認識方程式引向一邊，他愛好音樂，他認識的方程式就會偏向於聲樂的認識。他偏向於音樂，可能他的物理、化學知識就貧乏了，有的甚至對某一方面的知識一無所知。我們常聽到這樣的議論：某某人是一個音樂天才，但在做人上是一塌糊塗。這就說明，這個某人的音樂知識是非常豐富的，而他的做人知識是非常貧乏的。至於說到志向對認識方程式的導向，更加明顯。一個人從小就志向於某職業，那他大部分的注意力就往那方面發展了。還有所佔的空間不同，他的認識也不同，所謂的城市人見多識廣，鄉村人少見多怪等。就是城市出現的現象多，鄉村相對小，人的經驗知識當然就有差別了。而所佔的時間階段不同，認識也不同，如當今的電腦時代，小孩就比我們老一代沒有電腦的孩時知識強多了。人的認識方程式還有一個特點，就是有一個慣性思維，他根據經驗性的意識，先驗邏輯總是意向性地往這方面作用。如一個人上當受騙多了，他對他人所說的話總是持懷疑的態度：他說的話是真的嗎？他所說的是對我好嗎？是不是另有所圖，有什麼目的？人有很多行為方式，都是與經驗性意識有關的。所以世界上的人各各不同，是因其思想、知識、信仰的不同。而這個思想、知識、信仰的不同，往往是因為認識方程式接受出現互相作用的結果。所謂的偏

見、專業人士都是這個作用的結果。也可說是其所處的環境與其認識的方程式所起的作用所造成的。所以說，因為出現的侷限性，我們人的一生，要把整個宇宙心的概念展現出來是不可能的。我們無論如何積極人生，不斷地去認識事物，不斷地去探索，終究還是有遺漏的。就如我們計算圓周率，你永遠也得不到圓滿的解答，後面總是留有小數點，讓你不能計算完畢。意識，總是意向性的，他不可能全面地認識世界。你一生中沒有見過雪聽說過雪，你就沒有意識出來雪的概念，你否定有雪的存在只是意識的否定，並不是心性沒有這個純粹概念，反映不出來，只是你沒有經驗過而已。原來我們人類那個心性，他本是很全的，他有一套完整的宇宙世界的純粹概念，那個創造者（或說神）已把這一切設計好了，人的頭腦裝有一套完整的宇宙形式，他已包含各種各樣事物的概念。他有一套完整的系統，一個有機的統一體，有一套完整的認識方程式。你把這套認識的方程式打開來，他就是意識的人生了，而意識總是要有所指的。你指向這個，那個就被虛無了。知性概念是具體的，他不可能成全整套認識的程式。而理性，也只不過是把知性的經驗性概念與概念再進行聯想、綜合、統一，生成新的概念。理性有綜合、統一的功能，看似可以認識到底，得到絕對？但由於時間無限，空間無限，宇宙無限，物自體不可知，打開這個認識的方程式，反而使宇宙心變得殘缺不全了。

　　我們從人這個宇宙心來看人的作為，你就見怪不怪了：專業人士總是笑非專業人士無知；見多識廣者罵孤陋寡聞者落後；聰明人顯示其多才多藝；此彼互相攀比，實則只不過是大小籠框裝多裝少的問題。即使最聰明的人，只要他意識，他就不能與他整個宇宙心相通。整套方程式是一個龐大的系統，是一個有機的整體，他是純粹的，是暢通無阻的，你無端端放一些東西（意識的東西）在裡

面，就阻礙他的暢通了。人得了精神病，或內心淤塞納悶，就是意識的東西堵塞了心性的形式。電腦來說是中了木馬病毒，人來說是認識的方程式被經驗性的知識所堵塞了。

我們從人生來看，意識的意向性決定一個人的命運就非常明顯。如一個音樂家在他晚年時回憶說，當初他學音樂，是他父親迫使的。他小的時候很愛好數學，假如沒有他父親的壓迫，他往數學方面發展，他現在可能不是音樂家，而是名數學家了。這就說明，一個人要成為怎樣的人，與他人生意識意向有關。他為甚麼不是數學家，而是音樂家？我們不能否定說此人沒有數學天才，而是因為他往音樂方面發展而虛無了數學方面的才能。一個人生下來，他的天資就在腦袋裡。就是說，他的宇宙心就在那裡，人生如何？就看他經驗性意識如何發展了。知性概念的擴張，是有意向性的。

我們通過電腦方程式的實例，可以清楚地看出人這個心性的認識方程式。每個人都有一套完整的系統，就是說，他的心機有一套完整的宇宙世界裝置，他的先驗邏輯裝置也是固有不變的。我們人打開這個認識的方程式，就是打開這個宇宙心的一扇門，即開始走我們人生的道路，他就變成人人不同了。我與非我就出現了，我就成為一個世界。因為意識的意向性，使我成為這樣的我，而不是那樣的我。人之所以各有所識，是因為認識的方程式與出現不同相互作用的結果。可以說，我們所認識的宇宙世界，是透過如針孔一般的光看到宇宙世界的。我們不可能全面、澈底地看清宇宙世界的真面目。而你是一個個體的人，受到時間、空間形式條件的限制，所出現的現象及意識也是有限度的，而我們人的心性邏輯機能只有對象才能起作用。就是說，思想沒有內容則空。而對象的出現只是時空的某一點，某一部分、某一階段。這就說明意識的意向性是不能成全我們人類自己的心性的。只要啟動認識的方程式，人那個

的心性就不全了，他要裝上意識的東西，那意識要佔據心的某一部位，某一位置。就是說，經驗性的概念，心性要有一個位置來儲存的。這樣，原來那個完美圓滿的心性形式就殘缺不全了。你出生來到這個世界，本是一塵不染，那個心性本是純粹無雜質的，我們認識世界，就是把外來的客體對象裝進自己的腦袋中去。有的位格裝實了（意識出來的經驗性概念），有的位格空著（沒有意識），有的邏輯機能被佔用了（經驗性的慣性思維），有的則被閑置著（得不到開發的先驗邏輯機能）。可以說，只要人啟動認識的方程式，有了意識，他的心性就不是圓滿無缺的，而是有遺憾、殘缺的。人無論如何追求，如何奮鬥，如何絞盡腦汁去認識，他也不能成全他的整個心性。這就說明，每一個人，他的大腦有一套完整的認識方程式，這套方程式包羅萬象，是一個完整的宇宙形式。我們去認識事物，將認識的方程式打開，不斷去認識，直到我們死亡，也沒有用完方程式所包含的東西，而發展出來的經驗性概念也不能包羅整個宇宙世界。我前面已說過，那些認識的神經細胞，最多只是用到10%而已。你想想，10%，即還有90%沒有得到開發運用。實際上，人類永遠也不能把他的宇宙心認識完畢。他與宇宙一樣，是無極的。如此看來，黑格爾所謂的對立統一，孟子所謂的「先立其大者，則小者不能奪也」[114]的綜合統一法，也只不過是理性的要求而迫使得出的一個理念而已。也就是康德說幻象邏輯在作怪。

根據意識意向性的運作，我們可以看出認識方程式的一些特徵：

1、方程式以經驗性概念而再生新的概念。方程式以前經驗性概念為基礎，再產生新的認識。

2、方程式以經驗性概念作為連結、綜合、統一，產生新的複

---

[114] 孟子：《孟子》台灣智揚出版社，民國83年版，314頁。

合性概念。

3、雖然有想像力、情感、志趣等左右方程式的運作,但還是以經驗性為導向。經驗性概念是誘導認識方程式意向性發展的幕後推手。

4、方程式的意向性,是破壞吾宇宙心的完美性。他的意向性運作,就使得心性不健全了。也就是說,認識方程式是一個純粹的方程式,有了經驗性概念,它就不是純粹的了。這就是亞當與夏娃偷吃智慧之果所帶來的惡果:有了知,方程式就意向性地運作了。

# ■ 十七、純粹理性理念探析

　　康德在《純粹理性批判》一書的「導言」開章明義地指出，「我們的一切知識都從經驗開始，這是不能置疑的。」[115]那麼，經驗是如何得來的呢？開始當然是感性直觀，得出概念。一個經驗性的認識，就由此而完成。然而，知性做出的一個個判斷與概念，都是具體的，也就是說，「意有所指」的。這樣，知性就不能追根問底，統攝知識的來源和包羅萬象。人是哪裡來的？先有雞還是先有蛋？靈魂不滅、上帝存在、意志自由、物自體是否可知？等等問題就出來了。康德在探討出知性能力的侷限性後，再探討出一個理性來。康德還是以他的先驗論為指導，他通過證明一個先驗空間和時間，把它們作為感性直觀的形式條件，然後又通過知性的認識範疇，證明出知性的先驗能力。而他所指出的這個理性，也是先驗的。他證明的，不是一般所謂的理性，而是「純粹理性」。這就是他書名的《純粹理性批判》所要達到的目的。人們讀康德，以為康德是講一般的理性批判，其實康德的哲學，不是理性批判，而是「純粹的理性批判」，這個「純粹的」定冠詞很重要，不理解什麼是「純粹理性」，就不能理解康德的批判。後來的黑格爾辯證哲學，包括現在中國大陸流行的唯物辯證法，他們的辯證論，講的

---

[115] 康德：《純粹理性批判》韋卓民譯，華中師範大學出版社，2000年第二版，35頁。

感性認識與理性認識，矛盾論，對立統一等辯證關係，都是一種經驗認識論。它是就出現的知識而進行抽象的辯證，並不是康德所說的純粹理性。說明白點，他們的辯證，就是康德所說的，以普通邏輯的形式，套入知識內容，進行的一種幻相辯證。這種幻相辯證，因為它忽視人類基本的認識能力，無法探知人類先驗邏輯的功能，那種超驗認識方程式所包含純粹的東西，即純粹知性、純粹理性的那些先驗的東西，他們是很難有所領悟的。所以我們要理解康德的純粹理性批判哲學，也要像我們先前探索純粹知性一樣，一定要在經驗知識上的反轉，剔除知性經驗性的概念，從先驗的純粹理性入手，才能理解康德的純粹理性批判。

　　康德以形式邏輯的三段論入手，指出三段論為間接推理邏輯形式。它與知性的直接推理是不同的。直接推理與感性直觀有關係。而間接推理與感性直觀沒有關係，而與知性經驗性的概念有關係。也就是說，理性是在知性經驗性概念的基礎上，再做推理判斷，進行綜合統一的。「所以理性的統一性不是一個可能經驗的統一性，而是在根本上不同於這種知性統一性的統一性。」[116]知性的推理判斷，可以從知性認識範疇中證明出來，而這種間接的推理判斷，是在概念中再生的概念。是在知性具體的概念之上再綜合統一出新的一個概念，它在知性的實證中是找不到的。因此康德就判定心性有一個純粹的理性能力。這個純粹理性，不同於知性。它有一個原理：「對通過知性所獲得的受條件限制的知識，尋求無條件的東西，從而使受條件限制的東西，達到完整的統一性。」[117]就是說，純粹理性有一個功能，它要把知性得出有條件的東西，推論到無條件的至極上，使知識達到完整的統一。如我們說世界有張

---

[116] 康德：《純粹理性批判》韋卓民譯，華中師範大學出版社，2000年第二版，324頁。
[117] 康德：《純粹理性批判》韋卓民譯，華中師範大學出版社，2000年第二版，324頁。

三的存在，肯定有生他的父母，那麼，他的父母，肯定有生他們的父母。祖父祖母，又有他們的父母。如此推論下去，最後推理到亞當與夏娃是人類的始祖。那麼，亞當與夏娃是哪裡來的呢？有神論者說是上帝創造的；無神論者說是物質演變而來的。唯心者的「上帝」與唯物者的「物質」就是人類的創造者。他們得出這兩個不同的概念都是無條件的，它已達至完整的統一性。人是上帝創造的，或是物質演變而來的，已沒有什麼條件可說了。康德在書中特別提到柏拉圖（Plato）的理念，指出這個理念在現實中是找不到的，也就是說，它是不切實際的，如空中樓閣。但人們的心中，又存在這樣幻夢中的理想概念。康德把理性這個概念，套用柏拉圖的名詞，稱為「理念」。它是理性的幻相邏輯產生出來的。康德在「先驗幻相辯證論」指出，這種理性的幻相辯證，並不是理性的什麼過錯，也沒有什麼好壞的問題，而是人類心性必然產生的一個主觀意識。這種理性幻相辯證，是不可避免的。康德說「事實上存在著一種屬於純粹理性的自然而不可避免的辯證，這種辯證並不是如手藝不夠純熟的人由於知識不足而陷入的，也不是某個詭辯家有意編造出來以淆亂有思想的人的，它是和人類的理性分不開的，即令在它的欺騙性已經暴露了之後，它仍然要捉弄理性，繼續使理性斷斷續續地陷入一時的錯亂，而常常需要矯正。」[118]依我的見解，就是那個認識方程式所決定的。方程式一定要將認識推向至極，一定要推斷出一個結果。康德認為，這個理念，雖然沒有知性那種意指知識的運用價值，但它對人類的道德踐履，對人類所謂的靈魂不死、自由意志、上帝存在等，起著非常重要的作用。這個純粹的理性概念，看似無用的東西，實則是人類必不可少，有大用的東西。康德通過邏

---

[118] 康德：《純粹理性批判》韋卓民譯，華中師範大學出版社，2000年第二版，318頁。

輯的三段論：（直言、假言、選言三種形式邏輯。）進一步說明理性的任務是從知性的受條件限制的綜合，「上升到知性所永遠不能達到的無條件的綜合」，他得出三類理性理念：「第一類包含著思維主體的絕對（無條件的）統一性，第二類包含著出現的條件系列的統一性，第三類包含著一般思想的一切對象的條件的絕對統一性。」[119]這三類無條件的絕對統一，就把人類所期待的「靈魂不死，自由意志，上帝存在」包羅進去了。

康德指出這個純粹理性是怎麼一回事後，並沒有就此打住。他舉出四個理性的「二律背馳」來說明理性這個幻相辯證邏輯。


# 第一個「二律背馳」

正題：

世界在時間上有一個起頭，在空間方面也是有限界的。

反題：

世界沒有起頭，在空間也沒有限界，它在時間和空間兩方面都是無限的。[120]


# 第二個「二律背馳」

正題：

在世界中每一個組合的實體，都是由單純的部分組成的，而且除了單純的東西或者由單純的東西所構成的東西之外，任何地方都再沒有任何東西存在。

---

[119] 康德：《純粹理性批判》韋卓民譯，華中師範大學出版社，2000年第二版，343頁。
[120] 康德：《純粹理性批判》韋卓民譯，華中師範大學出版社，2000年第二版，420頁。

反題：

在世界中任何組合的東西都不是由單純部分所構成的，而且在世界中沒有任何地方存在著任何單純的東西。[121]

# 第三個「二律背馳」

正題：

按照自然律的因果作用並不是世界上的一切出現都能由之引出的唯一因果作用。為了說明這些出現，必須假定還有另一種因果作用，即自由的因果作用。

反題：

自由是沒有的，世界上一切東西只按照自然律而發生。[122]

# 第四個「二律背馳」

正題：

有一個絕對必然的存在屬於世界，或者作為世界的一部分，或作為世界的原因。

反題：

在世界之中，沒有一個絕對必然的存在者，在世界之外，也沒有一個絕對必然的存在者作為世界的原因。[123]

康德這四個著名的「二律背馳」，一則說明了理性的侷限性。正反兩方面都不能得出絕對的答案。也就是說，正題也可以說出它

---

[121] 康德：《純粹理性批判》韋卓民譯，華中師範大學出版社，2000年第二版，426頁。
[122] 康德：《純粹理性批判》韋卓民譯，華中師範大學出版社，2000年第二版，434頁。
[123] 康德：《純粹理性批判》韋卓民譯，華中師範大學出版社，2000年第二版，441頁。

的理由，反題也可以說出它的理由。因為實證的東西是由知性來完成的，而理性只能在知性的概念、關係、條件上運作，理性是靠間接的（依靠知性的概念）三段論來完成其推理的，（直言、選言、假言）因而就造成公說公有理，婆說婆有理的悖論。從而我們可看出，所謂的絕對真理，是沒有的。而說沒有真理，也是不對的。真理，可以在知性中尋找；絕對的東西，可以在理性中尋找。但理性判斷只是間接的，它是概念與概念的關係，不是實證的。我們把認識的東西，歸於知性管轄；把理念，歸於理性做統帥。知性的概念是有實際意義的，意有所指的，是可以實證的。而理性的概念，它是絕對的統一體，是無條件的，無所不包的，沒有實際的意義，是不可以實證的。如此，我們就可以知道，現代人爭論宇宙世界是不是可以認識的？有沒有一個開頭？時間、空間是否是無限的？物質是否無限可分？人類是不是靈魂不死？人生是否有絕對的意志自由？這個世界真的有上帝存在嗎？世界是物質的能解決世界的本源嗎？等等。康德在他的《純粹理性批判》的「先驗辯證」中，已作出許多明確的回答。此等爭論，是不可能有勝負的。我們就拿有神論與無神論來說吧。你說有神論很有道理，我們這個人類世界，是從何而來的呢？沒有一個創造者，由上帝創造出來，說得通嗎？我們的知性，所知道的一切，都有一個根源，一個因果鍊，凡事都是有條件限制的，我們追問到最後，沒有辦法再追問下去了，這個世界有一個源頭嗎？宇宙生成有一個物質因嗎？必然要有一個無條件者來統一這些知性的追問。「為什麼會這樣？」必然有一個統轄者。有一個神－上帝概念出來了，就可以統包一切了。原來，這個宇宙有我們人類世界，是上帝創造的。我們的所作所為，都逃不過上帝的眼睛。上帝是無所不能的，是神力無邊的。這樣，我們的一切，都歸於上帝，我們就圓滿了。反過來，那些無神論者，把世界

的一切，都歸因於物質，人及世界發生的一切，都是物質運動演變而成的。達爾文的進化論，就把人是猿猴演變而來的。他們也說得頭頭是道，沒有一點破綻，你看看，那一點不是物質生成的？世界是物質的，人的肉身，都是物質的，人一死，什麼都沒有了？康德的四大反題論證，都是可以說得通的。這個無神論也得到意識概念的圓滿了。由康德的四大悖論我們可以看出，理性理念，就是從知性上找到滿足，尋求知性欠缺的圓滿。也就是先驗邏輯演繹的最後結果，它要找出一個絕對的認知。這就是理性的「潛妄」，就是康德稱為「先驗辯證幻相邏輯」所決定的。我們人類為什麼會有這樣那樣的信仰，基督教、回教、佛教、無神論者等等，都是人類內心那個先驗邏輯在作怪。因人天生就有一套作為認識的「先驗邏輯」，這套邏輯是有法則、規律地向前發展的，他必然有一個目的達到認識的圓滿。也就是說，我們人的心性，有一套認識的方程式，這套方程式，有一套先驗邏輯結構，這套邏輯的運作，必然要有一個結果。他必然要達到一個理性目的，要把知性的認識，推上一個無條件的統一性。就是說，認識的方程式在意志的壓迫下，是不能停止他的運作的，它必然要對知性得來的概念作出統籌安排，得出一個圓滿的絕對統一體，即理念，來滿足其人生的希望和要求。否則知性就會坐立不安，那些一個個的具體的知性概念就流離失所，無法安家立業了。所以康德純粹理性的先驗辯證，其實就是先驗邏輯推理的結果。我們看今天的電腦，比如Google搜尋，我們打一個詞條，或一個名人的名字，它就會出現一個結果來。為什麼會有這樣的結果呢？這當然是Google這套搜尋引擎裝有一套邏輯機能，說確切一點就是先驗邏輯機能。它有把一切上過互聯網的信息都能包羅進去，你打那一條信息：名人或什麼詞條，它就必然顯示出來。也就是說，Google這套方程式，有一套「先驗的綜合判斷是

怎樣成為可能的？」的先驗邏輯機能，不然它就沒有這個搜尋結果的價值了。電腦這套「先驗的綜合判斷」能力，多是人利用數學的先天性原理，進行編程而成。這些純粹的數學組織性原則，或許不可以稱為「先驗邏輯」，但包涵先驗邏輯的功能。電腦的方程式，很多與人的思維有相似之處，也是會思維的，其雖也有力學的成份，但這種能力，確實有一套嚴密的數學邏輯運作，因此也可稱為「先驗邏輯」。由於它預先就裝在電腦裡的功能，它驗後演算的結果就是必然的了。康德雖然在其「純粹理性批判」有提到數學先天性直觀的先驗原理。但其論述人的這一認識，從知性到理性，多是以形式邏輯為論據。在論述純粹理性方面，他也是以形式邏輯「三段論」（Vernunftschluessen）為論據。我們讀康德，以為康德是在說形式邏輯，以形式邏輯來說思維的規律、法則，實則康德這個形式邏輯，是在先驗上來闡明他的哲學的。所以，康德所說的形式邏輯，其實就是他發明的「先驗邏輯」。這種邏輯，要在無經驗上理解，這種邏輯是純粹的，是在經驗發生之前就在我們腦袋存有的一種邏輯機能。不弄明白康德「先驗邏輯」，我們就很難明白康德「超驗」（transzendental）的東西。有人以為超驗，就是神祕、不可理解、突然冒出、不可名狀的思維。其實康德這個「超驗」，是有其科學根據的，這就是他獨創的「先驗邏輯」所演繹出來的。這個形式邏輯的三段論，你要在「先驗」的前提下來反思（康德有說明他的先驗邏輯與普通邏輯的區別），即拋開經驗性的概念來思考這個邏輯的三段論。我們就很好理解康德的「先驗辯證論」所出現的「先驗幻相」，以及其所說的「理念、理想」是怎麼一回事了。就我看來，康德的「超驗」，是有其深奧的數學邏輯法則在裡面的，我們看電腦象棋的博弈，你走這一步棋，它就走那一步棋。用我們慣常的思維方式來說，它不應走那一步棋，我走馬，它應該走

砲，為何它走車呢？這種不為經驗判斷所採取的行為，也就是人們無法以經驗類比做出的判斷，他就認為是「超驗」的了。後來，博弈到最後，電腦棋手贏了，證明它走車那一步棋是對的。其實，我們仔細想想，電腦棋手為什麼會走那一步棋，而不是我們想走的那一步棋？那不就是它本身裝置的方程式早就設計好的嗎？這個方程式，裡面有一套嚴密的邏輯編程，也就是說，有一套先驗邏輯的綜合判斷機能。這種不為人慣常所思的一步棋，就是先驗邏輯的綜合判斷所得出的。這就是我們通常所說的「運籌帷幄」。它掌握著大局，看到十幾步棋遠的運作。我們以二三步棋的思維，是看不到它的「深謀遠慮」的。所以，就康德這個「超驗」來說，其根源來由我們是可以理解的，這就是先驗邏輯所造成的，因為先驗邏輯的組織性原則，而成就此一認識，而不是彼一認識。但就其驗後的知識來看，我們是不可理解的，為何他會推論出這個結果而不是那個結果？我們常常遇到這樣的怪現象：這個人怎麼會得出這樣的判斷？他的根據是什麼？好像沒有什麼理由？這種得出非同尋常、似乎不合情理的判斷，是無案例可以作類比的，人們就宣稱為「不可思議」。實則康德的「超驗」，是說思維越過經驗性的東西，而進行的一種邏輯思維活動。這種先驗邏輯，依康德的論證，是有科學原理的，可以證明出來的。「超驗」，並非等於神出鬼沒、不可以理解的奧秘。我們知道「超驗」的根源來自那裡，但不知道其推論結果何以如此令人意外。康德說的純粹理性理念、理想，就是人類心性認識方程式運作的必然結果。他的認識，必然要達到一個目的：上升到一個無條件的理性概念，康德稱為理念，因為就概念來說，它是有實在內容的，是可以實證的。而理性這個概念，是不可以實證的，它也沒有實在的內容，是一個理念。

康德把純粹理性這個先驗邏輯運作，稱為「限定性原理」，把

知性的認識範疇的先驗邏輯運作，稱為「組織性原理」。知性的組織性，是如何把認識的東西有規律，有法則地向前發展。而限定性原理，就是設定一個系統，一個框架，一個目的來保證知性的組織性原則的有效統一性，和達至它的完整性。康德的認識論，從感性直觀開始。感性直觀，以空間、時間作為形式條件，得到的是雜多現象，要經由知性的整理，知性有一套範疇，具有先驗邏輯的組織性原則，（概念、想像力、連結、綜合、統一等邏輯機能），將感性直觀的東西由知性論證性的方式，把知識表現出來。這就是康德在其「純粹理性批判」一書前面提出的「先驗的綜合判斷是怎樣成為可能的？」。因此，康德在談到純粹理性的概念時，說純粹知性的原理是組織性原理，而把純粹理性的原理稱為「限定性原理」。所謂的「限定性」，就是劃定一個範圍、界限，不能再有所進步和發展了，也就是絕對的統一。這就是康德想要闡明的純粹理性理念。它是無條件的、包羅萬象的、無所不及的。這個理念，包含所有知性概念的來由、出處及其最高目的，使人達至圓滿性。就是孔夫子所說「吾道一以貫之」的「一」，「從心所欲，不逾矩」的「矩」。也就是中國人傳統所說的「天道」。譬如說，我們設置上帝這個概念，我們就可將我們一切知性認識的不完善和不可知裝進去，我們說人是哪裡來的？先有雞還是先有蛋？這個世界是如何來的？我們沒有辦法知道，我以有神的概念－上帝這個理念來限定，說這一切，都是上帝創造的，就圓滿了。其實，康德這個純粹理性的限定性原理，就是中斷因果關係的原理。「凡事物的發生，都有其原因」，在知性裡，因果的鏈條是不能斷的。就是說，每一事物的生滅，都是有其條件限制的。這個純粹理性的理念，就把這個因果律的鏈斷絕了。所以康德說理念是由條件者，上升到無條件者。一切無法回溯、超驗的、不可知的東西，就可用理念包羅進去。康

德這個純粹的理性理念，完全是我們腦袋那套先驗邏輯演繹的結果。我們從康德的感性直觀的闡述、知性範疇的演繹可以看到：感性直觀，是以空間、時間為形式的，離開這兩者，什麼都沒有。就是說，沒有空間、時間作為感性的條件，感性直觀就無從得到對象。沒有對象的出現，知性就沒有對象可以進行認識。思想無內容則空，沒有感性直觀輸送對象，知性就沒有什麼可以認識。知性是靠感性輸送質料（現象）來進行邏輯思維的（推論、判斷、概念等）。那麼，空間是無限的，時間也是沒有開頭和結尾的。而感性直觀的對象，也不是物自身（物自體不可知）。這樣，涉及到無條件的東西，在空間、時間以外的東西，知性就無能為力了。然而，我們腦袋裝的那套先驗邏輯，有一套數學計算式的法則（組織性原則），他一定要追問下去，為什麼會這樣？他有一個打破沙鍋問到底的邏輯功能，一定要追究。這樣，純粹理性就出來了。他用先驗辯證論的方法，即以邏輯的三段論形式，來解決知性無法解決的問題。它要解決思維圓滿的問題。正如上面所說的，由於空間、時間是無限的，物自體是不可知的，宇宙是無限的，這就斷定理性概念沒有實證的意義。它是為所有的知性概念找一個集合體，一個根源，一個最高原則來圓滿知性的需要。

　　如此看來，那麼理性理念，不就是一個虛擬的東西，沒有什麼實際用途的東西，對人有什麼用呢？棄之如蔽履就是了，為何康德要花那麼大的篇幅去論述呢？他的書名《純粹理性批判》，重點就是這個「純粹理性」。可以說，他說了那麼多的感性、知性東西，就是為了解決這個純粹理性的東西。康德稱他這個批判，是消極的，目的不是增進知識，擴大知識。而是為認識設立界限和範圍。康德這個純粹理性批判，至少可以給我們有如下啟示：

# 1、科學與偽科學的問題。

當今世界，由於科學技術的發展，人們用科學的方法，對世界、宇宙不斷有新的發現，甚至利用科學的方法，不斷有所發明和技術創新。有人就斷言，這個宇宙世界，沒有什麼是不可以認識的，中國大陸就有人發展出「宇宙真理論」。宣稱他們的「宇宙真理」已涵蓋一切真理了。有的還拋開傳統的形式邏輯、辯證邏輯的思維，稱他們幻相出來的「宇宙真理」，為「全息邏輯」。其實，邏輯形式這東西，是人們經驗知識後得出的一些思維方式，康德雖然沒有提過什麼「全息邏輯」、「信息邏輯」之類。但他的「純粹理性批判」，指出理性的二律背馳，理念、理想不可以實證的原理，就足以分辨出什麼是科學，什麼是偽科學了。人類靠不斷積累的經驗知識，將自然科學、技術不斷向前發展，這是毫無疑問的。但是，一旦我們的認識，離開了原有的經驗知識，展開了幻相邏輯的翼榜，它高翔在空中，越來越遠離原有經驗得來知識做後盾後，它就不實際了。它就推論出一種看似真理，實則是幻象的東西。我稱此思維邏輯形式為從意識推論出意識（理性概念）。康德的理性理念，就是意識推論出意識的結果（以意包意）。前面我們已說過，康德的理性概念，與感性直觀沒有直接的關係，與知性的範疇也沒有關係，它只是與知性的概念之間有關係。也就是說，理性概念，它是在知性概念的基礎上，再生的一個概念。一個統籌所有知性概念的總概念。那麼，我們在分辨什麼是科學的，什麼是偽科學的時候，我們就注意了：凡是從某些概念推論出來的一個新概念，是否是科學的？就值得我們存疑了。這種從一個意識到另一個意識的東西，即從知性概念推理出一個理性概念，是與科學原理有一

定的距離的，不是實證的。是一種間接（三段論）的論證。我們明瞭康德的純粹理性原理，就不會動不動把人家的理論指責為「偽科學」，或是信誓旦旦地認為這是「科學真理」。如果我們理解了康德這個理性悖論，我們在求知上就有一個平和的態度，什麼是科學的，什麼是不科學的，我們就不會被理性的潛妄所困惑，也不會被「物自體不可知」嚇得停步不前。這樣，我們端正了科學的態度，就可以開闢出一條認識論的康莊大道來。

# 2、宗教信仰問題

　　當今世界，沒有什麼問題，是比宗教更辣手、更難解決的問題了。延享頓所謂的「文明衝突」，很大程度上就是「宗教衝突」。當今伊斯蘭原教旨的恐怖行為危害世界，其根源就是宗教信仰問題。他們把他們神的那個理念，當作是絕對的真理，於是用所謂先知的教旨來履行其人生的理念。說不好聽，這就是康德說的「獨斷論」在作怪。他們把那個神，作為獨一無二的真神，又把所謂先知所說的教條，當作是其實現理念圓滿的唯一指導方針。這種理念一旦根植腦中，他的一切行為方式，都是圍繞著這個觀念轉了。我們今天來看恐怖主義的行為，越來越激烈，大有要毀滅整個人類文明世界的可能。今天我們來反思康德這個「純粹理性」，深入理解他的批判，就顯得特別有意義。我們會發現，所有的恐怖份子，為什麼沒有一點反思能力？那麼不惜一切代價，心甘情願地付出自己的生命，來為他的神聖服務獻身呢？這就是理念的作用。人一旦根植於理念，他的所有知性、感性，都會反過來為證明這個理念是千真萬確的，是不可否定的，是無所不在的，是統治他的真神。康德這個純粹理性理念，讓我們明白，這個理念，看似虛無、毫無事實根

據的東西。你不能證明它的存在，也無科學的根據。但它既是人類思維的最高統帥，一切行動的指南。

　　康德的《純粹理性批判》出版後，康德就遭到神學界的一片譴責，認為康德是個無神論者。至今很多人讀康德，還會如此定論。以我來看，康德不是無神論者，而是靠近有神論者的不可知論者。他並沒有否定神的存在，只是指出神、靈魂不滅不可以證明而已。我們從康德的理性證明可以看出，到了理性理念、理想那個地步，思維已上升到最高度，它再也拿不出什麼憑據來作進一步的證明。從感性到知性，再到理性，康德已把思維的方式證明出來了。可以說，由於空間、時間的無限性，而這兩者又是感性直觀的形式，而我們的知性，是靠感性提供對象來進行概念，從而得出知識的。那麼，我們可以這樣說，沒有感性，就沒有知性，而理性，是靠知性的概念關係而得的概念。感性直觀，受空間、時間的形式限制，是有限的，是有條件的。它提供給知性的現象是雜多；而知性對這雜多進行思維也有一個範疇（有其規律與法則），這說明知性也是有限、有條件的；也就是說，感性、知性都是受條件限制的。而這兩者由思維進一步得出的理念、理想，這個理念、理想則是無條件的。這就是說，無條件的東西，怎麼能用有條件的東西證明出來？康德並沒有說上帝不存在，也沒有說唯物論的無神論是對的。他只是指出純粹理性理念這個先驗邏輯的辯證結果。我們從他的「先驗方法論」的論述以及《實踐理性批判》一書來看，他還是傾向於有神論的。假如沒有神，他的目的論就很難成立了。人類的知識、價值、道德、至善等就無所憑據。人生所謂的意志自由、靈魂不死等，就無所寄託了。康德說過一句很有名的話：「我因此就得揚棄知識，以便替信仰留有餘地」（Ich musste also das Wissen aufheben, um zum Glauben Platz zu bekommen.）（前已有註釋）。康德最終還

是不敢放棄信仰，還是要懷有一個目的性。他是能可信其有，不可棄之無。相對於唯物論者的物質是世界宇宙根由以及進化論等來說，我覺得康德還是棋高一著。我們人之所以有這個世界，之所以不得不如此的這個宇宙世界，全是腦袋那個先驗邏輯惹的禍。人類對宇宙世界的認識，就像是數學的圓周率，無論你如何發奮圖強，拼命地認識下去，也無法算完這個圓周率。最終還是留有一個小數點，沒有一個圓滿的答案。這就是人類心性認識方程式的一個缺陷，是由先驗邏輯的功能所決定了的。這個思維沒有辦法，只好用綜合統一的方法，這就是純粹理性。說有一個神，或物質來統領整個世界，實則是用來敷衍人類這個意志。沒有完美，人就不死心，要繼續追問下去，這樣，靈魂就不得安寧，就沒有一個安住所。所以，意志自由、靈魂不死、神恩報應等就出來了。叔本華所說的「生命意志」，就如此展現了。人的生存，他不可能消除這個慾望：人死後什麼都沒有了？人生沒有價值？一切都是虛無？他克服不了這些恐懼，他就要樹立一個信仰，來執掌他的人生。再說，在他有生之年，他也無法把握自己的命運，有太多不確定因素在困擾著他，沒有一個神來做主心骨，他就惶惑不安，對生活罔然無所適從。我們理解了康德這個純粹理性理念，對人的信仰就有一個認識：人原來是需要這個東西來做行動的指南的。別看它是一個理念，看似虛擬的東西，不可以實證。但它對人類影響巨大，它可以左右人的知性與行為方式，既可愛又可恨。當今宗教的衝突，非常激烈。基督教、伊斯蘭教、佛教、道教以及什麼原始拜物教等，各有各的信仰。理念不同，爭端就起了。你說你的信仰是真神，他說他的信仰是真神。到底哪個是真神？是真理？康德就指出它的不可實證性，由此我們就從康德那裡學到一種寬容，一個思維與行為方式的寬容。我們知道了這個理念是怎麼一回事，知道它是一個沒有

實際存在的概念。我們就可以把心思放平和一點，不要固執己見，堅持自己的信仰就是絕對真理，其他的信仰都是錯誤的這種思維是要不得的，我們應該得到包容。

但我們從康德這個《純粹理性批判》也可以看出，宗教信仰的可怕性。當今那些恐怖份子，是那麼的頑固不化，一旦他們受到教唆，說那是他們的真神叫他們這樣做的，他們就義無反顧去執行了。一個連自己的生命都可以獻出人，需要多麼大的勇氣和毅力？從中我們也可以看到這個恐怖份子，沒有任何反思能力和慈悲為懷，剩下的就是仇恨，不然他就沒有勇氣拉開那炸彈的開關了。由此我們看到理念形成信仰的可怕性，它雖然有統籌安排知性認識的一面，但亦有指揮知性認知的另一面。對人類的反思起著很大的作用。通常人們一旦堅信他的理念，他的反思就圍繞著這個理念服務了。如伊斯蘭教信阿拉，他的先知說豬肉是不能吃的，你吃了就會如何如何？他一定是照做不吃。但他也不會反思：那信基督教的人為什麼吃了就沒有什麼事？他的反思能力，都在教條範圍之內，是不敢越雷池一步的。豬是他們的祖先，豬肉是不能吃的，吃了就是吃祖先了。中國大陸的宣傳，說是沒有宗教信仰，但他們信仰唯物主義。美國打利比亞，打伊拉克，他們的反思就是美國為了石油，純粹是為了自身的利益，沒有任何正義，也沒有什麼道德標準。原來純粹理性的理念就是人生的最高目的。為了這個目的，一切反思能力就圍繞這個目的轉了，他要為這個目的奮鬥到底。我們從康德這個純粹理性的批判，對這個「理念」的檢討，結合康德《判斷力批判》的反思判斷力目的論，我們就看出人類宗教信仰的本質。人類許多荒誕不經、不可理喻的行為，原來是心性裝置的那個先驗邏輯導演出來的結果。因為那套先驗邏輯，雖然有龐大的系統，包涵整個宇宙運轉的原理，有嚴密的推理法則、而又精工計算，看似無

所不能，沒有什麼是可以難倒他的。但他有一個致命的弱點，有了目的論，反思的一切行為，就按目的概念轉了。這就是「上帝的歸上帝，凱撒的歸凱撒」。由此我們就可以好好地檢查所謂的宗教信仰。為什麼不同的宗教會各持己見，爭論不休？為什麼要改變一個人的宗教信仰是那麼的困難？為什麼那些原教旨者那麼激烈，不可理喻？同樣是人，為什麼會產生不同的思想和行為？……等等，

## 3、先驗邏輯解碼。

　　康德雖然在其純粹理性批判中得出一個「先驗邏輯」，也指出它與數學、力學有關。但由於它的神祕性和人類本身反思的侷限性，至今的心理學家和解剖學家都還未能解開這個謎。但是，如今電腦程式的出現，可以給我們一個啟示：如電腦象棋，我們人與它博弈，為什麼很難贏它呢？就是它程式那套先驗邏輯太厲害了，它嚴密，百疏無一漏，有一個一定贏你的終極目的。我們知道，電腦的各種方程式，是它用數學的編碼計算出來的。據說電腦的方程式，是以十二進位數發展而來的，這就是那超驗的根源所在。也可以說，是那個超驗方程式造成經驗後的種種結果。如此我們再來反思我們人類這個認識的方程式，何以如此，何以不是如此？他為什麼形成如此反思，而不是如彼反思？這與我們心性的先驗邏輯是有很大的關係的。如果我們知道了人的理念是先驗邏輯演繹的結果，這樣，我們是否可以對神、靈魂不滅、意志自由等觀念敬而遠之，不要那麼執著地信仰呢？對唯物論者的「物質決定意識」也一笑置之呢？如此，正如康德所說的，雙方論戰的觀點，不可能你戰勝我，我戰勝你。我們就可以寬容、和平地看待問題呢？人類只有認識了自己，反思到自己的思維本身，領悟到「先驗邏輯」的要害，

才能擺脫信仰的魔咒。

　　此外，康德論述的純粹理性批判，說理念是從知性的概念關係得來的，是諸多知性概念的集合體。似乎思維的方式，是由感性開始，從知性再到理性，就完成一個思維的方式。沒有知性，就沒有理性，這看來是不錯的。但思維往往不是直線前進的，當他有一點點知性的概念後，他是可以接受一個理性理念的。如依康德的論述，所謂純粹的，就是沒有發生經驗之前，腦袋就應該有的東西。這個純粹理性理念，應該是早就存在的，這個純粹概念，是在認識的方程式中先驗地設置的。經驗發生後，你向他灌輸什麼，他就形成什麼樣的理念。我們看小孩的教育就知道了，在佛教地區，你向他灌輸佛的觀念，他就信佛了，在基督教地區，你向他灌輸基督上帝，他就信上帝了，伊斯蘭教國家也是這樣。他從小接受伊斯蘭教的觀念教育，他就信仰伊斯蘭教了。當然，有些人受各種教育多後，發現原來的信仰很荒誕，就轉向其他信仰或是泛神論者。但其最終走不出一個目的：我們人何以有這個世界，肯定有一個不可知的神力造就的，或是物質因造成的。沒有一個目的因，是不可能的。這是先驗邏輯在腦袋早就編程好的，認識方程式的一個必然運作。就如數學的必然性：50+50=100；70+30=100；20+10+30+40=100……。你不能不等於100，那些數字綜合起來是一個必然的結果。我舉這個數學例子，就是說，我們的心性有一套認識的方程式，那些加減乘除、等於的運算符號，是我們心性所固有的。我們的心性，有一套認識的方程式。所以我認為，純粹的理性，是先驗邏輯演繹的結果。這個幻象的純粹理性概念的出現，完全是認識方程式裡的編程邏輯推理、判斷得出的結果，也就是先驗邏輯內在程式所造成的。因此，我以為理念是可以先於知性而存在的。它反過來對知性、感性的影響更大。我們知道，一個人有什麼

樣的信仰，對他的一生影響是巨大的。為什麼我們說要重視兒童教育，因為兒童是一張白紙，一旦我們給他灌輸那個理念，他的思維方式就往那個方向發展了。當今世界宗教的對立，越演越烈，恐怖份子自殺式的攻擊行動紛紛登場。有些天真的西方寬容人士，以為基督教的寬容精神很強大，可以教化那些極端的伊斯蘭教分子。實則是與虎謀皮，不可能轉化。那個理念是生來有之的，一旦注入經驗內容，他就堅信不疑了，你如何改變他呢？而能改變的方法，就是斷絕這種信仰的教條，不要相信這是唯一的真理。但這幾乎是不可能的。理性理念，在人少有知性概念時，更容易形成而固定化。原始的拜物教，更堅定那就是他的神。就是說，無知更容易接受理性理念。康德說理念是從知性概念上推論出來的，這在理論上是說得通的，但現實上既有些背離。在經驗性上說，人有了知性，才有理性。這是說得通的；但以康德的純粹知性，純粹理性來說，是不需要這個順序的，因這一切都是純粹的，人一出生，他的心性就存有了。只是沒有經驗性概念激發，它就沒有顯示出來而已。就是說，那套先驗邏輯，就裝在腦袋裡。他有一套認識的方程式。人的聰明、愚笨，他一出生，早就裝在他的腦袋裏，所以康德說判斷力是天生的，是不可以用教育補救的。但人一旦有了理性理念（信仰），判斷力就圍繞理念下判斷。

　　康德在「先驗原理論」和「先驗辯證論」裡指出，理念雖然沒有具體的內容，看似一個毫無實際的概念。但它不是幻相邏輯辯證出來的一個虛構、完全用來胡弄人的概念。它是有價值意義的。在我們認識世界這方面來說，理念，它可以統籌所有的知性概念，使各種具體的知性概念有機、系統地聯繫起來。它設下一個最高目的架構，讓知性在這個最高目的下有序、有所期盼、有所目的地活動。因此我認為，人類社會若想有序，和諧地生活，必須消除這個

理念的信仰，要明白理念只是認識方程式中的一個結果，信仰也不是絕對可靠的。上帝、真主、佛陀，甚至連唯物主義的物質，都是其中之一的絕對統一理念。也就是黑格爾說的否定之否定的對立統一。

由於現代自然科學發展突飛猛進，什麼基因、胚胎、原子核、量子力學等很小很細的物質組織結構都被研究出來了。有人就認為康德的四大悖論是不能成立的。在這裡我們可以把哲學常識的四大問題提出來，證明不可知論是有道理的。這就是：

1，宇宙無限。

2，空間無限

3，時間無限。

4，事物（物質）的無限可分（物自體不可知）。

人站在這個有限的地球上，去認識事物，能得出一個澈底性的認知嗎？答案是否定的。唯物辯證論者及達爾文進化論者，他們拿起現有的經驗武器，引經論驗，似乎真理在握，絕對正確。但其逞駛在經驗主義的大道時，常常把這四大「無限」忘記了。他們不敢再追問最後的因果鏈：物質是唯一的存在，人是猿猴變來的。那麼我想再追問一句：物質是哪裡來的？猿猴又是什麼變來的。沒有原因了：物質是客觀存在，猿猴是物質蛋白質胚胎細胞變來的？這不是脫褲子放屁－多此一舉嗎？沒有了物質因，把四個無限取消了。這就是康德指出的理性幻相辯證，也就是康德指出的獨斷論和懷疑論根源。由於這四大無限，人類無法取得絕對的認識，也就是說，我們無法抵達上帝或物自體的彼岸。上帝是萬能的，是不能追問因由的。同樣，物質上到客觀存在的地位上，已沒有什麼唯物論的實在，只是一個形而上的意象，同等於上帝的無所不能。世界是物質的，一切都出自它的創造。這個物質如何無所不能，如何來到這個世界進入到我們人類生活的？就不能追問了：物質是客觀存在。物

質就等於上帝的功能了。物質上到「客觀存在」這個位置，已無理可說了。也可說是一個「獨斷論」，沒有因果律可循了。

　　如果我們對純粹理性理念進行深入研究，就會發現，先驗邏輯的程式，就像圓周率的運算一樣，是不能澈底運算出完滿、澈底的結果的，它總是留下一個未知數，讓你不可知。我們結合康德的「物自體不可知」，宇宙無限，空間、時間無限來看，人腦袋這個先驗邏輯，其編程數碼也是按照自然世界而設計的。也就是陸象山的「宇宙便是吾心，吾心即是宇宙」的認識方程式裝置。「吾心」有什麼樣的理（先驗邏輯），自然世界就怎麼樣被我們發現。如果內心沒有這樣的邏輯機制，你要得出這樣那樣的自然世界認識是不可能的。經過經驗性的認識後，你要想沒有一個理性理念，也是不可能的。有神或無神，先驗邏輯總會迫使你有一個目的論的概念出來。而這個概念是幻相邏輯推論出來的，也就是說，是認識方程式以二進位或十進位的邏輯方式推論出來的。這就很難給人一個圓滿的回答。因此，要解決人類功德圓滿的問題就提出來了：人，靠認識方程式的運作，能達至心靈的圓滿嗎？能像亞當與夏娃當初在伊甸園那樣無憂無慮生活嗎？意志自由、靈魂不滅、上帝存在、人生無限的無限……能得到滿意的答案嗎？

　　我們對康德的先驗認識論，進行解釋和分析，在此可告一段落。從康德的先驗認識論我們可以看出：人的認識有一個方式（Form），這個Form有一個條件，感性是以空間、時間為驗前條件的，知性是以感性直觀為條件的。認識的範疇，能夠有法則、有規律地進行，是知性有一套先驗邏輯在起作用。康德對這套先驗邏輯沒有太多的深入探討，只是以形式邏輯進行說明。他從認識範疇推導出連結、概念、想像力、綜合、統一等功能。沒有更多地分析先驗邏輯的內容。這就使很多哲學研究工作者誤入歧途，以為先驗

哲學只是講形式的東西，講主觀的形式邏輯思維。黑格爾曾借一個比喻，說康德的哲學是教人們游泳的法則，但人們不下水去親自學習，永遠也學不會游泳。說明不少哲學工作者都誤解了康德的先驗哲學。而這個誤導，多來自康德沒有詳細說明先驗邏輯的構造與組織能力，這個先驗邏輯包涵什麼先驗內容？有哪些純粹的知性概念構成？又是如何有法則，有規律，有組織地向前發展的？為什麼會出現先驗的不可預測性？這都與這個先驗邏輯有關。今天，電腦程式的運用已經很普遍，一個方程式的先驗性和知識的有效性已顯示出來。我們用電腦某一程式進行分析，就可以把「先驗的綜合判斷是怎樣成為可能的？」證明出來，從而使我們更明瞭先驗邏輯的構造，以及它的運作能力。先驗邏輯，是人心性認識的機能。也可稱為「本能」。它是上帝把亞當與夏娃趕出伊甸園的一個鮮為人知原因。因為人的腦袋裝置這個「知」的邏輯機能，他就不適合在無憂無慮的伊甸園生活了……

# ▌十八、無驗哲學的提出及其建構

　　康德的先驗哲學，有稱為「先驗論」，或說「超驗論」。這個人心性先天就存有的認識能力被康德證明出來了。他用先驗綜合判斷的方法，對純粹理性進行了有力的批判，指出了理性的二律背馳。他在《純粹理性批判》的導言中指出：「我們現在所從事的這種研討，不應稱為什麼學說，而只應該稱為一種先驗批判。它的目的不是擴張知識，而是要校正它，並且要對於一切驗前知識價值的有無提供一個檢查的標準」[124]

　　康德的用意是非常明顯的，他要為「我們的認識是如何可能的？」做一個先驗的研討，從而指出理性的侷限性。正如他在《純粹理性批判》第一版序言中所說的：「這種批判將決定一般的形而上學的可能或不可能，而且確定它的各種來源、範圍與限度……這一切都是按照原理而定的。」[125]當初康德建設他的哲學時，雖然發現了人類這個先天性的認識原理，但其並沒有更進一步的探討。因此他所說的關於意志自由、靈魂不死、上帝存在、物自體不可知等人類關心的問題就不能得到澈底的解決。他雖然指出這些東西是不能證明的，但他用實踐理性的道德律令來解決，也只是存而不論。我在研究康德的哲學時發現，這是康德過於嚴謹的科學態度而捆住

---

[124] 康德：《純粹理性批判》韋卓民譯，華中師範大學出版社，2000年第二版，54頁。
[125] 康德：《純粹理性批判》韋卓民譯，華中師範大學出版社，2000年第二版，6頁。

了他的思想，也可以說他不能放棄的理性使他裹足不前。他把他的先驗認識論限定為認識的方式，說出認識的法則和規律。他劃定一個認識範疇，這就把人的能力堵死在知性認識的限度上了。也就是說，康德只看到心性有一個認識的方式（Form），沒有看到心性有一個認識的方程式（Formel）。他後來雖然有《實踐理性批判》和《判斷力批判》兩書作為道德哲學的墊補，以一個目的論和人固有向善的道德律令來圓滿他的哲學，但其還是在「執的存有論」（牟宗三先生語：見《現象與物自身》）。即一定要有一個意識的觀念來執掌理性的運轉，也可以說，康德不敢再邁出一步，達致全無，以致他不能看到人的一個全新境界，一個最高的審美境界——「獨與天地精神往來」（莊子：《莊子・天下篇》），看到「天地之大美」（莊子：《莊子・天下篇》）。

我們從康德這個先驗哲學看到，既然人類先天就有這個認識的方程式，而且這個方程式決定著驗後知識的展現。即規定著驗後知識的度數和範圍。同時我們也知道，一旦開啟這個認識的方程式，我們的意識就有意向性，認識什麼不認識什麼，它就有一個意向性的發展，而且這個意向性的發展是有一個目的的。也就是說，每一項認識都可以永遠探究下去，不會認識完畢。但他一定要推出一個結果來。而此來說，我們的心性就不能全而圓滿了。儘管有一個觀念論，用理性的理念對此作出統籌安排，用一個目的觀念來解決：以有神論或無神物質論來建構這個人類世界的根源。但我們從康德的理性四大悖論論題來看，也不能圓滿地解決人類這個心智不全的問題。我們人類這個宇宙心，它是一個完整的太極。用意識去探究是不能澈底解決這個心性問題的。用意識去探求，只能是各執一端，破壞了陸象山所說的「宇宙便是吾心，吾心即是宇宙」的整體性。人是不需要向外求而圓滿的。你向外尋求，反而打破心性原來

的完整性，變得不全而支離破碎了。另一方面，認識、情感以及意志對美的感性直覺是有影響的，用意識來對美的判斷是不全和有缺陷的，而且意識會擾亂和遮蔽真正美感的出現。而美感是心靈愉悅的源泉，正是認識堵塞了美感的湧現。既然上述問題的根源，是來自人類啟動認識方程式所惹的禍（亞當與夏娃偷吃上帝智慧之果所引起），我們就不得不對這個認識方程式進行重新檢討了。康德已指出以往的形而上學成為「海古拔」（Hecuba），它不可能再向上推進一步。我們唯一的辦法，就是取法老莊的道無，取法佛祖釋迦牟尼的「空、寂」論，讓心性空無。即不要啟動認識的方程式，不要用知去度、去量。讓心性回歸原來還沒有經驗的狀態。吾無知，吾什麼都不知道，我們就沒有所謂的認識問題了。因為外界所有的，心性也所具有，心性所思維的理，也是自然世界所運轉的理。所以，我們就不要啟動認識的方程式，讓心性保持純潔性，人不就回復到其本身，其是其所是的純粹狀態，得全而圓滿了嗎？我們從老子「為學日益，為道日損，損之又損，直至無為」看到，所謂的「損」，就是不要開啟認識的方程式。損去知識，不要知識。損去一切知識達致空無後，我們的心性就恢復了其是其所是原型。這就是老子的「各復歸其根」的真知灼見。

　　腦袋去掉知的東西，心性恢復了原型，既然就沒有甚麼理性二律背馳的問題了。但是，人們通常被理性所綁架，以為取消理性的功能，人就沒法生活了。就如石頭，殭屍無異了。一個人沒有了思想，沒有了知，這，還是人的生活嗎？但人們沒有看到，人類腦袋那個心性，並非單單有認的功能，他還有心身愉悅的審美功能。人類這個感性直覺功能很重要，它是建構老莊道無哲學的根基。我們若能證明出人不要知識，沒有知識，還存有一個心身愉悅的功能，一個道界的功能，即人生最高境界的審美觀。這個審美觀使我

們看到最美妙的人生，得到人類一生所要追求的最高價值。即他大徹大悟，明瞭了人生的所有價值。那麼，這個人類功德圓滿的最高境界就可以證成了。

我們從康德的先驗論證明出，人類本身就有這個認識方程式，這個方程式已包涵自然世界的純粹概念，是不需要我們求知的。而且求知再多也沒用，你的那個認識的方程式早就限定你的人生世界。如此，我們就證明出經驗性的知識不僅是多此一舉，而且是對人類達到圓滿最高境界的阻力與破壞。恰恰是意識，使我們背道而馳，擾亂了我們的心性。為道，我們就要摒棄經驗知識。接下來，我們再證明出美的感性直覺，是沒有概念和利害關係的，沒有目的性的而符合目的性的心性愉悅（康德的審美觀）。它也是不受意志左右的。而且美感是常常受到意識的干擾與破壞的。這樣，我們就證成老莊的道無哲學了。

以前的唯物、唯心論，可以說都是經驗論，它是以客體與主體互相辯證的學說，失去一方，它就無所依託。沒有經驗後的表像作為論述的支點，這種學說就無所憑據，這就是唯物、唯心哲學家知往不返的爭論不休。康德提出的先驗論，有進一步破解這兩者主張的迷思，但是，其先驗，最終還是要回到經驗中來。即，還是要有理性理念。康德所做的，是要為理性設置界限與範圍。這對人類自身的反思以及對自然科學的發展都作出很大的貢獻。然而，就是因為康德的批判哲學，他把人類的理性都作了範圍和限度，似乎我們的哲學就此而止步了，再也找不出新路子，只能沿著康德開發的路子走下去。也就是說，沒有經驗，知識就不可能有所發展，人類還是靠著經驗知識匍匐而向前走去。然而，經驗是有限度的，我們人認識的都是現象，不是物自體。我們人能有意志自由而達至無限嗎？那個不死的靈魂能找到安住所嗎？亞當與夏娃，真的不能再回

到伊甸園無憂無慮地生活了嗎？華夏文化說自由自在的神仙生活在人類中真的不存在嗎？

我的哲學，不是經驗哲學，也不是先驗哲學，而是無驗的。

經驗哲學，我稱此為意識哲學。它是靠意識來進行辯證的哲學，無論唯物或唯心，他們靠兩者對立統一的關係，即所謂的矛盾論，來進行持久戰的。此等哲學不斷向上升，升到形而上，就再也不能升了。自蘇格拉底創立辯證法以來，這兩種哲學就沒有誰戰勝誰，只是各說各的話而已。唯物與唯心，也可說是兩分法的哲學，它是用主客體兩分法來論說的，因為辯證雙方是一個矛盾的兩個方面，誰也離不開誰，你消滅了對方，你也就不存在了。這種哲學，是靠概念與概念的關係來組建哲學的大夏的，沒有了概念的添磚加瓦，它就什麼都不是。它是不可能澈底解決人類打破砂鍋問到底的問題的，也是不能解決解決人類功德圓滿的的問題的：人能得到澈底的自由而達致無限嗎？黑格爾的對立統一，最終還是回歸上帝的觀念上，也是聊以自慰而已。上帝的絕對觀念，無法證明絕對的存在。就連中華文化祖先孔子，說他「七十從心所欲，不踰矩」（《論語》「學而篇」），也要以一個矩來規定。

先驗哲學，康德開創的先驗論。他對經驗意識來個反轉，不是形而上，而是往下降，降到形而下之下，再也不能下了。他終於抓到了那個沒有經驗性的知識。即驗前的知識。從而使我們明瞭了人類那個心性。原來我們人類之所以有此智慧，有此認識，有此爭鬥，有此榮華富貴，有此諸如磨難艱辛痛苦的經歷？根源都來自於心性那個認識的方程式。也就是《聖經・創世記》所說的，亞當與夏娃偷吃了智慧之果後所產生知的罪惡：人類有了「知」的功能所導致的一切。先驗論雖然揭示出人類那個認識方程式的奧秘，使我們明瞭了心性認識的能力，但由於時空的無限，宇宙的無限，物自

體的不可知，人類也不可能澈底解決終極問題。他們最終只能以幻相邏輯推論出的觀念來解決。

向上升，我們再也升不了；往下降，康德已為我們降到心性底下。我們還能做甚麼呢？唯一的辦法，就是兩者皆可拋：我不要經驗，也不要先驗，只能是「無驗」。無驗，就是老子的「無為」、「返璞歸真」、「各復歸其根」；釋迦牟尼的「空、寂」。完全放棄知的權力，即關閉認識的方程式。

我不是蔑視人類的智慧，也不是看低後世哲學家的智商與能力。自康德的先驗論出來後，我們的哲學就不可能再有新的發展了。那個人類最高的完善問題懸而未決，那個最最頂層的問題：人類的最高境界，一直沒有得到突破或說完善：所謂的意志自由、靈魂不死，上帝存在等，也就是我們中國人說的「圓道」問題沒有得到澈底解決。用宇宙論的觀點說，是我們沒有找到世界生成最後的因子，用康德的哲學術語來說，是「物自體不可知」。套用哲學家牟宗三先生的話說，理性沒有「智的直覺」。理性只會運用邏輯三段論進行推理、判斷，而沒有直覺的認識。如此，我們能找回上帝曾經給人類居住的無憂無慮伊甸園嗎？也是中國人所說的，我們能過上神仙自由自在的生活嗎？人類真的可以達致無限的鳳凰涅槃嗎？

其實，這個哲學的最高境界，中國古老的哲學早就解決了。五千多年前的黃帝無為而治，到周文王的「易，無思也，無為也，寂然不動，感而逐通天下之故……」，再到孔子「朝聞道，夕死可矣」的驚世駭俗，就充分說明我華夏祖先早就悟通無經驗知識的人生真諦。後來出現的老莊，此兩位「博大真人哉」，不僅又一次抵達這無經驗的最高人生哲學境界，而且還給出了方法論。老子的「為道日損，損之又損，直至無為」，不就是不要經驗意識的方法論嗎？中華先人，都把老莊哲學，作為亂世處世的哲學，他們不作

為，退於道，即作為道上觀去看這個世界。實則就是今人所追求的最高審美價值觀。他要在康德的審美觀「無概念，無利害關係，無目的性但符合目的性」的超越認識支點上進行「玄覽」，他就可以「獨與天地精神往來」，看到「天地之大美」了。

再後來，中國又出現一個哲學家陸象山，他是先驗論的鼻祖。他的「宇宙便是吾心，吾心即是宇宙」的悟覺，就把老莊的道為什麼要無為，佛的涅槃為什麼要「空、寂」做了很好的注腳。原來，所謂的經驗性知識，都是多餘和不必要的認識，而且這個認識還是破壞宇宙心的圓滿性。有了經驗性的認識，就佔據了認識方程式某一部分的純粹性，使整套方程式不再是純粹的、完美的，而是有客體對象的。有了知的經驗性概念，心性就不能全而圓滿了。

在這裡，值得一提的是哲學家牟宗三先生，他用儒道釋哲學，對這個「圓道」問題做了很多工作，到了牟宗三先生那個境界，可說是無經驗的哲學境界了。他的「無執的存有論」與「智的直覺」，不正是化解一切經驗論的迷思嗎？再也沒有執著，也就沒有什麼表像世界的認識論了。然而，牟先生的論述，硬要冠上儒家的道德論，以儒家的道德底線為提升，將儒家的道德形而上學與圓道相連接，我覺得未免有些牽強附會。在牟宗三先生達到的最高聖界那裡，也是無驗的，即無所執的。他不可言，無可訓，已達空無的狀態，何來存有？他這個道德的存有，也只不過是意中之意的存有，即「肫肫其仁，淵淵其淵，浩浩其天」（《禮記》第31篇）的「中庸」存有，大到什麼都包羅進去的存有。然後「我欲仁，斯仁至矣」（《論語・述而》）。這個仁，是有道德內涵的。牟先生就執這個意而存有了。所以我覺得牟先生的儒道哲學，上到形而上，未免有些淤塞，何為心性既有限而又可無限？既存有而又無執？這只不過是用意中之意來包裝而已。即創造一個無執的意——天道或

說仁，再用道德的至善來包裝進去，這樣就圓滿了，人就達至無限了。跟丹麥哲學家齊克果（Soren Aabye Kierkegaard 1813年-1855年，大陸譯為「克爾凱郭爾」）進入上帝的無限的無限基本大同小異。

我的老莊道無哲學，在此我且稱它為「無驗哲學」。它是澈底的無經驗哲學，無半點的存有論，是將經驗意識澈底鏟除出去的探源歸根，即莊子說的「無無」境界。沒有知性，沒有理性，最後達致一種感性直觀：「獨與天地精神往來」，看到「天地之大美」。這種哲學，是不需要意識來辯證的，連意中之意都不需要，他要達到「無為、空、寂」的狀態。即要恢復到老子「各復歸其根」的狀態，也就是回復到全有的純粹心性上。

我們在對意識的探源歸根後，就知道，一旦我們打開認識的方程式後，它就與現象互相作用，認識就沒完沒了。而且這個認識，它是根據出現而意向性地深入發展的。這些認識，可以說是無底洞，因為物自體不可知，宇宙無限，我們永遠也不能追根問底。我們對這些具體、雜多的知性認識，只有用理性進行整理、綜合，達到對立統一。即將這些知識進行一個理性管理，提出一個最高的理念，即以一個總概念來做這些具體的知性概念的統領者。而這個理念不是智直覺出來的產物，而是運用邏輯的三段論進行推理、判斷出來的，它是不能實證的概念。那麼我們可以說，這個理念也是不能全的。它只不過是騙取知性信任的潤滑劑，讓知性能有一個安住所的空中樓閣。既然我們知道理性理念也是個不可靠的東西，我們為何不可以放棄它呢？

我們知道，理性理念是從知性概念推理、判斷、綜合得來的。那麼關鍵的問題就是這個知性了。我不要知性，不要啟動認識的方程式，我就沒有知性的經驗性概念，沒有知性的經驗性概念，當然也就沒有知性的東西迫使理性做出理念。如此，只要不啟動認識的

方程式，就沒有甚麼知性和理性。因為吾沒有知性和理性，即沒有任何意識，這樣吾的宇宙心就是原來那個心，其是其所是。它保持了原來完美純粹的心性。這個宇宙心保持完美純潔後，我們就可以「感而逐通天下之故」了。也就是說，那個感不再與客體發生認識關係，而是流回它本身的心性，因宇宙心是純潔空寂的，沒有任何經驗性的認識概念的阻礙，那個感就一下可以抵達太極，整個宇宙心就可通達明瞭宇宙世界了。這就是智的直覺，也就是老子的頓悟得道的悟覺。「和光同塵，與時俱化」[126]得到「天地之大美」。

　　我在這裡要澄清一個問題，我的無驗哲學，說不要知性概念和理性概念，並不是說心性中沒有這些純粹概念的存在。純粹的知性概念在認識的方程式裡已存有，從康德的先驗論已證明這點，無需我再重述。我的無驗，是在心性已有無需再向外尋求而說的。因為「宇宙便是吾心，吾心即是宇宙」，經驗再多，於吾何益？與吾何用？所以，無驗哲學不是否定純粹概念的存在，而是否定經驗認識的多此一舉，而且經驗性概念還是污染心性純潔的毒素。如此，我們要澈底關閉認識的方程式。我們才能澈底拋棄經驗哲學的迷思，摧毀理性理念的堡壘，悟覺出老子的「玄牝之門」來。

　　我的探索，就是要使無驗哲學如何成為可能？即人不要知性，不要理性，沒有經驗性的概念，不要意中之意，人還可以抵達一個鳳凰涅槃，或說天人合一的境界。這種澈底剷除經驗性概念的方法論，就是要使人達到盡善盡美的境地。這個無驗哲學，就是圓道的方法論，也可說是使人類如何達到最高的純粹審美觀。

---

[126] 老子，《道德經》，安徽人民出版社出版，陳國慶、張養年注譯，2001年10月第一版，第42章第270頁。

# ▊ 十九、探討心靈自由之路

　　我們對康德的純粹知性、純粹理性進行追根溯源後，就知道意識上到形而上的理念、理想後，它就再也不能上了，然後就退下來指引知性和感性的人生。康德是怎樣解決這個問題的呢？他的《實踐理性批判》就出來了。他說人有一個道德律令，讓人往這個最高的善去完善自己。根據康德的《實踐理性批判》，再結合他的《判斷力批判》的目的論，人類從認識論到觀念論，從觀念再回到實踐理性，一套人類存在的有機形式就搭建起來了。正因為人類心靈有一個先天道德的善，意志自由、靈魂不死才得以成立。因為有了善，意志才會自由地作出選擇，而不受任何知性的束縛。然而，就我們上面所分析的，人的知性程式與出現打交道後，他就是一個意識的人生。有意識的人生，是不可能達到澈底的意志自由的。即使我們使出渾身解數，也無法面對上帝，解開物自體不可知，靈魂不死這個死結。

　　我們拿電腦來作個案例，就明白這個道理了。當初我們從商店買回電腦，電腦本身有什麼東西呢？它有一套系統，裡面裝有我們能使用的程式。我們打開它進行使用，即不斷向它輸入東西，它就不斷顯示出我們想要的知識。這些知識在電腦裡面不會消失的，它肯定在電腦裡儲藏起來，即電腦把它儲存在一個個格位裡，不然的話，我們再運用這個知識，它就不會重現了。這就是康德說的

「驗前綜合判斷是怎樣成為可能的？」的心性能力。那麼，我們可以說，這台電腦，它的內心，已不是我們當初從商店剛買回的電腦了，當初的電腦，內心只有純粹的方程式裝置，它是純潔無瑕的，是我們輸入東西，使它有很多內容了。而內容越來越多，有時遇到輸入的病毒黑客，電腦就不靈光了，它就被卡住或損壞了。假如說，我們將輸入的東西一一洗去，不再留有半點輸入的東西，那，電腦不就回復到原來我們當初買回的模型嗎？它裡面裝的，就是原來固有的程式系統而已。我們人的生命意志，是受意識的左右的，意識越多，意志不可能有自由，它總要繫於某意識而存在的。也就是說，它要執某一意志。欲求是有所意指的，我想要什麼，不想要什麼，是有一個明確的目的的。這個目的的意指，就捆綁著這個意志，這個意志怎麼會有自由呢？所以我們要使心靈得到澈底的自由與解放，就得像電腦那樣，排除一切輸入的東西（即經驗性的東西），即不要對現象作出經驗性的概念，不要有意念，沒有半點的執著與意想，它就回到其是其所是的原型。心，無所繫，無所求，忘我無己，它與現象都處在自由之中，沒有概念，沒有利害關係，沒有目的性，心性就得到澈底的解放，自由自在了。而美，就在自由的現象中展現。德國詩人席勒說「美是現象中的自由」（Schönheit ist Freiheit in der Erscheinung.）[127]。

　　如此來看，我則提出一個膽大包天的命題：要使心靈澈底自由，乾脆取消康德的一切認識方式，不要啟動認識的方程式，讓人回到出生時的嬰兒狀態，空無。人不要意識，沒有意識，那意志就沒有了依靠，沒有了激動的源泉，它與現象都處在自由之中。那個大自然的氣息就直接與心靈相通，感到自由自在了。

---

[127] schiller als Philosoph Eine Anthologie, herausgegeben von Rdiger Safranski Page 18

總的來說，人生的困境，都是因為有知，就是受所謂的意識困擾。人類一旦開啟那個認識的方程式，他無論怎樣用觀念論來包裝，來綜合，來統一，始終是不能全的，不能圓滿的。因為那個宇宙心太大了，它包含宇宙運作的法則和規律，它是無極的。而我們的意識是有意向性的，是不能全部意識整個宇宙心的。我們人用意識是探不到底的。唯有讓那心性空無，不含任何客體、任何意識的東西，它纔能還原那個宇宙心，回歸其是其所是的本性。即無極而太極。心性完整了，心靈就通了，意志就自由了，人就進入到無限的無限了。心性達致空無後，心性就恢復了其是其所是原型。這就是老子的「各復歸其根」[128]的真知灼見。

　　腦袋去掉知的東西，心性恢復了原型，既然就沒有甚麼理性的二律背馳的問題了。但是，人們通常被理性所綁架，以為取消理性的功能，人就沒法生活了。就如石頭，殭屍無異了。一個人沒有了思想，沒有了知，這，還是人的生活嗎？但人們沒有看到，人類腦袋那個心性，並非單單有認識的功能，它還有心身愉悅的審美功能。人類這個感性直覺功能很重要，它是建構老莊道無哲學的根基。我們若能證明出人不要知識，沒有知識，還存有一個心身愉悅的功能，一個道界的功能，即人生最高境界的審美觀。這個審美觀使我們看到最美妙的人生，得到人類一生所要追求的最高價值。即他大徹大悟，明瞭了人生的所有價值。那麼，這個人類最高的境界就可以證成了。

---

[128] 老子：《道德經》，安徽人民出版社出版，陳國慶、張養年注譯，2001年10月第一版，第42章第266頁。

# ▌二十、老莊哲學的「玄牝之門」

　　我們明白「宇宙便是吾的心，吾心即是宇宙」的原理，也明白經驗認識是不可能澈底認識這個宇宙世界和物自體的；我們也知道，理性理念的綜合統一，也是個不切實際、聊以自慰的空中樓閣。即康德說的幻相邏輯推出來的結果。既然我們知道求知和理性都不能解決人生最高境界的問題，解決終極、周全的問題，我們就得拋棄知識，不要知識。如此，老子的「損無」功夫就出來了。但我們損至「無為」以後，我們還能有什麼東西呢？我不是與死人，石頭一樣了嗎？什麼都不知，這是人的生活嗎？因此，我們的哲學命題就提出來了：你這個不要知識，不要知性和理性，對我的人生有甚麼好處？我總不能像動物、植物那樣過人生吧？或是如石頭般沒有一點感性反應？老莊這個道無，對人類有生存的價值意義嗎？

　　首先，我們來看莊子的一段論述：「天下之治方術者多矣，皆以其有為不可加矣。古之所謂道術者，果惡乎在？曰：無乎不在。曰：神何由降？明何由出？聖有所生，王有所成，皆原於一。」[129]。莊子這一論述，正好說明我們上面對理念的分析，這個方術者之多，都是因為其將其有作為的意識意向性地推理下去，加到不能再加了，就成了一家之言。用現代的話說，就是自成體系了。無論你

---

[129] 《莊子正宗》，華夏出版社出版，馬恆君譯著，2005年1月北京第一版，第570頁。

從那方面說，他都能周全解釋。這個原因就是「一」。他立了一個理念，甚麼都可以裝進去了。莊子細述各百家之學方術來由，於是他指出：「天下大亂，賢聖不明，道德不一，天下多得一察焉以自好。譬如耳目鼻口，皆有所明，不能相通。猶百家眾技也，皆有所長，時有所用。雖然，不該不遍，一曲之士也。判天地之美，析萬物之理，察古人之全。寡能備於天地之美，稱神明之容。是故內聖外王之道，暗而不明，鬱而不發，天下之人各為其所欲焉以自為方。悲夫，百家往而不反，必不合矣！後世之學者，不幸不見天地之純，古人之大體，道術為天下裂。」[130]我們從莊子的論述知道，有概念的方術，都是意有所指，各執一方的己見，是看不到天地之純、古人的大道的。古人的大道，是不能用概念來命名的。也就是老子說的「道可道，非常道」的悟覺。那麼，不用概念，就是沒有意識了。沒有意識，人又怎麼看到天地之純呢？莊子特別點出彭蒙、田駢、慎到的道。他們「公而不黨，易而無私，決然無主，趣物而不兩，不顧於慮，不謀於知，於物無擇，於之俱往。」[131]

但莊子並沒有完全欣賞他們的道，說他們「其所謂道非道，而所言之韙不免於是非。」[132]

沒有概念意識，也沒有甚麼主張的利害關係，與物質沒有甚麼兩樣，與事物一起運行。這不就是莊子所說的道嗎？為什麼莊子還批評他們呢？原來，這幾個人體悟的道雖然與老莊的道無有點相似，但其最大的缺陷是把感性直覺也去掉了。故莊子借豪傑的話批評慎到的道說的是死人的道理，根本不是人生的道理。你沒有了感性，又沒有了知性和理性，這與一塊石頭、死人有什麼兩樣？從這

[130] 《莊子正宗》，華夏出版社出版，馬恆君譯著，2005年1月北京第一版，第571頁。
[131] 《莊子正宗》，華夏出版社出版，馬恆君譯著，2005年1月北京第一版，第581頁。
[132] 《莊子正宗》，華夏出版社出版，馬恆君譯著，2005年1月北京第一版，第581頁。

裡我們看到莊子論道的可行性，他推崇老聃、關伊的道，就是要有生人的道理，不是死人的道理。它是人間可以實行的道。莊子說他的道是「獨與天地精神往來，而不敖倪於萬物，不譴是非，於與世俗處。」[133]

他的道是可以與世俗一起相處實行的，是沒有甚麼懸念的。我們以此來看，老莊的道，雖然沒有知性和理性，不需要概念，也沒有利害關係，也沒有甚麼目的性，但他需要感悟人生，一定得有一個感性的闡明。沒有感性直覺，他的道與慎到的死人道就一樣了。這個「感性」，與西方哲學界所稱的「感性」意涵有些不同，它是自我的感悟。這就是我在導言裡借用熊十力先生說的那個「性智」的東西。他是可以看到「天地之大美」的。這個吾之感悟，是與心靈直接相照的。沒有經過什麼知性的概念，也沒有什麼理性的推理、判斷。它沒有概念、觀念，直接就湧上心頭，它和光同塵，與時俱化，感到一切都美滿了。這個感悟的出現，是沒有「量智」的，就如《易經‧繫辭傳》所說的「神無方而易無體」[134]你企圖對它作出分析或概念判斷是不可能的。這就是「性智」。而我們要證成人有智的直覺，就必須有一個中國古人說的「吾」之存在。這個吾與我是有所不同的。吾，在其自己，是與外界沒有矛盾的，他是與天地萬物為一體的。而我，是有所對，有所相，有所執而言的。我在我的《老莊道無哲學探釋》一書十七章《吾之哲學觀》對這個「吾」已有說明，在此不再多述。人達到老莊的道界，已無概念的表述，本體只能是吾而不是我。[135]

---

[133] 《莊子正宗》，華夏出版社出版，馬恆君譯著，2005年1月北京第一版，第589頁。

[134] 《周易正宗》，華夏出版社出版，馬恆君譯著，2005年1月北京第一版，第614頁。

[135] 黃鶴昇，《老莊道無哲學探釋》，秀威資訊科技股份有限公司出版，2012年9月BOD一版，第216-227頁。

老莊這個道雖然是無，沒有概念，沒有利害關係，也沒有目的性，但其道是可以感悟的，是可以與世俗處的。那這個道是什麼呢？我稱此道為最高的審美觀。莊子所謂的「獨與天地精神往來」、看到「天地之大美」，就是人生的最高審美觀。

　　康德在其《判斷力批判》一書論述審美判斷，稱其審美判斷是沒有概念，沒有利害關係的，也沒有目的性，但符合目的性的心性愉悅。其所說的審美觀，就是先驗審美觀。譬如我們看到一朵花很美，它是沒有概念的，也是沒有任何利害關係的，沒有目的性而符合目的性的。人人看到了，都說它美，心靈都感到愉悅。這種感受，它是直接與心靈相照應的，是沒有經過我想一想，對它進行一番推理、判斷才得出的美觀來。它是一種自然美。它與經過概念、利害關係衡量以及懷有目的的美完全不同。如我們看到一個女人很美，但我們知道她是個妓女，騙過很多人的錢財，我們的審美觀就變了，認為她不美了，而且很醜惡。為什麼呢？因為你帶上概念，帶上利害關係，懷有一個目的性去看人了。她的美就變質了。就是說，你戴上有色眼鏡看人了。前一種美是康德說自然審美觀，後者就是帶有概念、利害關係、有目的性等有動機的人為意識審美觀。

　　我們從康德的先驗審美觀可以看出，人原來有一個天然的賞心悅目心性。一旦有某種感觸動到這個心性位置，它就散發出非常舒服、愉悅、奇妙的美感來。這種美感，是沒有附加任何人為意識概念條件的，也就是說不出任何理由的。你感覺到美就是美，它是一下印到你的心靈上的。如男女性交達到高潮的那一剎那，其全身有一種說不出美妙的愉悅，一切所謂的思維都消失了。又如我們聽一種叫無題的音樂，所謂的無題，就是沒有主題的，也就是說，它不表達一個有概念意義的樂曲。但是，它既能打動我們的心靈。我們聽了很愉悅，很舒服。它很優美、動聽地印在我們的心靈。心靈

為什麼聽到一些聲音會不舒服，感到煩惱和恐懼，而聽到一些聲音既感到很愉悅很舒服？這就說明心性除了有一個認識的方式外，還有一個審美的方式。它有兩個心性的灶門：一個是管認識事物的方式，一個是管審美的方式。美是心身舒坦、喜悅的心性，善惡、是非、概念是認識的心性。據《大紀元時報》二○一一年一月十九日版一篇署名高紫檀、董韻的《一個中風腦學家的洞見》報導說，一個名字叫吉爾・伯特・泰勒（Hill Bolte Taylor）的女士，她是哈佛大學精神醫學院部大腦研究博士，一次她得了腦中風，使所有的意識都消失了，她進入到一個極樂世界，她感覺到一切盡善盡美。後來病好後，她對這一切還記憶猶新。此人是大腦研究專家，她就認為大腦神經有兩個部分：一個是管思維意識的，一個是管美樂愉悅的。遮住、去掉其他的大腦物理和認識活動，慢慢人的心就會平靜下來，就能感受到一些美好而愉悅的東西。

　　從上面的分析和例子我們知道，大腦有認識的部門和美觀的部門，而認識的內容和情感是可以影響美觀的。如我們看到那個女人感到她很美，知道她是妓女後就感到不美了。說明人帶入情感、利害關係以及放入意識的概念以後，它的美感就受到影響而改變感受。最明顯的就是法國文學家維克多・雨果描寫巴黎聖母院那個醜陋的人，可是他是個心靈最美的人。善良、誠實、樂於助人。我們讀他，就感覺到他不僅不醜，而且很美。相反，我們看到那個道貌岸然、實際很陰毒的主教就覺得很醜陋了。這就是意識的審美觀，他將概念、利害關係、目的性都帶入這個審美判斷了。

　　我們知道自然美與帶有概念、利害關係、目的性的審美觀不同。這就為我們心靈幸福提供一條可能之路。我們如何使那種自然美充滿心靈，使其常住不溢，心性愉悅美滿，這不就是人類的最大福音麼？

所以我們要看到自然之大美，就得保持心性的純潔。小孩般的無憂無慮，天真活潑，就是他認識的方式對客體還沒有起著很大的作用，他無知，沒有經驗後的概念，也不知道什麼利害關係，他的心性基本上是純潔的，沒有參雜很多意識的內容。那麼他的感性，就不是為知性形式提供知識概念服務，而是順著大自然的氣息敞開美感的大門。可以說，他看到什麼都是美的，他沒有分辨出誰是陌生人，誰生得醜陋，他不知道火會燙傷人等等，他看到什麼都心歡喜悅。所以他就常常歡笑。由小孩的喜悅我們知道了老子為什麼叫我們為道要損，要損到直至無為。為什麼叫我們返璞歸真，復歸於嬰兒？老子知道是那個知性、理性的方式，阻礙了自然審美的方式。你有為，就有偏見，就有知識的概念，就有是非的價值判斷。人就無法達到道的境界，自然地去觀賞了。你運用知識去判斷，那個美就是意有所指的，即是帶有概念、有利害關係、有目的性的美。你如何能看到天地之大美呢？

　　康德這個先驗審美觀，為我們鋪就一條通達道界的橋樑。這個使人心性愉悅的自然美，是沒有概念的，也是沒有什麼利害關係的，沒有目的性，但符合目的性的心性愉悅。就是說，它與知性、理性是無關的。康德在寫他的《判斷力批判》一書時，可能沒有注意到，他這個先驗審美，是一下就印證到我們的心靈的，我看到這朵花很美，它是直接給我賞心悅目的愉快。這是一個直覺，康德怎麼會把它歸到判斷力裡去呢？判斷，就是要有思維才能判斷，這個直覺的相應有判斷嗎？看來康德是有些矛盾的，他在他的《純粹理性批判》一書對感性的論述，認為感性是沒有認識的，感性只是雜多的表象，只有經過知性的綜合統一，才能有認識。那麼這個自然美，只能稱為心靈的直接判斷，而不能稱為感性直覺。然而，所謂的「判」，是要經過考量的，這個直覺不可能有判斷。我對這個問

題百思不得其解，直到讀了牟宗三先生的哲學才茅塞頓開。牟先生「智的直覺」，指的不就是心性與客體一下相照應，「感而遂通」的心靈通悟嗎？這個美感也是直接湧上來的。西方傳統的哲學，稱此為感性直覺。我覺得以牟先生的智的直覺來稱謂，更是名副其實。如人到了大徹大悟的境界，他是一下頓悟得道的，不需要經過什麼思考之類的，一下就明瞭真相大白了。這就是智的直覺。康德這個審美判斷，實則沒有判斷，對象直接在我們的心靈展現出來的，沒有理由，不講概念，也不帶任何利害關係，也沒有目的性，就這樣與我的心靈相照應了，從而引起我周身的愉悅，這就是美。德國詩人席勒（Friedrich Schiller，一七五九－一八〇五）對美的把握更真切，他說：「美是現象中的自由。」[136]

　　沒有現象中的自由，人也就無法捕捉到自然美。現象中的自由，就是我們對這個現象不要有概念的，與它也沒有甚麼利害關係的衝突，也不要帶有一個目的性來框住它。這個現象是自由地與你的心靈相照應的。

　　席勒說：「美是現象中的自由。」正好說明康德的先驗審美是沒有概念的，也是沒有利害關係的，沒有目的性但符合目的的審美原則。這樣，我們就看出來了，原來概念、利害關係或懷有一個目的論，都是妨礙自由的。你企圖用一個概念來說美，帶著一個利害關係來說美，或是懷著一個目的論來說美，這個美就不是自然的了，而是帶上人為意識色彩的美。如你看到一朵花很美，你用一種解析的方法說它美，說這朵花有四片花瓣，一條花心，周圍有綠葉扶持等。這種用概念來分析的東西，能說明你心中那個美嗎？又如

---

[136] Schoeheit ist Freiheit in der Erscheinung. (Ruediger Safranski (2009.9). Schiller als Philosoph-Eine Anthologie. Fischer Taschenbuch Verlag Frank- furt am Main, Page 18.

一隻豹子與你面對面，張牙舞爪要吃掉你，在這利害關係的緊要關頭，你能感覺到豹子紋的美嗎？一個老婦人在你的心中看來明明不美，可是你為了得到她的好處，懷著這個目的去看她，覺得她很美。這些所謂的美，都是人為意識帶有偏見的美。我們要使美得到自然的展現，就得除去意識的概念，沒有利害關係，也不要人為意識的目的。讓現象自由地與心性那個美相照，才能發出真正的美來。如此說來，我們就明白老子為甚麼說「為學日益，為道日損，損之又損，直至無為」了。原來我們人的那個美的心靈窗戶，它是不需要知性和理性的。那些知性、理性概念的出現，反而屏蔽了它自然的美感。消除那些知性、理性的東西，就沒有什麼意累的干擾了。你沒有了知識的概念，無身忘己（已沒有利害關係），也沒有什麼理念的目的（假借一個神來做心靈的安住所），自然的現象就自由地湧入你美的心靈窗戶，你就出現智的直覺，「和光同塵，與時俱化」，「獨與天地精神往來」、「看到天地之大美」了。

我在前面探討意識的起源時，已提過純粹概念的位格。人的腦袋裝有千千萬萬個億的純粹概念位格（空概念），認識一個事物，它就放入一個格子，這個格子就裝有意識的東西了。就是說，這個位格裝有經驗後的概念，它不是空的了，而是實的了。

經驗後的認識多起來，就充塞各位格，使其變為充實有知識的經驗性概念位格了。這種實的位格多起來，就堵塞了自由現象進入心靈的管道。原來我們的心性是空無的，現象可以自由直達我們心靈愉悅的深處。即我可以直接感受大自然，我與大自然是相通的。你把那些經驗後的知識概念充塞各位格，現象進入心靈美的管道就被堵死了。寫到此，也許有人會質疑我胡說八道，沒有事實根據。其實，早在幾千年前，印度佛教聖祖釋迦牟尼，就悟出這個道理了。釋氏抵達鳳凰涅槃的境界，強調的就是要「空、寂」，要「清

淨心」。甚麼是空？就是不要有意識的概念，讓心靈的窗戶空空如也，那心性純粹得不含一點雜質。只有這樣，那心靈才可以與自然現象直接相通。這就是釋迦牟尼的最高智慧－鳳凰涅槃。很多人信仰佛教，以拜佛來作精神解脫。實際上很多人就不瞭解釋氏這個「空、寂」的真義。空，就是叫你不要有意念呀；寂，就是叫你清靜不要有所行動呀。你整天拜佛求錢財，保平安，這個意念可強烈了，如何能立地成佛呢？釋迦牟尼這個「空、寂」的悟覺，正是道出我上面所說的人心性本是空的位格。就如我們中國人造的「靈」字，它有三個口是空的，那現象可以自由進入，它就感覺到靈了。你堵死這三大口，把那些口充實了（有了經驗性的概念），那現象就不能自由進入，你就沒有靈感了。釋迦牟尼是窺見到人類這個心性形式的人。他把人人都可以成佛的真諦說出來了。後世的人沒有這個悟覺，用意識去作猜度，立法說教，就變為當今的佛教來。梁漱溟先生是佛家，對佛研究很有悟性。他說那些拜佛、臨時抱佛腳的人，是不能脫離苦海的，也不會得到佛的拯救的。[137]

為什麼？我告訴你們，就是你們無法達到釋迦牟尼那個「空、寂」的心性。你用意識去人生，就是說，有知識的人生，是不可能悟到佛性的。後來的耶穌，也悟覺到這一心性方式，他在〈登山寶訓〉中說：「清心者有福了，他們將要見到上帝。」（《新約全書》馬太五：八）又說：「除非你們改變得像小孩一般純潔，否則將永遠進不了天國。」[138]為什麼要清心，要像小孩一般純潔？這不是明明白白地告訴我們，不要啟動認識的方程式，不要有經驗後的認識概念，要讓它空著，這樣才能見到上帝，進入天國。耶穌是悟覺到了這一心性方式的，但他加入上帝、天國等人為意識的東西，

---

[137] 《梁漱溟集》，群言出版社出版，1993年12月第一版，第61頁。
[138] 《新約全書》馬太十八：二。

未免有些折扣。你加入一個上帝的觀念，又回到意識的人生了。拜佛、祈禱上帝的信仰者之所以獲得靈感，只不過是從理性回歸到知性和感性的結果。即康德所說的「反思判斷力」所起的作用。它是有一個觀念的目的性在作引導性的感知，此與釋迦牟尼的「空、寂」，與老莊的「無」有所不同。我最欣賞的是老莊的道無。他的「無為」，即不要啟動認識的方程式。古代人說無，即「不」、「不要」的意思。無為，即不要作為。古籍《尚書》對這個「無」字與「罔」字用法就有很大區別。當今人將無字解釋為「沒有」是不對的。老莊這個無為，是退之而「玄覽」，我稱之為「最高的審美觀」。正如德國詩人席勒所說的：「美是現象中的自由。」人只有取消認識的方式，不需要概念，沒有利害關係，沒有目的性，才能達到現象中的自由。有意識，就有量智了。而佛家講空，雖然有取消認識形式的作用，也得到鳳凰涅槃的人生最高境界。但其道行有些太孤獨，有些不吃人間煙火的味道，一切皆空，就與莊子說慎到的「死人道理」相去不遠了。如此在人間實行就比較困難。而老莊的道就人性化，他可以「於與世俗處」[139]。老子就說過：「吾言甚易知，甚易行。」老莊這個道，只要你不啟動認識的方程式，不要計較利害關係，不要有什麼信仰崇拜（目的性），順其自然，就可以悟道。老子總結出的悟道方法就是一個「損」字。要「為道日損，損之又損，直至無為。」就是說，老莊這個道無，其它的都損去，但要有感性直覺。沒有感性直覺，就是慎到的「死人道理」了。

　　我們從釋迦牟尼、耶穌、老子的悟覺可以看出，有意識，即有概念，是阻礙人達到最高的審美境界。就是說，人要達到盡善盡美的境界，腦袋就要達到空無、像小孩那樣天真無暇。由於耶穌開始

---

[139] 《莊子·天下篇》。

就設立信仰一個上帝，所以他說的「像小孩一般的純潔」的悟覺未免有些落差。這個「純潔」性，就是無知，他是沒有半點認識的方式參雜其中的。有知識，就不是純潔了。所以，達到小孩一般的純潔，是不知道有一個上帝存在的。孔夫子與耶穌一樣，拿個「仁」來說事，就開啟認識的方式了。這個有概念的意識，只能用意中之意來使觀念圓滿。即設置一個理性觀念－「上帝」或「仁」，然後再用知性、感性來證明這個觀念的存在。這種做法，又回到理性主義者那裡去，其產生康德說的理性悖論就不可避免了。康德雖然看到這個理性悖論，但其沒有悟覺到老子損到直至無為這個功能，其也不敢放棄理性。他的名言：「我因此就得揚棄知識，以便替信仰留有餘地。」（Ich musste also das Wissen aufheben, um zum Glauben Platz zu bekommen.）康德最終還是不敢放棄信仰，還是要懷有一個目的性。他是能可信其有，不可棄之無。牟宗三先生說康德已幾近聖人的境界。在我看來，康德再邁出一步，把這個認識的方式取消，直接達到空無，讓現象自由進入心靈，他就達到莊子「朝徹」的地步，「獨與天地精神往來」，看到「天地之大美」了。我讀康德，也很認同牟宗三先生對他的評價。他已探明人類這個不求而有的心性，又知道美是沒有概念，沒有利害關係，沒有目的性而符合目的性的心性愉悅。他為甚麼不拋棄笛卡兒「我思故我在」的枷鎖，再向前邁出一步，達到那聖人（至人）的道無境界？既然我們內心已有宇宙世界的一切，何必向外追求而不得圓滿呢？康德之所以不敢再邁出一步，我認為是康德過於嚴謹的科學精神和他的信仰所決定的，他每作一步論證，都要有科學論據的，也就是說，他不敢丟掉理性的東西。他把感性、知性、理性分辨得很清楚，這就不可能生導出「智的直覺」，只能在「執的存有論」打轉。連美這個感性直觀，他也要歸納到《判斷力批判》中去求證。而且他探索到

人類這個先驗的東西，是從哪裡來的？人類何以會有此理性？這些哲學問題，總得有個出處，有個安放的地方。由於他的信仰以及他的人是自然的立法者的科學精神，當然他就把這一切歸於上帝了。

我之所以贊嘆老莊道無的玄妙，就是覺得，老莊竟然邁出無這一步，甚麼知識都不要了，要「復歸於嬰兒，棄聖絕智」。你想想，一個人沒有知識，不要知識，這個人還存在嗎？還有他生存的意義嗎？老莊就悟覺到另一種人生的價值來。這種悟覺，是「非常道」的，是非一般人所能想像所能理解的。這就是《易經・繫辭傳》所說的「易，無思也，無為也，寂然不動，感而遂通天下之故……」。你沒有思，也無所作為，靜靜地呆在那裡，就感到所有的人生價值都湧到你的身上來了，這不是非常玄妙而令人大感愉悅的人生最光輝一刻嗎？老莊真的是「博大真人」呀！

# 二十一、
## 亞當與夏娃能否重返伊甸園？

我們在探討人關閉認識的方程式，可以開啟審美程式的大門。而且我們也探討出，認識是阻礙現象中的自由。也就是說，認識是擾亂美的感性直覺的罪惡禍首。那麼，人是否可以把知識損去，把自己變為無知？

《聖經·創世記》上說，上帝造亞當與夏娃，原本是沒有知的，他們在伊甸園無憂無慮，過著快樂的生活。是因為有一天，受了蛇的引誘，偷吃了上帝的智慧之果後，有了知，就產生罪惡感了。這個說法，似乎知是與人生俱來的，是去不掉的。然而老子既說：「為學日益，為道日損，損之又損，直至無為。」這樣看來，知識是可以損去的。

我們現在來看知識是否可以損去。

康德在其《純粹理性批判》一書裡，視空間、時間為感性直觀的形式（條件）。他並沒有像以往的哲學家那樣視空間、時間為客觀事物存在的形式。他否認空間、時間為客觀實在。他說如我們去掉一切感性直觀，則空間、時間即消失。這就是說，我們不去啟動這個感性來源，這個空間、時間的形式就不起作用。空間、時間的形式不起作用，就沒有意識的形成。如一個事件的回憶，當時若不是某一時間、某一空間感性的觸動，他就不會回憶起這件事。這

件事原來在你的心中早就存在，就是說，它在你的心中，早就形成知識。但你不回憶它，它就永遠消失了。所謂的忘記、失憶，就是空間、時間在認識的形式裡失去了作用。一個人，他本來學了很多知識，有很多經歷。可是他生活穩定以後，每天就吃喝玩樂，慢慢地，他把他以前所學的知識以及他以前的經歷都忘記了。人，是可以把他的知識損去的。

康德在談到量和質這兩個認識的範疇時，他也是一反一些哲學家的常態，很多哲學家認為質決定量，康德則認為量決定質。知性的形式是根據出現來形成知識的，感受量的多少就決定知性概念的形成。如兩個人在山上散步，遠遠看到一條蛇，走近一看，原來是一條麻索。這就是量決定質。開始認為是蛇，是太遠了，對象提供的量不夠清晰，造成判斷錯誤。康德這個量、質關係，又為我們消除意識提供證據。我們只要消除感受的量，就可以損去知識。如我們學習某知識，學了幾遍還是記不住，就是說，我們大腦的那個知性的方式，它需要達到一定的量，才能使形式發生作用，記住這個認識的對象。這就是所謂的學習壓力。壓力超過正常的感受，就形成所謂的暴力。人們對暴力的印象特別深刻，就是這個客體的量非常強大，強力侵佔你的感受領域，把其他可以進入你感受的客體量都排擠掉了，你的純粹知性能力只能對此發生作用。因此，減排出現量，可以使人損去知識。即通常人們所說的減少注意力，你就可以達到一種心力平行。所謂的「知足常樂」，就是這麼回事：所有客體的量，對其認識程式都不起作用了，什麼都看得平常了，內心就感到滿足了。老子有說「知常曰明」，你知道常道，你就開明了。孟子有一句話最神奇，叫做「夫君子所過者化，所存者神，上下與天地同流。」[140]所經過的都化

---

[140] 孟子：《孟子》，臺灣智揚出版社出版，民國八十三年版，357頁。

掉了，存下來的都是很神的東西。這說明人是可以損無的。

　　說到人的損無功能，法國哲學家薩特（Jean Paul Sartre，1995-1980）認為，人是自為的存在。所謂的自為，就是他有損無（有人譯為「虛無」）的功能。他的《存在與虛無》，就是如此論述的，一面是自在之物的現象，一面是人可以損無的功能。兩者之間來回辯證，最後辯出薩特想要的存在意義。從薩特的哲學論述我們知道，人是有損無的功能的。他可以把他不需要的意識損去，也可以把自在之物視而不見。把他認為好的意識儲存下來。而且意識還有意向性（德國哲學家佈倫塔若、胡薩爾的現象學術語），他會意向於某一點，某一物，某一事，而將其他的現象虛無了。這個意識的意向性，當然與意志、情感、愛好等有關。我們在此不是探討佈倫塔若、胡薩爾、薩特的哲學，而是指出損無的可能性。既然人可以損去其心中的知識，那麼老子說的「為學日益，為道日損，損之又損，直至無為。」[141]就可以成立了。人有了知識，再將知識損去，變為無知識，這個論題是可以成立的。

　　人的損無必須具備五個條件：

# 1，損情感的利害關係。

　　有情感，人就被情感所牽制。人不能走出感情的漩渦，情感就綁架你的意識。你在心中念念不忘這個情那個情，記住這個好，憎恨那個惡，你對事物的看法，就會有一個意向性。你的意識就集中投向這個情感而概念。佛教的和尚、尼姑及高僧為什麼要離家出走，住在廟裡？就是要割斷與世間人那個情緣。佛家說你不能斷這

---

[141] 《道德經》四十八章。

個緣，就不能修煉。這個情就是對人對物的一種掛念。所謂的掛念，就是一個意識的專注。他把所有意識都集中到這個事物中去了。對所有來自外界的現象視而不見，聽而不聞。這就是所謂的情困。有情感的人是不能損無的。所以為什麼莊子的妻子死了，他還敲鑼打鼓唱歌，就是他已悟覺到為道要損去情感的束搏。這樣才能消除意識概念的困擾。一個人帶上情感去做事物判斷，你容納不下其他東西，就你感情部分來概念事物，用老子的話來說這就是不「公」（老子：「容乃公。」[142]不公，就是不能周全宇宙的一切，是一種偏激的意見和想法。有情感激勵心靈活動，人是不能靜下心來的。心不能平靜，你就不能損無。

## 2，損去是非價值觀念

人有是非價值，就有想法，就得有判斷，有判斷，就有意識的概念。那些是對的，那些是錯誤的？那些是有價值的，那些是無價值的？都要有一個意識的判決。這樣人就有一個主觀的意識來牽制人的行為方式，使他無法與現象自由溝通。莊子就認為爭論是沒有對錯輸贏的。他還對惠施的能言善辯不以為然。以莊子對惠施的描寫，惠施的書有五車之多，天下沒有什麼事可以難倒他的，他的辯才可說是世界一流的。他說雞有三隻腳，火不熱，至大無外，至細無內，天與地一樣低，山與湖澤一樣平。等等，他什麼都論到了，可是有甚麼用呢？莊子說：「惠施不辭而應，不慮而對，遍為萬物說，說而不休，多而無己。猶以為寡，益之以怪。以反人為實，而欲以勝人為名，是以與眾不適也。弱於德，強於物，其塗隩矣。由

---

[142] 《道德經》十六章。

天地之道觀惠施之能，其猶一蚊一虻之勞者也。其於物也何庸？夫充一尚可，曰愈貴道，幾矣。」[143]莊子對惠施的批評，就是認為惠施用不同的邏輯形式，套上不同的內容，到處給事物作出概念，給予不同的價值評判。這種能言善辯，是不可能周知世界宇宙的一切的。他的所有努力逞能，只不過像一隻蚊子，一個牛虻的勞作而已。爭論是沒有輸贏的，也是無法評判誰是誰非的。所持的價值觀不同，其是非判斷就不同。莊子說：「夫言非吹也，言者有言，其所言者特未定也。果有言邪？其未嘗有言邪？其以為異於鷇音，亦有辯乎？其無辯乎？道惡乎隱而有真偽？言惡乎隱而有是非？道惡乎往而不存？言惡乎存而不可？道隱於小成，言隱於榮華。故有儒墨之是非，以是其所非而非其所是。」[144]

　　就如我們分析過的，你運用意識，必然要有所指，指什麼？當然要有一個概念。這個概念的出現，就意味著另一些概念隱退了。即沒有機會出現了。莊子處理的方法，就是不要啟動認識的方程式，不要概念它。他稱之為「和之以天倪」。莊子說：「何謂和之以天倪？曰：是不是，然不然。是若果是也，則是之異乎不是也亦無辯；然若果然也，則然之異乎不然也亦無辯。化聲之相待，若其不相待。和之以天倪，因之以曼衍，所以窮年也。忘年忘義，振於無竟，故寓諸無竟。」。[145]無，就是不要是非價值觀。


# 3，沒有目的性

　　人最不能放棄智慧的，就是人的理性。而理性的最高原則就

---

[143] 《莊子正宗》，華夏出版社出版，馬恒君譯著，2005年1月北京第一版，591頁。
[144] 《莊子正宗》，華夏出版社出版，馬恒君譯著，二〇〇五年一月北京第一版，25頁。
[145] 《莊子正宗》，華夏出版社出版，馬恒君譯著，2005年1月北京第一版，47頁。

是理念，而理念就是其人生的目的。它是意志所要實現的目的。一個人懷著一個目的，他要做甚麼？如何作為？都要有一個意識的指向。就是要以理念作為行動的準則。這樣意志就不是自由的了。他必須有所持，有所執，有所期望，你是不能超越這個目的的。如你信上帝，以上天堂與上帝在一起為目的，你就要遵守《聖經》所說的一切教條。你把實現孔子的仁作為目的，你就得履行儒家的道德禮教。懷有一個目的，思想、行為必定要往這個目的用力。所以莊子說：「若夫不刻意而高，無仁義而修，無功名而治，無江海而閒，不道引而壽，無不忘也，無不有也，澹然無極而眾美從之，此天地之道，聖人之德也。故曰：夫恬淡寂寞，虛無無為，此天地之平而道德之質也。」[146]有一個目的在，就有意識在，有意識，就是用知識去人生，這是上帝不能原諒人類而將其趕出伊甸園的原因。

# 4，沒有時間、空間的觀念

有了時間、空間的觀念，世界就有變化、發展。有變化、發展，我們人就無所適從，永遠也無法抵達世界的彼岸。莊子在〈秋水〉一文借北海若曰：「井蛙不可以語海者，拘於虛也；夏蟲不可以語冰者，篤於時也；曲士不可以語於道者，束於教也。」[147]以時空來作認識的形式，人類永遠無法找到絕對。因為「夫物，量無窮，時無止，分無常，終始無故。」[148]你的求知，是無法找到世界最後的因子的。你只有「無動而不變，無時而不移，何為乎？何不

---

[146] 《莊子正宗》，華夏出版社出版，馬恒君譯著，2005年1月北京第一版，253-254頁。
[147] 《莊子正宗》，華夏出版社出版，馬恒君譯著，2005年1月北京第一版，266頁。
[148] 《莊子正宗》，華夏出版社出版，馬恒君譯著，2005年1月北京第一版，270頁。

為乎？夫固將自化。」[149]很明顯，你有時空觀念，就打開了認識的方程式，有認識，就知道了甚麼，這就是運用智慧了。有時空觀念，你就不能有一個常在的「吾」，只有一個無常、變化的「我」了。康德就將時空視為感性直觀的形式，而不是客觀實在。沒有意識，時空就消失。時空消失了，就沒有所謂的古今往來，人沒有時空觀念，才可以進入「沒身不殆」的境界。

# 5，順從自然

　　人要回到亞當與夏娃沒有偷吃智慧之果前的生活，就得順應自然，不要對它做什麼實踐、改造。因為道法自然，道是獨立而不改的道，你是不能改變它的。用通俗的話說，叫做「道是不以人的意志為轉移的」。既然你不能轉移它，你就得順應它，否則你就不能與道同流，一起與道運轉。老子說「道法自然」，就是天地本就如此，順之者昌，逆之者亡。人如果違反它，就是與天地不合了，與天地不合，就是我們與天地發生矛盾了。內心有矛盾的人，不可能「和光同塵，與時俱化」，做到天人合一。

　　老子的損無方法，莊子總結出三個方面，他說：「吾猶守而告之，參日而後能外天下。已外天下，吾又守之，七日而後能外物。已外物矣，吾又守之，九日而後能外生。已外生矣，而後能朝徹，朝徹，而後能見獨。見獨，而後能無古今；無古今，而後能入於不死不生；殺生者不死，生生者不生。其為物，無不將也，無不毀也，無不成也。其名為攖寧，攖寧者，攖而後成者也。」[150]莊子說的「外天下、外物、外生」三者，其實也就是老子「復歸於嬰兒，

---

[149] 《莊子正宗》，華夏出版社出版，馬恒君譯著，2005年1月北京第一版，277頁。
[150] 《莊子正宗》，華夏出版社出版，馬恒君譯著，2005年1月北京第一版，113頁。

棄聖絕智」的表現。

「外天下」可以用佛家所說，放棄人世的一切情緣，沒有人世間的是非、情仇、功名利祿，即「清淨心」。這個「外天下」，也可以說是與人世間沒有任何利害關係。「外物」，就是與物無礙，沒有什麼矛盾的對立面，萬物與我為一。也可以說是不對任何現象作出概念，即萬事萬物與我為一。

「外生」，也就是無生死。要做到無生死，就得損去時間、空間觀念，沒有什麼古往今來，也沒有什麼空間的定位，沒有時空觀念，生死觀念就被消除了，就是說，他不想知道什麼是生，什麼是死，只是順其自然而活著。這樣他就進入到「朝徹」的境界，從而見到獨特的道了。

總之，老莊的損無，就是要把我們經驗後的知識損去。老子的「為學日益」就可以反證此點。為學，每天都會有甚麼知識放進腦袋裡去，而為道，就是要把放進腦袋的知識清除出去，一直損到腦袋沒有一點知識為止，這樣人才能恢復其本性。

# ▌二十二、老莊道無的「各復歸其根」

老子說：「至虛極，守靜篤，萬物並作，吾以觀其復，夫物芸芸，各復歸其根。歸根曰靜，靜曰復命，復命曰常。不知常，妄作凶。知常容，容乃公，公乃全（有作「王」），全乃天，天乃道，道乃久，沒身不殆。」[151]

早在三千多年前，老子就指出這個人類的心性，原來我們人類會有什麼認識，什麼概念，什麼觀念，都是那個心性與現象發生關係而得出來的結果。有人叫這個心性為「心因」。莊子稱為「心機」。康德則稱為「認識的方式」。這個認識的方程式一打開，人類的智就運作了。這就是我們人頭腦的認識方程式所起的作用。所以亞當與夏娃被上帝趕出伊甸園就毫無懸念了。老子早就揭穿這個謎底。伊甸園是無知的人住的，你有知了，如何能住得下？所以，不是上帝把他們趕出伊甸園，而是他們自己把自己放逐的。你要有所知，有所圖謀，你是不可能在無憂無慮的伊甸園生活的。上面我們已分析過，你一旦打開那個認識的方程式，那個心就不由己了：心裝著認識的東西，心性就不全了。心身不全，你就情志不得安寧，你內心焦慮不安，怎能無憂無慮呢？老子不僅幫我們找到了人類回不了伊甸園的原因，而且他還為我們指出回歸伊甸園的道

---

[151] 老子，《道德經》，安徽人民出版社出版，陳國慶、張養年注譯，2001年10月第一版，第266頁。

路。他的「各復歸其根」，就是要我們回歸自己的本性。「歸根曰靜」，靜就是心性回歸空無的狀態。即不再有所作為了。沒有了作為，就不再啟動認識的方程式，這樣生命就回復到沒有啟動認識方程式前的狀態（嬰兒狀態）。我們來看我們經常使用的電腦，電腦使用多了，久而久之就中木馬病毒了。嚴重的，怎麼也去不掉這個病毒。我們常採用的治療方法，就是將所有以前輸入的東西全部洗去，剩下的就是電腦原裝的程式，這樣，電腦就復原了。這個原理，就是老子說「為道日損，損之又損，直至無為」的方法。你把那套認識的方程式所得到的知識損去。就是說，它不再對現象做概念了，沒有了概念的意識，也就沒有物累和意累了，人就處在無矛盾的狀態，他就回歸到他的本性，這就是「歸根曰靜」。人的心性靜下來，就可悟覺到人生原來是這麼一回事：人的一切喜怒哀樂、善惡信念，爭權奪利，什麼榮華富貴，不假天日與天鬥與地鬥與人鬥，都是認識的方程式在起作用，即有知的作用。如果我們悟透了這個人生常識，我們把這個認識方程式關閉了，不再讓它起作用，那麼我們的人生就能容忍世界發生的一切了。哀樂不能入，生死無所謂，鬼神無所懼，你面對的，沒有任何利害關係，只是一個「表象的世界」。這樣，你的人生就很公允，沒有什麼私心偏見了。你做到了「公」，說明你已與萬事萬物融為一體了。再沒有甚麼敵人、善惡、愛好、是非之分，也無古今中外的區別，一切現象都可以自由進入你的心靈，這樣你就是全有了。人到了全有這個地步，也可以說他的心性已包羅整個天地了，也就是包羅宇宙萬物的一切了。你已與天地容為一體，無古今往來，「江山依舊在，幾度夕陽紅？」你已無物累、情累、是非累等觀念。「與時俱化，和光同塵」，這就是與道同在了。

這入了道的人，已沒有了生死觀念，即使沒有了肉身，他也

是永生不死的。也就是進入到靈魂不死的境界。我們從老子這個描述，可以看出，要得道，就得回歸人的心性本源。如何才能回歸呢？老子的方法論很明顯：開始你要知常，即知道陸象山的「吾心即是宇宙，宇宙便是我心」的悟覺。知道恆常不變的道理後，你就要損無了，就不要啟動認識的方程式了。到你損至無為後，就可以悟道了。他這個方法論與佛家的「空、寂」、「清淨心」殊途同歸，都是要消除認識的方式，使人的心性回到空無的狀態。這樣，心靈的窗口是敞開的，德國詩人席勒所說的現象就自由地直接進入心性那個美的灶門，而引發出大徹大悟的鳳凰涅槃境界來。他已無所遺，無所憾，無所顧了，心性已與宇宙相通，悟覺到心性那個最神祕的「太極」了。人生原來是這麼回事：我們一生所要追求的，所要奮鬥的所謂價值，到頭來就是「虛無」兩字，什麼都不是。而所謂的觀念，人們賴於寄託的神，也只不過是認識方程式惹出來的禍，是知性逼迫理性交出來的一個幻相觀念，一切都是認識方程式啟動後所帶來的結果。如果關閉這個認識的方程式，人就可以無憂無慮地生活，回到亞當與夏娃在伊甸園的日子了。這就是心性的回歸，老子「各復歸其根」的哲學洞見。幾千年來，人們一直不明白，或是不願瞭解老子「吾言甚易知，甚易行。」[152]的話，其主要原因就是不敢丟掉迪卡兒「我思，故我在」的理性魔咒，不敢關閉認識的方程式。人們以為，沒有了知，人就等於與動物，與石頭，與死人一般無異了。這個人生還有甚麼價值？其實，今天我們回過頭來看，老子真是「博大真人哉」！他竟在無的後面看到這個人生最高的境界。我在我的《老莊道無哲學探釋》一書說康德在經驗知識後面看到一種驗前或說超驗的知識，這是一位非常了不起

---

[152] 老子，《道德經》，安徽人民出版社出版，陳國慶、張養年注譯，2001年10月第一版，第173頁。

的哲學家；老子是在沒有知識後面看到人生最有價值的人類心性解放，是位人類最偉大的心性學大師。我把康德說是電腦發明的鼻祖，（揭示出人類心性認識的方程式，電腦之所以可能的原理都是康德的先驗論做基礎的。）那麼老子就是排除電腦木馬病毒的能手。早在三千多年前，老子就瞭解人類這個心性的認識方程式是怎樣干擾人的自由，使人生變為悲劇的。

康德稱他的哲學為先驗論，即我稱為形而下之下的「心性論」，他要探索在人體之下看不見，摸不著的認識方程式。康德的偉大，就是他具備一種超驗的反思能力，這種能力是以往的形而上學者所不具備的。人們喜歡說黑格爾的辯證法是抽象的抽象，否定之否定，是理性思考之至極。然，黑格爾這個辯證，還是在有無之兩面（矛盾論），即有無之間進行辨證；而康德是將經驗知識排除在外，這種反轉認識能力更高超。他把人心性下面那個看不見，摸不著的認識方程式揭示出來了。而老子更進一步，把人的知識損去，直至無為，這是西方理性哲學者想也不敢想的問題。理性主義者無論如何論說，總得有個東西來做主體論述，雖然說有的對立面是無，但還是要有。沒有東西就不好論證了，就是說，沒有笛卡兒的「我思」，一切都不能成立。老子其博大精深就在這裡：他在「夫物芸芸，各復歸其根」後面悟覺到了道，悟覺到人生最具美好的「玄牝之門」[153]。

這種悟覺，可說又比康德高出一籌，已在形而上之上了。用莊子的話說叫做「無無」之人了。[154]

見莊子「光耀」與「無有」的對話：「光耀」看得見，摸不

---

[153] 老子，《道德經》，安徽人民出版社出版，陳國慶、張養年注譯，2001年10月第一版，第二265頁。

[154] 《莊子正宗》，華夏出版社出版，馬恆君譯著，2005年1月北京第一版，第382頁。

著;「無有」什麼都沒有，既看不見，也摸不著。光耀稱他為「無無之人」）。魏晉王弼說老子是「有有之人」，實則他低估了老子的道。

當年老莊闡述這個道無，雖然有方法論，教你如何得道。但這個道是形而上之上的，即用意識不能說清楚的，也可說是沒有概念的。如此後世的一些智者，用自己的經驗感知，就給老莊的道套上一些概念進行論述。最讓人忍俊不禁的是中國的馬列唯物論者，說老莊俱有樸素的唯物辯證法思想，說老莊的道是辯證的。是的，老莊是說過許多辯證的話，如柔弱勝堅強，無用有大用，無為是有為等等，但他們說這些辯證，最終是不要辯證，要回歸到「直至無為」的狀態，即抵達「無無」的狀態。莊子說「光耀」雖然摸不著，但看得見，只要有黑暗對比，你就知道有光。只是在「有無」之間；而「無有」什麼都沒有，你摸不著，也看不見，是個「無無」。這個「無無」之人，還有什麼辯證嗎？他不可能再有甚麼辯證了。也許辯證法家會說，這就是辯證的對立統一呀，最後他不是統一在這個道上了嗎？其實，辯證法家的對立統一，其最後的統一，是要有一個概念的。如黑格爾的「上帝」，唯物論者的「物質」，這些觀念是有理性可循的。也就是說，是由理性推理、判斷出來的一個概念。而老莊這個道，是不可名的，不可說的，即沒有概念、觀念的，根本不存在對立統一。也可說辯證法家是在形而上的境界裡，而老莊則是在形而上之上。這叫做「不可同日而語」，是不可以比附的。道，要跳出認識方程式的圈圈，在形而上之外。

我在研讀康德哲學的時候，發現一個問題：理性已無法解決哲學的終極問題：a，它無法實證理念的存在；b，無法解決意志自由的問題。c，無法面對神的存在。d，物自體不可知，找不到物質因。f，無法證實靈魂不死。解決信仰問題。

康德用《實踐理性批判》和《判斷力批判》來解決其《純粹理性批判》所提出的問題，顯然有些過於牽強。如他用道德律令作為人先天固有的本質來向最高的善靠攏，最後希望得到上帝的眷顧。他以此實踐理性為信仰做保票，他的方法論與孟子的「心性」論差不多，也是「反身而誠」。然，康德這個實踐理性，只不過是從理性回歸到知性、感性的靜觀。他還是在有的層面上。即牟宗三先生說的「執的存有論」上。這樣有善就有惡，為何人的心性只有先天的善而沒有先天的惡呢？如果這樣說來，魔鬼撒旦就是捏造出來的了。正如黑格爾否認惡是不符合理性的，從而就否認惡是不符合現實的東西:黑格爾：「凡是現實的都是合乎理性的，凡是合乎理性的都是現實的。」[155]這是很難說得通的。其實，人從有意識那天始，主體與客體就交互作用了。有了主體與客體的對立，善惡，是非就產生了。以康德的探索而言，他其實已探到了人類心性那個根源。只是他不能丟掉那個智識的東西，而又掉轉頭回到知性、感性中去。實則他的《判斷力批判》就已經點到人類本性的那個美的東西。他已看到美是沒有概念的，沒有利害關係的，沒有目的性但符合目的性的一個心性愉悅。也就是說，康德已看到自然美是不需要知性和理性的。若康德再進一步，就達到無的境界了。我讀康德，也是不得其解，是讀了老子，才茅塞頓開，原來探源歸根到最後，就是那個「無」呀！沒有了知性和理性以後，那現象就可以自由地進入心靈，天地之大美就一一朗現了。而且他還悟覺到宇宙心－人心性中的太極。老子這個道的境界，不僅有最完善的美，而且達到最崇高的精神境界－「獨與天地精神往來」。人的心性與宇宙是同一的，是因為我們打開認識的方程式，無端端把一些現象放入心性

---

[155] 黑格爾，《小邏輯》，商務印書館出版，賀麟譯，1980年7月第二版，第43頁。

中作概念，就使它與宇宙相隔閡了。你把那些認識的東西排除出去，心性就「各復歸其根」了，如此，「宇宙便是吾心，吾心即是宇宙」就成全了，你讓那感性直覺回歸本性，你就「感而逐通天下之故」了。

# 二十三、老莊道無的幾點說明

康德在其三大批判哲學中，想要解決人類的四大問題：

1、我能知道什麼？

2、我應該做什麼？

3、我可以希望什麼？

4、人是什麼？

第一個問題是關於認識論的。也就是他的《純粹理性批判》所說的「先驗論」，他把人的認識能力已經說得很清楚了。我們的認識能力有多大？能認識到什麼程度？理性有什麼侷限性？他都一一點明。也就是說，一個人所知是有限的，能知道什麼，不能知道什麼，外在與內在，都給人一個限度、範圍。最大，宇宙無限，不可求得；最小，物自體不可知，人對物不可能認識完畢。就這兩點來說，人類無論如何努力，他的認識能力是有限的，康德提出「我能知道什麼？」其實也在回答我不能知道什麼？中國目前有很多奇奇怪怪的學問，對爭論甚麼是科學，甚麼是偽科學很厲害，其實，康德的《純粹理性批判》早就對此作出界定。他的解答：「我們的知識是如何可能的？」就是辨識科學和偽科學的理論基礎。沒有經驗，科學不可能向前推進一步。康德對認識問題，是從純粹的心性方式去探討，得出「先驗的綜合判斷是怎樣成為可能的？」認識論。

第二個問題是道德的，即人應該做什麼？不應做什麼？他有

一個倫理道德。康德在他的《實踐理性批判》指出人有一個道德律令，這個道德律令使人向最高的善靠攏，命令自己不斷完善自己。這個實踐理性，也只是一「靜觀」，是否可以達到盡善盡美？康德也沒有開出絕對的保證。道德律令也只是指出應不應該？人沒有一個道德律令的約束，就不能人之為人了。而我則提出認識方程式的基礎編碼（純粹知性概念）是人類道德的基礎，是真理的憑據，與康德的「實踐理性」有一定的差距。我的純粹概念（認識方程式的基礎編碼），可以一桿到底解決人的認識問題與道德倫理問題，不需要分出自然哲學與道德哲學。

第三個問題是關於信仰的，康德的《判斷力批判》就指出一個目的論，他的反思判斷力就調節性地圍繞這個目的性下判斷。人生是需要一個目的的，如果沒有一個目的，人生就無著落，所謂的靈魂不死，意志自由就落空了。宗教信仰的功能，就是給人心靈的一個寄託、一個希望。然，我們說希望不是現實的，信仰只是一個觀念。用一個觀念來寄託人生，能使人達致無限嗎？

瞭解了這三個問題，第四個問題人是什麼就得到解決了。人，原來是這麼回事：他的存在是有限的，他的價值表現是以追求至善為目的。這，就是人之所以為人？

康德這四大問題，似乎已解決了人類的困境。在我們的人生中，我能知道什麼，我應該做什麼，同時我又有一個希望，可說生在這世上心安理得。人生還有什麼不滿足的呢？可是，我們仔細研究康德這三大問題，就會覺得，他的問題都是有條件限制的。能不能？應該不應該？可以不可以？這都說明人的有限性。

馬丁・海德格爾（Martin Heidegger，1889年-1976年）對康德的四大問題很有研究，他認為上帝是不需要問這些問題的，因為上帝的能量是無限的，祂是萬能的，祂是沒有條件限制的。既然我們人

要問這些問題，就證明我們人不是萬能的，他有他的侷限性。海德格爾由此就探索人的存在路向，在這有限的人生的存在路向。他把「存在」（Dasein）作為他探索存在的入口。就是說，海德格爾是從人類的有限性來探索他的存在的。人是有限的，他是不可以為所欲為的。我們中國人常說，能過上神仙的生活多好呀。神仙的生活，就是沒有條件限制的，他自由自在，隨心所欲，就是達到絕對的自由了。哲學家們的困頓，就是他無法消除人的有限性而達至無限。人類所謂的意志自由，靈魂不死，看來就是一句空話了。康德的探索，最後一個問題，「人是什麼？」看來也沒有給出一個滿意的答案。可以說，人也是在一個有限的條件（空間與時間）下生活的。

哲學家牟宗三先生，開出一個「智的直覺」哲學，以此來圓滿其儒學的最高境界。以牟先生的說法，到了智的直覺境界，人也就是無限的了。牟先生稱此為「無執的存有論」。但孔夫子「七十從心所欲」後面還要加上一個範圍，一個圓圈：「不逾矩」。牟先生的無限，人可以實現嗎？

我對牟先生的論說，內心是有一個疙瘩的。什麼是「無執的存有」？存有，肯定是有一個概念在。存有什麼？雖然他沒有物象，但一定有一個意象。由儒家道德教化開出的仁，就是這個意象。我稱此為意中之意，就是抽象之抽象的東西。看似無執，實際上還是有執，只是執意象而已。你道德教化，是有條件限制的知性活動，你把它與天道相聯繫，怎麼能斷絕這個關係？這明明就是孔子的「從心所欲，不逾矩」，還要有一個「矩」來框住。

我這個老莊道無哲學，不敢說對人類有什麼貢獻。但我從老莊的哲學中，看到一個問題：人要達到無限的境界，就是老莊的無，佛陀的空，心中不能有半點的存有論。而要抵達這個境界的方法，就是取消認識的方式，不要啟動認識的方程式。而且我還探究出，

沒有知識，不要知識，人生不是就毫無價值了，像石頭、朽木一樣毫無反應了，而是導出一個最高的審美境界，一個人類觀賞的價值觀。這種退而「玄覽」的價值觀，雖然不是人人都適用。但至少可以為人類提供另一種生活方式。當人經歷過千辛萬苦、品嚐過什麼甜酸苦辣、榮華富貴後，他對人生的知發生了厭倦，就是說，他對能知道什麼、應該做什麼、可以希望什麼成為泡影後，他還能如何生活呢？退而作觀賞的人生就是一條道路。他沒有概念，沒有利害關係，也沒有目的性，自自然然地坐忘在無極之中，心如止水，「和光同塵，與時俱化」，就能「獨與天地精神往來」，看到「天地之大美」了。這不也是人生之一大樂事嗎？這種哲學，可以打破以理性主義為中心的枷鎖，解決人類爭端的仇恨。因為以老莊「無為」來說，人到了無為的地步，還有什麼爭鬥、攀比、榮華富貴呢？或許，這是人類的一個出路？一個人類大徹大悟的出路。我不敢奢望人類會放棄理性這個智慧的東西，回到亞當與夏娃無憂無慮的伊甸園生活。但至少來說，可以為那些對觀念論失去信心的人，提供一條選擇的道路。這一條道路，並非模糊不清、神祕而不可抵達的。老子就說過：「吾言甚易知，甚易行。」幾千年來，人們一直不明白老子話中的玄妙。其實這就是關閉心性中的認識方程式，不要啟動認識的方程式，讓那意志的欲望澈底失去依託，從而讓感性在自由的現象中觸及心靈，由此而發出大美來的一個簡易的方法論。這就是「獨與天地精神往來」，看到「天地之大美」。

康德曾在他的《純粹理性批判》一書最後一章〈純粹理性的建築術〉說：「哲學是關於一切知識與人類理性的主要目的之關係的科學，哲學家不是一個理性領域中的技術家，他本身是人類理性的立法者。在哲學一詞的這種意義上，一個人自稱為哲學家，並且自

以為和只存在於理念中的模型相等，那就太過於自負了。」[156]

康德此話表明，沒有那一個人，可以做到與他的理念模型相等的位置上。也可以說，理念只是理性主使要求建立的一個美好家園的設想、架構，一個自稱為哲學家的人說他實現了這個理念就未免太過於自負了。這也是康德，包括所有理性主義者的一個缺陷。他們一定要用意識來詮釋這個什麼理念、理想，人怎麼可以全而圓滿呢？唯一的辦法就是「無為」，「各復歸其根」。只有回歸到其本體，其本是其所是的本性，沒有參雜任何意識，任何經驗性的概念，才能成全吾的宇宙心。「棄聖絕智，復歸於嬰孩」是人生的最高階段。

康德惇惇以求，企圖用他的三大批判哲學建立一個完整的人類學家園，為人類打造一個「純粹理性的建築術」。正如他所說的，由於理性的二律背馳，他本人也不可能做到與那理念的模型相等。因此他的理念是有點強人所難的。

本人天生就一個愚人之心，正好切中老莊道無哲學的感悟，於是產生出這套哲學來。我不敢說為人類這個偉大的建築術增添什麼磚瓦，但為那些無信仰者，惘然無所追求者提供一個心靈安住所是可以做到的；亦可以為那些惇惇以求，最後對理性理念失去信心的迷惘者提供一條道路：這個道無哲學，並非理性主義者想像的那樣，沒有知識，不要知識，人就與石頭、死人沒有什麼兩樣了，實則並非如此。我的探源歸根努力，就是要證明這點：人在無為以後，他是可以有整個心靈愉悅的出現的。這就是「天地之大美」的人類最高審美境界，也是天人合一的最高境界。我敢說，我已找到一把通往上帝伊甸園緊鎖大門的鑰匙，由亞當與夏娃當初的無知再

---

[156] 康德，《純粹理性批判》，華中師範出版社出版，韋卓民譯，2002年7月第二版，第690~691頁。

回復到無知，除此之外，別無它法。這把鑰匙不是掌握在上帝手裡，而是掌握在我們自己的手中。只有我們損去心中的知，回歸無知的心性，才能獲得快樂無憂的生活。人類是有這個可能的，王陽明先生說，「愚夫愚婦皆可證成聖人」，就是證明人類自己有這個能力。不管聰明與愚蠢，都可以證成聖人，也就是莊子的「博大真人哉」。

　　也許有人會說，我這不是號召人們回到老子「雞犬之聲相聞，民至死不相往來」[157]的荒蠻時代？沒有知識，不要知識，這是人類生存的世界嗎？我的主張，並非要人一出生就這樣無知下去，而是人的後半生，在「知常曰明」後，而「各復歸其根」，再回到無為中去。這種哲學，是根據認識的方程式是一個圓而設計的。當我們抵達理性的最高觀念後，你還要在這個方內轉嗎？又回到知性、理性中去？還不如跳出圈外，來個全無，讓感性直覺通達心靈愉悅的美感。我的哲學，只是解決終極問題，而不問其生來如何？人生之所以能隨易而安，最後進入老子「沒身不殆」[158]。的道，這就是人類最大的福音了。孔子說：「朝聞道，夕死可矣。」[159]人生還有什麼值得如此嗎？早晨聞道，晚上死去也沒有什麼遺憾了。這是何等的人生？他已把所有的人生價值悟透了，明瞭了人是怎麼一回事。用莊子的話說，他已達到「朝徹」[160]的地步。坐忘在無極之中，與宇宙容為一體了。人生，不瞭解自己是怎麼一回事，不知自己何所為，最後還回不到自己的那個根，那可就枉費一生了。我的探源歸

---

[157] 老子，《道德經》，安徽人民出版社出版，陳國慶、張養年注譯，2001年10月第一版，第276頁。

[158] 老子，《道德經》，安徽人民出版社出版，陳國慶、張養年注譯，2001年10月第一版，第266頁。

[159] 《論語》，藍天出版社出版，二〇〇六年八月第一版，第65頁。

[160] 《莊子正宗》，華夏出版社出版，馬恆君譯著，2005年1月北京第一版，第113頁。

根，最終探出人生的真諦：原來所謂的知－意識，只不過是現象經過我們認識方程式的加工品，意識越多，心性就被佔據很多位置，他的心性就不全了。唯一的辦法就是讓心性空無。老莊與佛陀，就點明了這個人類的奧祕。身心沒有半點客體物象的概念，沒有半點的意識，他是空無的。這就是全了，也就是其是其所是了。所謂的「鳳凰涅槃」，這個最高的智慧，就是回歸其本真。讓感性直覺達致心性的太極，他就「感而逐通天下之故」了，原來那個心性，本就包含宇宙世界的一切，「宇宙便是吾心，吾心即是宇宙」，一通百通，無極而太極，頓悟人生的一切，與道同在而「沒身不殆」了。

# ▌參考書目

康德，《純粹理性批判》，華中師範出版社出版，韋卓民譯，2002年7月第
　　二版。

康德，《判斷力批判》，人民出版社出版，鄧曉芒譯，2002年12月第二版。

康德，《實踐理性批判》，九州出版社出版，張永奇譯，2007年1月第一版。

文德爾班，《西洋哲學史》，臺灣商務印書館出版，羅達仁譯，1998年8月第
　　一版。

叔本華，《作為意志和表象的世界》，青海人民出版社出版，石沖白譯，
　　1996年9月第一版。

叔本華，《叔本華文集》，中國言實出版社出版，鐘鳴、陳小南、趙野、金
　　玲譯，1996年12月第一版。

尼采，《查拉斯圖拉如是說》，文化藝術出版社出版，伊溟譯，1987年8月北
　　京第一版。

尼采，《尼采文集》，改革出版社出版，1995年12月第一版。

《唯物辯證法大綱》，人民出版社出版，李達主編，1976年6月第一版。

艾思奇，《辯證唯物主義綱要》，人民出版社出版，1978年11月第三版。

黑格爾，《小邏輯》，商務印書館出版，賀麟譯，1980年7月第二版。

胡塞爾，《第一哲學》，商務印書館出版，王炳文譯，2006年6月第一版。

泰奧多·德·布爾，《胡塞爾思想的發展》，臺灣仰哲出版社出版，李河
　　譯，民國八十三年四月出版。

詩鎚戈博，《現象學史》，正中書局印行，李貴良譯，民國六十年九月初版。

馮友蘭，《中國哲學簡史》，北京大學出版社出版，1985年2月第一版。

《牟宗三集》，群言出版社出版，1993年12月第一版。

《熊十力集》，群言出版社出版，1993年12月第一版。

《梁漱溟集》，群言出版社出版，1993年12月第一版。

金嶽霖，《知識論》，商務印書館出版，1996年6月北京第二次印刷。

老子，《道德經》，安徽人民出版社出版，陳國慶、張養年注譯，2001年10月第一版。

嚴靈峰，《老列莊三子知見書目》，中華叢書編審委員會出版，民國五十四年十月印行。

《老子道德經河上公章句》，中華書局出版，1996年8月第一版。

《道德經的智慧》，內蒙古大學出版社出版，丹明子編譯，2004年10月第一版。

《論語》，藍天出版社出版，2006年8月第一版。

《論語孟子選註》，正中書局印行，柯樹屏、萬驪編著，民國五十五年二月初版。

王陽明，《傳習錄》，中州古籍出版社出版，于自力、孔徽、楊驊驍注譯，2004年1月第一版。

楊國榮，《王學通論－從王陽明到熊十力》，華東師範出版社出版，2003年9月第一版。

薩特，《存在與虛無》，三聯書店出版社出版，陳宣良譯，1987年8月第一版。

高宣揚，《薩特傳》，三聯書店香港分店出版，1986年11月香港第一版。

海德格，《存在與時間》，桂冠圖書股份有限公司出版，2002年2月初版三刷。

郭博文，《經驗與理性－美國哲學析論》，聯經出版社出版，民國七十九年四月初版。

《西方著名哲學家評傳》第三、六、八卷，山東人民出版社出版，1984年12月第一版。

司馬雲傑，《大道運行論》，山東人民出版社出版，1992年1月第一版。

《大學、中庸》，華語教學出版社出版，1996年第一版。

李澤厚，《批判哲學的批判－康德述評》，三民書局股份有限公司出版，民國八十五年九月初版。

《莊子正宗》，華夏出版社出版，馬恆君譯著，2005年1月北京第一版。

《周易正宗》，華夏出版社出版，馬恆君譯著，2005年1月北京第一版。

孟子，《孟子》，臺灣智揚出版社出版，民國八十三年版。

賴永海，《中國佛教與哲學》，宗教文化出版社出版，2004年8月第一版。

張東蓀，《理性與良知》，上海遠東出版社出版，1995年6月第一版。

梁啟超，《中國近三百年學術史》，北京中國書店出版，1985年3月第一版。

杜維明，《現代精神與儒家傳統》，聯經出版社出版，1997年5月初版第五
　　刷。《雜著》〈陸九淵集〉卷二十二。

《聖經》新舊約全書和合本，無出版社名稱。

Immanuel Kant. Kritik der reinen Vernunft. Hamburg: Felix Meiner Verlag.

Ruediger Safranski (2009.9). Schiller als Philosoph-Eine Anthologie. Fischer
　　Taschenbuch Verlag Frankfurt am Main.

# ▌跋

寫作此書的起意，是在2016年9月。其時應邀到台灣新竹教育大學做訪問學者。校長陳惠邦教授要我做一個寫作計畫。由於我對康德的先驗哲學頗有興趣，就擬出一份《先驗哲學研究》的寫作規劃給陳校長。在新竹教育大學住了三個月，寫下了此書的大概框架。由於當時正遇新竹教育大學併入清華大學，目睹新竹教育大學變為清華大學一校園。覺得再待下去有諸多不便，在新竹住了三個月後返回德國。爾後將稿件束之高閣，不再寫作。開始履行「為道日損」：無所作為，心寬體胖，懶庸慢行，整個人基本上躺平了……

直到去年某一天，突然覺得在做「為道日損，損之又損，直至無為」之前，不如學一學關伊子（有說是老子），在出關靜修之前，留下一點自己的心得悟覺？於是翻出在新竹教育大學寫下的草稿，結合《宇宙心論》的一些章節，奮筆疾書，完成了此書。

關於先驗哲學的問題，我想要說的都說了。我自渡已找到一把人類如何重返伊甸園緊鎖大門的鑰匙，破解上帝造人的奧秘所在。今天電腦人工智能的發明，已反轉證明康德先驗論的成就。能站在哲人康德、老子的肩膀上繼絕學，樂莫大焉！

在完成此書過程中，得到諸多文友的鼓勵和支持。感謝法國作家楊翠屏博士、法國詩人楊允達博士、奧地利作家常暉女士、西班

牙作家張琴女士、德國作家岩子女士、瑞士作家李筱筠女士……在我寫作此書幾乎放棄的時候，她們都給予許多支持和鼓勵；感謝原新竹教育大學校長陳惠邦教授，沒有他的支持，也就沒有此書在新竹教育大學寫成的架構；感謝德國師姐車慧文博士為我此書作序，並提出許多修改的寶貴意見；感謝瑞士中德雙語作家朱文輝先生、中國學者嚴全成先生，兩位先生深入的評論與肯定，為我書修改注入新的活力。

此書完成出版了。若能給聰明的讀者開悟入道，帶來人類和平，也是我作此書的最大心願。

黃學昇
2023年7月22日於聚寶樓

國家圖書館出版品預行編目

先驗哲學研究 / 黃學昇著. -- 臺北市：獵海人，
　2023.10
　　面；　公分
　　ISBN 978-626-97445-4-1(平裝)

　　1.CST: 哲學　2.CST: 康德哲學

100　　　　　　　　　　　　　112014677

# 先驗哲學研究

作　　　者／黃學昇
出版策劃／獵海人
製作銷售／秀威資訊科技股份有限公司
　　　　　114 台北市內湖區瑞光路76巷69號2樓
　　　　　電話：+886-2-2796-3638
　　　　　傳真：+886-2-2796-1377
網路訂購／秀威書店：https://store.showwe.tw
　　　　　博客來網路書店：https://www.books.com.tw
　　　　　三民網路書店：https://www.m.sanmin.com.tw
　　　　　讀冊生活：https://www.taaze.tw

出版日期／2023年10月
定　　價／360元